Sociology of Education

교육사회학

성용구 저

태영출판사

머리말

교육사회학 공부를 처음에는 암기로 하다가 나의 교직 경험에 빗대어 이해하기 시작했다. 비록 2년밖에 안 되는 중 · 고등학교 교사 경력이지만 학교사회를 이해하고 교실에서의 사회적 관계와 상호작용을 이해하기에는 충분했다. 그리고 교사와 학생, 학부모의 미시적 관계를 연구하는 데도 많은 도움이 되었다. 중 · 고등학교 때부터 어른이 되어서까지 주일학교에서 유아부터 대학생에게 이르는 다양한 학생들을 가르친 경험 또한 교육현장의 수업의 실제에서 학습자를 이해하고 학습의 과정을 이해하는데 많은 도움이 되었다. 최근에는 유아교육을 접하면서 유아교육의 실제를 이해하는 데도 실질적인 도움이 되고 있다. 교육학자에게 교직 경험이 교육의 이론과 실제를 이해하는데 얼마나 중요한지를 새삼 느끼게 된다.

1992년 충남대학교에서 인연을 맺게 된 선생님들과 교육사회라는 제목으로 맨 처음 출판을 하였다. 이후 강의를 하면서 새로운 내용과 체제로 나름 새로운 교육사회학을 2005년에 출간하였다. 그리고 2008년에 개정판을 냈다. 그로부터 10년의 세월이 흐르다 보니 우리 사회가 많이 변하고 학교의 모습도 해가 다르게 변모하면서 새로운 교육문제와 교육적 해석 그리고 대안이 나오면서 교육사회학에 대한 새로운 이해와 설명이 필요하게 되어 이 책을 저술하게 되었다.

2016년을 4차 산업혁명 원년으로 선포하게 되면서 우리의 삶은 획기적인 변화를 예고하고 있으며 그 출발선에 서 있다. 교육도 우리의 삶의 변화에 따라 그에 부응하려는 개혁의 몸짓을 선보인다. 이전에 출간된 두 책을 근간으로 변화하는 교육의 모습을 새롭게 접근하여 정리하였다. 사회와 교육의 모습이 아무리 변모해도 이전의 모습이나 특성을 완전히 배제할 수는 없다. 따라서 기존 저서의 내용에서 낡은 내용은 제거하고 새로운 내용을 더하거나 새롭게 해석하여 11개의 장으로 집필하였다.

전에도 그랬듯이 탈고를 하고나니 성취감보다는 아쉬움과 부족함을 느끼는 것은 이제 버릇처럼 되어 버렸다. 독자 여러분의 비판과 충고를 겸허하게 받아들이겠습니다. 평생을 부족한 자식에게 온 정열을 쏟으셨던 어머님께 감사드리며, 묵묵히 도와준 아내와 세 자녀에게도 고마움과 사랑을 전한다. 출판을 도와주신 태영출판사 편집부원들에게도 감사함을 전합니다.

2019년 1월 15일

저자 씀

차 례

제1장

교육사회학의 성격과 연구

1. 교육사회학의 시작과 명명

1) 교육사회학의 시작

교육사회학에 대한 최초의 현대적 관심은 1883년 L. Ward의 역동적 사회학(Dynamic Sociology)에서 비롯되었다고 볼 수 있다. 그 후 1889년 J. Dewey의 『학교와 사회(The School and Society)』라는 저서가 출간됨으로써 이 분야에 활력을 불어넣게 되었다. 한편 E. Durkheim은 교육을 사회화(socialization)와 동일한 개념으로 봄으로써 교육의 사회적 기능을 강조하였다. 이러한 E. Durkheim의 공헌을 인정하여 그를 교육사회학의 창시자라고 일컫기도 한다. 당시 교육에 대한 사회학적 관심을 가지고 '교육은 하나의 사회적 기술이고 사회통제의 한 수단'이라고 본 K. Mannheim도 교육사회학의 출발에 공헌을 했던 대표적인 인물로 손꼽을 수 있다.

공식적으로 교육사회학이 교과목으로 개설된 것은 1907년 미국의 H. Suzzallo에 의하여 콜롬비아 대학교에서 교육사회학(Educational Sociology)이라는 강좌가 개설된 것이다. 그 후 더욱 확산되어 1920년대에 미국에서는 200개 가까운 대학에서 이 강좌를 개설하였다고 한다(진원중, 1962, 35). 이후 교육사회학은 교육학과 사회학의 두 영역을 오가면서 전 세계적으로 급속하게 발전되어 왔다.

2) 교육사회학의 명명

교육학의 하위 학문인 교육심리학이나 교육철학 등은 영문 표기에 있어서 교육사회학과 다르게 표기한다. 교육심리학을 영문으로 Educational Psychology라 표기하고 교육철학을 Educational Philosophy라고 표기하는 반면에 교육사회학은 Sociology of Education으로 표기한다. 교육사회학을 타 학문과는 다르게 표기하는 데는 그럴 만한 이유가 있다. 즉, 교육사회학은 교육학(Educational Department)이라기보다는 사회학(Sociology)에 가깝다는 의미가 내포되어 있다. 그것은 교육사회학의 출발은 교육학에서 했지만 이후 사회학에 의하여 더욱 본격적으로 개발되었고, 사회학의 한 분야로 생각할 수 있을 정도로 사회학의 영향을 받아 사회학의 전유물이 되었다는 사실이다.

우리나라에서는 교육사회학이 주로 교육학자들에 의하여 교육학의 하위 영역으로 연구되고 있지만 외국에서는 사회학의 한 영역으로 간주되기도 한다. 그것은 사회학자들에 의하여 연구되고 사회학자들에 의하여 강의가 이루어지고 있다는 사실이 말해 준다.

2. 교육사회학의 발달과정

교육사회학의 학문적 성격을 교육사회학이 발달되어 온 과정을 살펴봄으로써 잘 알 수 있다. 교육사회학은 외국의 경우 1920년대부터 오늘날에 이르기까지 대체로 4가지 흐름을 통하여 발달해 온 것으로 정리할 수 있다.

1) 교육적 사회학(Educational Sociology)

교육사회학의 출발은 교육학 안에서 이루어졌다. 초창기 교육사회학을 이후에 전개된 교육의 사회학(Sociology of Education)과 구분하여 교육적 사회학이라 부르기도 하고, 그냥 교육사회학이라 부르기도 한다. 교육적 사회학(Educational Sociology)은 교육학자들에 의하여 교육학의 하위 학문영역 안에서 연구되어진 학문이다. 교육적 사회학의 성격은 다분히 응용 지향적이고 실천 지향적이다.

교육적 사회학은 교육현장의 개선과 발전을 위하여 사회학의 이론이나 학설을 적용하거나 응용함으로써 발전하기 시작하였다. 교육의 과정이나 교육행정에 사회학의 일반 원리를 적용하여 학교교육의 개선을 도모하는 것이었다. 우리는 이러한 특성을 감안하여 실천 지향적 교육사회학, 응용 지향적 교육사회학 혹은 교육학 지향적 교육사회학이라고 부른다.

1923년에는 미국 교육사회학연구회(The National Society for the Study of Educational Sociology)가 발족되었는데, 주로 교육 운영상의 문제에 국한하여 교육문제를 해결하는데 사회학을 이용하는 이 연구동향은 대학에서도 교사교육에 바람직하다고 믿는 각종 사회학 강좌를 개설하게 되었다. 미국 교육사회학연구회에서는 1926년에 「교육적 사회학」(Educational Sociology)이라는 학술지를 창간하였고 1931년까지 3권의 학회지가 발간되었다. 1932년에는 W. Waller에 의하여 『교수의 사회학(Sociology of Teaching)』이라는 책이 소개되면서 가르치는 과정에서 교사의 역할을 중요하게 다루었다(신군자, 2001, 14). 이러한 학문적 동향은 1940년대 초반까지 지속되다가 1940년대 후반부터 사회학자들의 교육에 관한 관심이 증대되면서 교육적 사회학은 위기를 맞게 되었고 새로운 국면을 맞이하게 된다.

2) 교육의 사회학(Sociology of Education)

제2차 세계대전 이후 교육사회학이 미국의 전유물이 되면서 교육사회학 연구에 사회학자들의 관심이 커지기 시작하였다. 무엇보다도 고무적인 것은 사회과학의 훈련을 받은 사회학자들에 의하여 사랑을 받게 되었다는 것이다. 사회학으로 잘 훈련된 학자들이 고도로 세련된 사회과학적인 방법으로 교육현상을 연구하게 되면서 종전의 응용 지향적 교육사회학은 탐구 지향적으로 바뀌기 시작하였다. 즉, 학교 교육현상을 사회학적으로 연구하는 사회학 지향적 교육사회학으로 바뀌어진 것이다. 이들 사회학자들은 학교 교육현상을 사회학이라는 학문을 가지고 탐구하는 탐구 지향적, 학문 지향적 교육사회학의 성격을 띠게 된 것이다. 교육의 사회학을 이론 지향적 교육사회학 혹은 학문 지향적 교육사회학이라고 부르는 이유도 여기에 있다. 1940년대 후반부터 종래의 교육적 사회학과는 달리 사회학자들이 주축이 되어 사회적 사실로서의 교육현상 및 교육제도를 사회학적으로 객관적이며 가치중립적인 입장에서 연구하게 되자 교육사회학 연구의 주도권은 사회학자들에게 넘어가기 시작하였다.

1949년 미국 미시간 주립대학교(Michigan State University)의 B. Brookover 교수가 Sociology of Education의 제목으로 논문을 내면서 처음으로 교육적 사회학과 교육의 사회학을 구분하여 교육의 사회학으로서의 교육사회학을 사회학의 한 분과로 정의하였다. 그러나 이것은 학문적인 주장에 불과하였고 실질적인 변화는 응용과학적 성격을 띠었던 교육적 사회학(Educational Sociology)이라는 학술지가 1963년 교육의 사회학(Sociology of Education)으로 학회지 명칭이 바뀌게 된 것이다. 같은 해 미국 교육적 사회학회는 사회학자들의 학문적 주장이 강해지면서 미국사회학회(American Sociological Association)에 흡수되기에 이르렀다(강상철 외, 1992, 26).

이러한 현상은 유럽에서도 그 경향은 비슷하였다. 영국에서도 제2차 세계대전이 끝나고 사회학자들이 교육문제에 대하여 관심을 보이기 시작하였고 교육사회학이 교육학의 하위영역인가 사회학의 하위영역인가를 따지는 논쟁이 일어나기 시작했고 서서히 사회학의 영역으로 자리를 굳혀 갔다. 1964년 런던대학교 교육학부에 교육사회학 석사과정이 생겨나면서 본격적인 연구가 이루어졌으며, 1980년에야 비로소 영국 교육의사회학지(British Journal of Sociology of Education)가 창간되었다. 독일에서도 마찬가지로 실천 지향적 교육사회학과 사회학 지향적 교육사회학이 경쟁을 벌이며 발전하였다(김신일, 2002, 16-17).

1950년대 이후 지금까지 사회학자들의 손에 넘어간 교육사회학은 외국의 경우 우리 한국과는 다르게 사회학의 하위영역으로 사회학자들에 의하여 연구되고 강의가 이루어지고 있다. 1960년대까지의 교육사회학의 동향은 기능주의(functionalism)적 성격이 강하였고 1970년대 들어오면서 교육사회학이 비판적 성격을 띠기 시작하면서 갈등이론으로 그 세력을 확장하였다. 그 대표적인 이론이 신마르크스주의, 제국주의의 관점에서 교육을 보는 종속이론과 교육을 통한 사회의 불평등을 초래하였다는 불평등이론이다.

3) 신교육사회학(New Sociology of Education)

1970년대 영국을 무대로 종래의 교육사회학이 교육내용에 대한 접근이 부족했음을 지적하면서 "가르치는 내용"에 대한 비판적 접근을 시도하는 신교육사회학이 등장하였다. 이러한 주장을 하는데 가장 커다란 공헌을 한 학자가 영국의 B. Bernstein과 M. F. D. Young이었다. B. Bernstein은 사회언어학적 연구를 통하여 교육내용에 대한 연구의 범위를 확대하였다. 그는 "교육내용이 누구를 위한 것인가?"라는 문제를 제기하면서 종래의 교육과정에서는 이 문제를 본질적으로 다루지 못하였음을 비판하였고 교육내용에 대한 본질적인 검토가 사회학적으로 새롭게 이루어져야 함을 역설하였다. 그의 교육내용에 대한 본질적 문제제기는 교육사회학을 넘어서 교육학의 전 영역에 커다란 파장을 가져왔으며 새로운 교육학, 새로운 교육사회학으로 인식되기에 이르렀다.

B. Bernstein과 함께 종래의 교육사회학과 교육과정을 단호히 비판하면서 교육내용에 대한 사회학적 검토를 시도한 사람이 M. F. D. Young이다. 그는 지식과 통제(knowledge and control)에서 종래의 교육사회학 사회계층과 교육기회의 분배에 집착한 나머지 학교 내부 현상에는 등한시하였다고 비판하면서 학교에서 가르치고 있는 지식에 대한 사회학적인 재검토가 필요하다고 역설하였다.

신교육사회학은 지식사회학의 영향을 많이 받았는데, 지식은 절대적이라기보다는 시대적, 사회적 산물로서 상대적이고 가변적이라는 견해이다. 신교육사회학에서는 가르치는 교육내용에 문제를 제기하였기 때문에 교육과정 사회학이라는 학문이 생겨날 정도로 이 학문적 동향은 매우 새로운 것이었다. 신교육사회학이라는 용어를 사용한 사람은 D. Gorbutt이다. 그는 교육내용의 중요성을 강조하는 새로운 학문동향을 신교육사회학이라고 명명하고 이것은 종래의 교육사회학을 대치할 대안적 패러다임(alternative paradigm)이라고까지 주장하였다(김신일, 2002, 24-25).

영국에서 신교육사회학의 발전에 이바지한 학자로는 J. Davis와 J. Eggleston 등이 있다. J. Eggleston은 지식의 사회성에 바탕을 두고 학교 교육과정을 논하고 있는데, 학교 교육과정은 사회적으로 통제된 문화전수의 한 방편이기 때문에 보편적인 것도 절대적인 것도 아니요, 사회적 · 정치적 산물이라는 것이다.

영국에서는 실제로 학교에서 가르치는 교육내용에 대한 비판적 검토가 활발하게 이루어졌다. 학교 교육내용이 아동들의 사회경제적 지위로 볼 때, 하층에서 중층으로 중층에서 상층으로 계층간에 이동하기에 유리한 내용인지, 아니면 상 · 중 · 하 계층이 그대로 유지하는데 유리한 내용인지를 검토 · 분석하였다. 그 결과 영국의 교육내용은 계층 이동에 유리하기보다는 계층 유지에 유리한 내용이라는 사실이 밝혀졌고 이 사실을 영국 상원 교육담당 분과위원회에 보고하면서 개선해 줄 것을 건의하였다. 그러나 상원에서는 이에 대한 소극적 대처로 별다른 조치가 이루어지지 못했다. 그리하여 영국에서 출발했지만 꽃을 피우지 못한 신교육사회학은 미국으로 건너가 꽃을 피우게 되었다. 70년대 미국은 갈등론이 우세한 사회적 분위기 속에서 교육내용에 대한 비판적 접근을 시도한 신교육사회학은 미국의 사회학자나 교육과정론자들에게 커다란 반향을 일으켰고 미국 교육과정사회학 발전에 새로운 이정표를 제시하였다.

신교육사회학은 1980년대 드디어 우리나라에 상륙하였다. 당시 한국은 민주화의 봄을 맞아 참으로 오랜만에 교육에 대한 비판적 접근이 가능한 상황이었다. 한국에서의 신교육사회학도 교육내용에 대한 검토부터 관심을 갖기 시작하였는데, 교과서 분석으로부터 시작되었다. 교과서에 실린 삽화나 교재내용이 남녀 불평등의 요소는 담겨져 있지 않은지, 교과서의 내용이 도 · 농간에 그리고 사회계층간에 불평등하게 구성되어 있지는 않은지를 비판적으로 분석하는 것이었다. 이러한 교과서에 대한 비판적 검토는 한국 교육이 민주화를 향하여 진일보하는데 영향을 끼치었다. 이후 학교 재량활동 시간의 확대와 교사의 교육과정 재구성, 만들어 가는 교육과정 운영 등 교육과정의 변화에 이론적인 토대로 작용하였다.

4) 새로운 패러다임(New Paradigm)

그동안 실천 지향적 교육사회학에서 탐구 지향적 교육사회학으로 변천해 온 교육사회학은 1990년대 들어서 설명 지향적인 교육사회학으로 그 패러다임이 변화하는 것을 발견할 수 있다. 설명 지향적 교육사회학의 출발은 지금까지 교육학이 걸어온 여정에 대한 뒤돌아봄과 반성에서 비롯되었다. 지금까지의 교육학은 주로 교사 준비생들에게 교직과목으로 가르치면서 교육의 방법적 원리나 효율적인 처방에 많은 관심을 기울여 왔다. 그리하여 교육현상을 이해하고 설명하는 일에는 등한시했다고 해도 과언이 아니다. 이는 학문이 가지고 있는 방법학적인 면은 충족되지만 철학적 인간학의 측면에서 볼 때 불충분한 부분이다. 따라서 이러한 부족한 부분을 반성하면서 이제 교육학은 교육현상을 이해하고 설명하는 일에도 더욱 관심을 가질 필요가 있다는 것이었다.

이러한 현상은 교육사회학에서도 마찬가지였다. 그런데 마침 교육사회학 분야에서 현상학과 문화인류학의 도움을 얻어 문화기술법(ethnography)을 가지고 교육현상을 연구하기 시작하였다. 문화기술법은 질적인 연구방법론으로 교육학에서 교육현상을 진단하고 해석하는 일을 가능하게 해 주었다. 그리하여 많은 교육사회학자들은 교육현상을 질적인 방법론을 통하여 있는 그대로 기술(descrive)하고 이해하는 작업을 수행함으로써 교육사회학의 발달에 커다란 영향을 주었고 이는 교육사회학 연구에 새로운 패러다임으로 자리잡히게 되었다.

5) 한국에서의 교육사회학

우리나라에서의 교육사회학은 교육적 사회학과 교육의 사회학이 구분이 없이 혼합되어 소개되고 연구되었다. 우리나라에서는 외국에서처럼 교육사회학이나 교육학에 대한 사회학자들의 관심이 별로 없다. 따라서 교육사회학은 교육학의 하위영역에서 교육학자들에 의하여 연구되고 강의가 이루어지고 있다. 우리나라에서 사회학자들이 교육 분야에 관심이 적은 것은 한국의 특수한 정치적 상황 속에서 사회학의 발전이 외국에 비해 늦었기 때문에 아직까지 교육문제에까지 관심을 돌릴 여유가 없었을 것으로 생각된다. 앞으로 우리나라에서도 사회학자들이 교육문제에 대하여 관심을 가지고 사회학적으로 연구하게 되면 교육사회학 발전에 상당한 공헌을 하리라고 생각된다. 그러나 외국의 경우처럼 교육사회학을 사회학의 전유물로 가져가기는 힘들 것이다. 그것은 1940년대 외국의 교육적 사회학 시대와 우리의 실정은 판이하게 다르기 때문이다. 우리는 이미 교육학을 전공한 교육사회학자들에 의하여 학교 교육현상에 대한 학문적 탐구를 충분히 해 왔고 교육사회학의 학문적 토대를 공고히 하면서 발전해 왔다.

그러나 한국 교육사회학의 태동은 다른 학문 분야에 비하여 늦은 편이다. 해방 이전의 한국 교육학은 인문학적 성격을 가지다가 해방 이후 미국 교육학의 영향을 받아 점차 사회과학적 성격이 강해지는 변화를 보이기 시작했다. 그것은 교육사회학보다 먼저 교육철학 분야에서 미국의 John Dewey의 학문적 경험을 얻었고, 그들의 민주주의 교육의 영향을 절대적으로 받은 데서 연유한다.

우리나라는 1950, 60년대에 교육철학과 교육심리학이 지배적인 상황에서 교육사회학이 태동하기 시작했다. 교육사회학의 중요성을 인식하고 독립적인 교육사회학 발전에 관심을 가진 교수들이 대학 교과과정에 교육사회학을 개설하기 시작했다. 우리나라에서 교육사회학 강좌가 처음 시작된 것은 1952년 9월 서울대학교 사범대학에서 진원중 교수에 의하여 이루어졌다. 당시는 선택과목이었다가 2년 후에 필수과목으로 변경되었다. 1955년 문교부령 제39호로 공포된 〈교육공무원 검정령 시행세칙〉에 의하여 교육사회학이 교직과목으로 되었으며, 각종 강습회의 필수과목으로 제도적 뒷받침이 이루어졌다. 1958년도에는 서울시내 6개 대학의 교육학과와 교직과정이 설치된 대학에서 이전까지 교육원리와 교육심리에 치중하던 것을 개선하여 교육사회학의 비중을 점차 늘려 나갔다. 서울대학교 사범대학의 지역사회학교, 사회교육론, 연세대학교의 학교향토의 이론과 실제 등의 강좌는 교육사회학의 기초를 더욱 굳게 해주었고, 국내 최초로 공주사범대학에 교육학과가 신설되었다.

1967년 4월 8일에 중앙교육연구소에서 25명의 회원들이 모여 한국교육학회의 분과회로 교육사회학 연구회가 발족하면서 그 기반은 더욱 강화되었다(강상철 외, 1992, 28-29). 1970년대 들어서면서 교육사회학은 큰 변화를 겪게 되었다. 당시 정부가 추진하던 새마을운동에 보조를 맞추어 1972년 문교부령을 개정하여 교직과목의 필수과목으로 학교와 지역사회라는 강좌를 개설함으로써 교직과정을 설치한 모든 대학에서 이 강좌가 개설되었다. 그런데 이 강좌는 학교가 지역사회 개발에 기여하는 데에 적용할 사회학적 · 교육학적 지식을 확대시켰고, 교육사회학적 연구는 학문 지향적이기보다는 실천 지향적으로 흘러갔다(신군자, 2001, 29).

1980년대 한국은 민주화의 봄을 맞이하게 되면서 비판적 관점에서 교육현상을 접근할 수 있는 계기가 되었으며 갈등론적 관점에서 연구가 활발하게 이루어질 수 있었다. 이 때까지 정치적 상황이 자유로운 비판과 토론을 허용하지 않았음으로 인하여 위축되었던 교육문제에 대하여 비판적으로 고찰하기 시작하였다. 그것이 교육내용에 대한 사회학적 접근으로 교육과정사회학의 시도이다. 교육과정사회학은 지식사회학에 근거를 두고 있으며 학생들에게 가르치는 교육내용에 대한 본질적 검토에서부터 출발을 한다.

교육과정에 대한 사회학적 검토의 구체적 내용들은 제5장 교육과정사회학 부분에서 다루게 될 것이다.

1990년대 들어서면서 우리나라의 교육사회학은 학교교육 현상에 대한 사회학적 이해를 바탕으로 학교교육이 안고 있는 한계에 대하여 지적하고 한계의 극복을 위한 개혁과 대안제시에 관심을 가지게 되었다. 학교교육 현상에 대한 있는 그대로의 이해를 위하여 문화기술법(ethnography)이라고 하는 질적인 연구 방법을 도입하였다. 그리하여 초·중등학교 뿐만 아니라 대학교에서 일어나는 교육 현상들까지 구조와 맥락을 중심으로 기술, 설명, 해석하는 연구들이 많이 수행되었다. 학교교육 현상에 대한 문화기술적 연구는 학교 구성원들 간의 상호작용을 중심으로 미시적 관찰과 면접법을 동원하여 진행되었는데, 교육인류학이라고 하는 새로운 학문 영역이 생겨날 정도로 교육에 대한 양적 접근의 한계를 극복하려는 사람들의 호응을 받으면서 발전하였다.

학교교육의 한계를 극복하기 위한 시도들은 교육개혁, 열린교육, 대안학교에 대한 관심이 증폭되면서 학교 현장을 새롭게 개선하려는 방향으로 초·중등 교육현장을 중심으로 연구가 진행되고 있는 실정이다.

2000년대 들어서서 한국 교육사회학의 관심은 교육 기회의 불평등, 병리적 현상, 기형적이고 건강하지 못한 모습, 정의롭고 합리적이지 못한 부분을 들추어 내서 교육의 평등, 건강, 정의, 정상화를 위해 변화를 꾀하자는 인식을 가지고 비판적이면서도 대안을 제시하는 연구가 이루어지는 경향을 찾아볼 수 있다.

우리나라 교육사회학의 성격을 이종각(2012, 85-86)은 다음과 같이 설명하고 있다. 우리나라에서 교육사회학은 국가정책의 영향을 크게 받아 그 관심영역이나 학문의 성격이 형성되었다.

첫째, '발전교육론'은 국가발전에 대한 교육의 긍정적 기능을 경제적·정치적·사회적 측면으로 나누어 설명하려는 논의였다. 세계적으로 이런 연구 경향은 2차대전 후 냉전 속에서 많은 신생국들(제3세계 국가들)을 서구식으로 발전시키려는 노력의 일환으로 미국을 중심으로 1950년대부터 시작되어 1960년대에 절정에 달하였고 1970년대까지 매우 우세하게 나타났다. 우리나라에서는 정부가 제2차 경제개발 5개년 계획(1967-1971년)을 세우면서 1960년대 후반부터 정부가 이 영역에 관심을 갖게 되어 교육사회학을 포함하여 교육학계가 전반적으로 관심을 집중하였다.

둘째, '학교와 지역사회론'은 지역사회의 문제해결에 학교가 적극적으로 참여해야 한다는 논의였다. 한국전쟁이 끝날 무렵인 1954년 유네스코 한국 부흥위원단(UNKRA)의 권유에 따라 학교단위 또는 교육자치구 단위로 지역사회 학교운동이 진행되었다. 이 운동은 4 · 19혁명(1960년 4월) 후 제2공화국 내각(1960년 8월 19일-1961년 5월 17일)이 들어서면서 문교부의 차원에서 강화하고자 하였으나 추진력을 잃었다. 이후 5 · 16 혁명 정권이 들어서고 '향토학교운동'이 전개되었다.

셋째, 교육사회학의 발달은 '교직과정으로서의 교육사회학'의 지정에 힘입은 바 컸으며, 실천 지향적 성격이 주류를 이루었다. 특히 1972년 새마을운동과 보조를 맞추기 위하여 문교부령을 개정하여 '학교와 지역사회'를 교과과정 필수과목으로 지정한 정책은 두 가지 다른 결과를 초래하였다. 하나는 교육사회학 연구자들의 양적 증가로 인하여 학문의 발달을 촉진시킨 점이고, 다른 하나는 교육사회학의 영역들 중 '학교와 지역사회'만 강화함으로써 다른 영역들은 약화 또는 제외되었다는 점이다. 이 시기의 '새마을학교운영'과 같은 지역사회 학교 운동은 극히 실천적 · 응용적 · 구안적이었다.

그러나 1983년 초 교직과정안 개편에 대한 '학교와 지역사회'가 선택과목으로 변경되고, 교과목 명칭도 '교육사회학'으로 바뀌어 1984년 입학생부터 적용되었으나, 정부에서는 여전히 지역사회학교를 강조하도록 권유했다.

1970년대 말부터 소개된 갈등론적 · 신교육사회학적 · 비판적 · 개혁지향적 교육사회학은 1980년대를 풍미했으며 특히 많은 젊은 학도들을 교육사회학으로 끌어 들였다. 1980년대에는 한국 교육사회학계에 중요한 변화의 계기가 생겼다. 그것은 오랜 군사 독재정치의 여파와 광주민주화운동으로 민주화에 대한 열망이 팽배해 있던 국내적 여건과 서구의 비판적 교육사회학의 영향이 맞물려 일어났다. 이러한 움직임은 기성 제도권 학자들은 대체로 냉담한 상황에서 젊은 교육사회학도들을 주축으로 진행되었다. 그러나 이러한 제도권 밖의 교육연구 경향과 주장도 80년대 말부터는 제도권 학자들에게 서서히 새로운 자극으로 받아들여지게 되었다.

1990년대는 교육사회학이 온고(溫故)와 지신(知新)으로 미래의 준비를 하는 새로운 학문으로 태어난 시기라고 볼 수 있다. 1990년대에는 국내적으로는 군사통치가 종식되었고 국외적으로는 독일의 통일, 구소련의 해체, 중국의 자본주의 시장원리 도입으로 학문적 논의에 있어서도 이념적 한계나 대결구도에서 탈피하게 됨으로써 매우 다양한 관점이 표출되었다. 포스트모더니즘, 세계화, 정보화, 신자유주의 등을 교육과 연결시켜 활발하게 논의하였고, 특히 정부의 교육개혁방안을 둘러싼 논쟁이 가속화되었다. 그러나 한국 교육현상에 좀 더 가까이 접근한 근거이론(grounded theory) 혹은 토착화된 이론을 구축하려는 노력이 더 강화되어야 한다는 과제를 남겼다.

3. 교육사회학의 연구

1) 교육사회학 연구의 필요성

학문의 성장과 발전은 지속되어야 하는데, 그러한 의미에서 교육사회학 연구의 필요성을 구체적으로 살펴보면 다음과 같다(안병환, 2013, 40).

① 오늘날 교사들은 그 어느 때보다도 개념의 도구와 사회적 기술을 갖추고 있어야 한다. 왜냐하면 교사는 다양한 사회계층과 각기 다른 환경을 가진 가정의 학생들을 대하고 가르쳐야 하기 때문이다.

② 학교나 지역사회 또는 학생을 이해하는데 있어서는 교육심리학, 교육철학 또는 교육사 등의 단독 연구보다는 교육사회학적 이해를 함으로써 이들에 대한 보다 총괄적인 개념을 가져다 주어야 한다.

③ 교육사회학은 과학적 지식과 연구의 방법 및 기술을 가지고 집단행동을 다루고 있는 주요 과목의 하나이다.

④ 교육사회학은 교육자의 교수행위와 태도에 있어서 편견을 피하도록 하는데 도움을 준다. 왜냐하면 교육사회학은 다양한 문화를 이해하는데 초점을 두기 때문이다.

⑤ 정책수립에 관여하는 교육자들은 교육사회학 연구를 통해서 교육에 영향을 주고 있는 사회적 압력과 사회체제에 영향을 주는 방법에 대한 지식을 얻을 수 있다. 지역사회 내의 어떤 집단성원들의 행위와 태도에 대한 지식은 학교체제를 통하여 사회에로 이행되는 사회변동의 과정을 원활히 이끄는데 도움을 준다.

⑥ 모든 교육자들은 교육사회학 연구를 통해서 수행되고 있는 각각 다른 역할에 대하여 보다 나은 견해를 얻을 수 있다.

⑦ 교육사회학은 교육심리학 및 교육철학과 더불어 교육자에게 어떤 집단에는 적용이 가능하고 또 어떤 집단에는 적용이 가능하지 않다는 정책적 판단의 준거를 마련하여 준다. 정책수립에 있어서 교육사회학은 학교와 지역사회가 성취하려는 목적과 목표를 판단하는데 도움이 된다. 또한 이 분야는 학교프로그램의 결과로 생기는 사회적 행위를 결정하는데 도움을 주지만, 교육사회학은 어떤 교육적 프로그램에 포함되는 집단행동의 목표를 결정하는데 도움을 준다,

2) 교육사회학의 연구동향

교육사회학의 연구동향은 국가마다 다르고 학자마다 분류체계가 다르기 때문에 한 가지로 말하기는 힘들다. 교육사회학의 연구동향을 외국과 한국으로 나누어 학자들의 연구 주제를 중심으로 분류해 보면 다음과 같다(안병환, 2012, 42-45).

외국의 학자들과 교육사회학 저널에 나타난 교육사회학 주요 주제를 제시해 보면 다음 〈표 1-1〉과 같다.

표 1-1 교육사회학의 주요 주제

학자 및 저널	주제
Morrish(1972)	사회와 문화, 지역사회, 계급, 사회화 적응, 문화지체, 지위와 역할, 경제가 교육에 미치는 영향, 교육과 문화변동에 미치는 사회적 요인, 공식적 조직으로서의 학교, 교육과 직업의 관계, 사회계급과 문화의 관계, 민주화와 엘리트주의의 제 문제, 학습조직과 능력별 반편성 문제, 교육과정 구성과 하위 문화 발전
교육사회학 저널 (sociology of education, 1980년대)	학교교육의 효과연구, 과제 및 학업성취에 관한 학생들의 노력, 교육과정과 중류층, 학생들에 대한 교사의 기대, 교육적 성취의 분석, 과잉교육과 실업, 인간화로서의 사회화, 중등학교에서의 대인관계에 미치는 영향, 자녀의 학교적응에 관한 어머니의 전략, 학교 팽창과 교육의 질, 능력별 집단화의 효과, 문화 및 재정이 성취도에 미치는 효과
교육사회학 저널 (sociology of education, 1990년대 초)	조직과 불평등, 교육 · 직업 · 수입관계, 흑인청소년의 태도형성에 미치는 영향, 학생의 특성과 또래집단 형성과정, 또래의 부모가 학생의 지속성에 미치는 영향 학급에서의 일탈행위, 교육과정 통제와 학급수업, 교과서 내용평가, 전문가(교사 · 교수) · 행정가 · 부모관계, 학교가 고등학생의 초기직업에 미치는 영향, 교육 · 사회계층 · 집단활동의 참여, 학교조직이 교사의 능률성과 만족도에 미치는 영향, 교육과정(언어)에 관한 연구, 이웃이 교육적 성취에 미치는 영향, 학교수업을 위한 학생조직, 고등학교 교사들의 자기지각에 미치는 영향, 대중교육의 세계적 동향

미국, 영국 등 서구사회에서 교육사회학은 사회학 내에서 넓고 활기찬 영역으로 부상하고 있다. 사회학자가 계층, 계급, 인종, 종족, 성, 범죄, 일탈, 가족, 조직 등 어떤 주제를 다루든지 교육을 핵심변인으로 고려하지 않고서는 탐구할 수 없듯이, 교육사회학자들 역시 사회학적 개념과 이론을 등한시하고서는 깊이 있고 폭넓은 연구를 수행하기 어렵다. 이 때문에 서구사회에서는 교육사회학의 이론과 방법의 다양화는 최근에 출판된 문헌들에서 분명하게 드러나고

있다. 1990년 이후 출판된 영 · 미의 교육사회학 문헌에 담겨 있는 논문들을 살펴보면, 학자들은 주제나 방법론을 선정하는데 있어 아무런 구속을 받지 않는 것 같다(오욱환, 2003).

3) 교육사회학의 연구영역

한 학문의 연구영역을 제시한다는 것은 대단히 어려운 일이다. 왜냐하면, 과거에는 어느 학문이라 하면 대체로 고유의 영역 속에서 그 연구가 이루어져 왔으나, 최근의 경향은 한 현상에 대하여 다학문적 접근(간학문적 접근 : inter-disciplinary approach)이 활발하게 이루어지고 있기 때문이다. 어떻든, 교육사회학에서는 정치 · 경제 · 사회 · 문화와 교육 간의 관련성에 대한 탐구에서부터 학교 · 학급 내의 상호작용 요안에 대한 탐색까지 매우 다양한 영역들에 관하여 연구하고 있다. 그리고 설령 같은 연구영역이라고 하더라도 학문 지향적인 측면에 중점을 두느냐, 아니면 실천 지향적인 측면에 중점을 두느냐에 따라서도 그 개념화가 달라질 뿐만 아니라 구체적인 연구영역도 달라지게 된다.

교육사회학의 연구영역으로 지금까지 다루어진 다양한 주제들을 크게 묶어보면 대략 네 가지 영역으로 분류될 수 있다.

첫째, 교육에 미치는 사회의 영향에 관한 영역(주제, 문제)으로서 교육에 대한 정치 · 경제 · 사회 · 문화의 영향, 사회계층, 사회변동, 사회조직이나 집단으로서 가정 · 학교 · 지역사회 · 국가사회 · 인류사회 등을 들 수 있다.

둘째, 사회에 미치는 교육의 영향에 관한 영역(주제, 문제)으로서 교육이념 및 가치관, 교육에 의한 사회 · 국가 발전, 사회교육 및 평생교육, 인구 및 환경 교육 등을 들 수 있다.

셋째, 사회와 교육의 상호작용에 관한 영역(주제, 문제)으로서 교육제도 및 교육정책, 교사집단과 교사의 사회적 역할, 학생집단 등을 들 수 있다.

넷째, 기타 교육사회학의 영역으로서 교육개혁, 아동 · 청소년 문제 및 비행, 교육풍토, 교육의 기회균등, 근대화 등을 들 수 있다(오만록, 2009, 18).

4) 교육사회학의 연구방법

교육현상은 사회적인 현상으로 양적인 방법을 통하여 이해와 설명이 가능하다. 그동안 교육학은 행동과학적 경향을 강하게 띠면서 교육현상을 수와 양으로 이해하려는 노력을 많이 해 왔다. 그러나 교육현상은 수와 양만으로는 이해가 불가능한 부분이 많이 있음을 부인할 수 없다. 이러한 부분을 이해하기 위하여 질적인 연구방법을 동원하게 되는 것이다. 여기서는 교육사회학 연구방법을 양적인 방법과 질적인 방법으로 나누어서 설명한 후 질적 연구방법인 문화 기술법과 혼합 연구방법에 대하여 보다 상세하게 소개하고자 한다.

교육연구에서 양적 접근과 질적 접근은 교육연구의 대상에 대하여 근본적인 가정을 달리한다. 즉, 교육현상이 자연과학적 연구대상인 자연현상과 그 기본 특성이 같으냐 다르냐에 관한 문제로 귀결된다. 양적 접근에서는 교육현상이 자연현상의 성질과 기본적으로 같다는 입장을 강조하고 질적 접근에서는 성질이 다르다는 입장을 취하고 있다. 그것은 양적 접근에서의 자연과학적 연구방법이 모든 진리탐구에 최선의 방법이라고 생각하기 때문에 경험적, 실증적 탐구관을 따르게 된다. 반면에 질적 접근에서는 인간의 교육현상을 이해하는 데 자연과학적 연구방법만으로는 부족하다고 믿기 때문에 현상학적, 해석적 탐구관을 따르게 된다. 여기서는 교육사회학 연구에 대한 양적 접근과 질적 접근의 방법론들에 대하여 간단히 소개한 후 두 접근방법이 취하는 시각의 차이에 대하여 설명하기로 한다(성용구, 2008, 29-34).

(1) 교육사회학의 양적 연구방법

교육사회학의 양적 접근방법은 주로 조사연구에 많이 활용되는 방법이다. 조사연구 방법에는 자료를 분석함에 있어서 통계적 방법을 활용하게 된다. 조사방법에 활용되는 통계적 방법으로는 연구의 주제에 따라 초급 통계에서부터 고급 통계에 이르기까지 다양한 통계적 방법이 적용된다. 한준상은 교육사회학적 조사연구에서 자료를 처리할 때 빈도분석에서부터 차이검증, 상관계수 추정까지 가능한 모든 통계방법이 활용되어야 함을 주장하면서, 일반적으로 상관관계 계수를 활용한 교육사회학 연구에서 다음과 같은 통계적 분석을 활용할 수 있다고 소개하고 있다(한준상, 288-291).

적률상관관계 계수는 첫째, 두 변인이 연속적인 동간변인이나 비율변인이며 둘째, 두 변인간의 관계가 직선적이며 셋째, 각각의 분포가 정상분포를 이룬다는 조건이 성립될 때에만 적용될 수 있다. 이를 Pearson의 적률상관관계 계수라고 부른다. 적률상관관계 계수는 보통 r로 표시한다. 여러 상관 계수들 가운데서 가장 표준오차의 값이 적다.

등위상관 계수는 두 변인이 등위로 표시된 서열변인인 경우에 적용하는데, Spearman의 등위상관 계수라고 부른다. 등위상관 계수도 적률상관 계수와 같은 방식으로 해석된다. 사례수가 적거나 각 사례의 점수가 등위로 나타나 있을 경우, 등위상관 계수를 활용한다.

Kendall의 등위상관 계수는 Spearman의 서열변인으로 나타난 자료에 적용할 수 있다. 사례수가 10 이하인 경우에는 Spearman의 등위상관 계수보다 Kendall의 등위상관 계수를 적용하는 것이 바람직하다.

양분상관 계수는 한 변인이 연속적 변인이고 다른 한 변인은 질적으로 구분되는 두 유목으로 나눠진 자료일 때 적용한다. 연속적인 특성으로 된 변인을 인위적으로 양분할 경우에는 양분상관 계수를 적용한다. 그러나 '남 · 여'와 같이 완전한 질적으로 구분되는 변인일 경우에는 양류 상관관계 계수를 적용한다. 사분상관 계수는 첫째, 두 변인이 연속적 변인으로서 정상분포를 이루고 있으며 둘째, 인위적으로 두 변인을 각각 양분했을 때 적용한다. Pearson의 적률상관계수를 빨리 추정해 보고자 할 때 사분상관 계수를 계산해 낼 수도 있다. 그러나 사분상관 계수보다는 적률상관 계수를 계산하는 것이 보다 효과적이다.

두 개 이상의 변인간 관계를 연구할 적에 활용할 수 있는 상관관계 계수 활용 연구분석 기법 역시 다양하다. 중다 상관관계 회귀분석(multiple regression analysis), 변별분석(discriminant analysis), 행로분석(path analysis), 요인분석(factor analysis), 차이분석(differential analysis), Cannoical 상관관계 분석 등이 있다(Aunick & Walberg, 1975; Kerlinger, 1973; Nie, et al., 1975).

중다 상관관계 회귀분석은 하나의 독립변수와 두 개 이상의 종속변수 간의 상관관계를 결정하기 위해 활용된다. 변별분석은 중다 상관관계 회귀분석과 유사하다. 즉, 한 개의 독립변수와 두 개 이상의 종속변수 간의 관계를 알아내려고 할 때 활용된다. 그러나 독립변수가 남자, 여자, 우수아, 지진아 등 개개인의 사례를 집단화시켜 볼 수 있는 속성을 갖고 있을 때에만 변별분석이 가능하다는 속성이 있다. Cannoical 상관관계 분석은 여러 개의 종속변인과 여러 개의 독립변인 간의 관계를 알아볼 때 활용된다. 특별히 어떤 종속변인들이 어떤 독립변인들에 의해 제대로 설명될 수 있는 지에 관해 알아볼 때 활용된다.

행로분석은 상관관계 연구에 내포되어 있는 중다 변인들 간의 인과관계를 수학적으로 알아보기 위해 활용된다. 즉, 변인들 간에 설정된 가설적 인과관계 정도를 통계치로 검증해 보려고 할 때 활용된다. 요인분석은 중다 변인들을 소수의 요인군들로 집약시켜 보기 위해 활용된다. 소수의 요인군은 변인들이 서로 유사한 상관관계 계수를 갖고 있을 때 형성된다. 각종 중다 변인들 간의 상관관계를 알아보기 위해 활용하는 두 개 이상의 변인 간 관계분석은 고도의 추리력과 계산력을 요구한다.

(2) 교육사회학의 질적 연구방법

가. 질적 방법론의 특징

여기서는 질적 연구방법의 일반적 특징에 대해서만 간단하게 소개하기로 한다. 한준상(1985, 155-156 : 173-230)은 교육사회학의 연구방법론에 대하여 다음과 같이 설명하고 있다.

역사적 교육사회학 연구방법은 역사학자들이 활용하고 있는 방법으로 역사적 자료와 방법을 활용하여 교육문제를 연구하는 경향을 말한다. 이 방법에는 각종 자료더미 속에 남아 있거나 숨겨져 있는 의미를 발굴, 해석, 논의하는 일차적 자료 활용 방법과, 이미 출판된 역사적인 연구에 다른 해석을 가미하여 진일보된 사회학적 통찰력과 분석으로 새로운 의미를 찾아내는 이차적 자료 활용 방법을 동원한다.

비교교육 연구법은 국가간 혹은 집단간의 교육현실을 체계적인 비교방법을 통하여 해석하는 연구방법이다. 이 방법에서는 비교할 양 집단의 교육현상에 대하여 정보와 자료를 수집, 분류, 평가하는 기술, 해석적 단계와 수집된 자료를 서로 비교할 비교틀을 결정하기 위하여 점검, 검토하는 병치단계를 거쳐 전체적인 연관성과 적절성을 따라서 비교틀을 맞추는 비교단계로 연구가 진행된다.

내용분석법은 인간이 의사소통을 통해 구체화된 표현내용(예컨대 교과서, 잡지, 신문, 일기, 영상매체, 녹음 등)을 객관적 · 체계적으로 연구하는 기법이다. 이 방법에서는 연구목표 구체화, 자료 발굴, 자료 중심적 추론화, 연구자료 표집, 내용분류 및 영역화, 통계방법의 적용 등 여섯 단계를 거쳐서 진행된다.

일화분석법은 교육현장에 나타나는 교육활동 행위에 참여하는 사람들의 일상사를 탐색, 기술, 분석, 설명함으로써 교육의 현상을 이론화하는 연구기법이다. 이 연구방법에서는 일화의 본질을 추출, 분석, 확증하여 일화내용을 채집하고 분석하는 절차를 거치게 되는데 일화자료를 질적으로 뿐만 아니라 양적으로 분석하고 있다.

나. 문화기술법

교육현상을 있는 그대로 파악하는 해석적 패러다임을 가능하게 해 준 방법이 문화기술법(ethnography)이다. 문화기술법의 특징과 방법론, 그리고 연구과정에 대하여 간략하게 설명하고자 한다.

가) 문화기술법의 특징

문화기술법은 철학과 인류학을 배경으로 하고 있다. 즉, 해석학에서 교육현상을 의미있게 설명해 내는 방법과 문화인류학에서 현지참여의 방법을 동시에 도입한 방법이라는 것이다. 문화기술법은 연구자가 연구에서 기본적인 도구가 되며, 연구의 모든 사건, 상황들을 총체적으로 탐색, 서술, 분석하며 주로 참여관찰과 심층면접 방법을 활용하게 된다. 따라서 교육의 문화기술법은 교육현상을 있는 그대로 올바로 파악, 이해하기 위하여 참여관찰과 심층면접 방법을 동원하여 교육의 실제를 설명하고 기술하는 교육의 질적 연구방법이다.

나) 문화기술법의 방법론

문화기술법에서 주로 사용되는 연구기법은 참여관찰과 심층면접이다. 먼저 참여관찰에 대하여 논한 후에 심층면접법에 대하여 논의하기로 한다. 참여관찰 시에는 연구자가 실제 연구현장에 참여하는 정도에 따라 비참여, 소극적 참여, 보통 정도의 참여, 완전참여로 나누어 볼 수 있다. 참여관찰이 진행되면서 연구자의 관찰범위는 축소화 과정을 거치게 된다. 즉, 연구의 초기에는 기술관찰을 한 후 분석된 영역에 따라 집중관찰을 실시하고 분류된 목록에 따라 정선관찰을 실시하면서 관찰의 초점을 좁혀 나간다.

연구의 중반 이후에는 심층면접이 실시되는 것이 일반적인 경우다. 심층면접 시 질문의 형식은 순서가 정확한 질문(구조화된 면담)보다는 비구조화된 면담이나 반구조화된 면담방식이 활용된다. J. Spradley(1979)는 구조적 질문에는 확인질문, 표제어에 관한 질문, 포함되는 용어에 관한 질문, 대체질문, 카드분류 질문의 5가지 기본형태가 있으며, 대비질문에는 대조확인 질문, 유도된 대조질문, 2개의 용어에 대한 대조질문, 3개의 용어에 대한 대조질문, 대조집합 분류질문, 스무고개 게임, 등급질문 등 7종류의 기본형태가 있다고 하였다 (Spradley, 1979, 126-160).

다) 문화기술법의 과정

문화기술법은 연구계획에서부터 보고서 작성에 이르기까지 여러 단계를 거쳐서 이루어진다. 문화기술적 연구의 단계를 학자에 따라 여러 가지로 제시하고 있지만 Spradley(1979, 135, 202-226)가 제시한 문화기술적 연구의 12단계를 소개하면 다음과 같다. [그림 1－1]은 참여관찰을 중심으로 한 연구과정이며, [그림 1－2]는 심층면접을 중심으로 한 연구과정이다.

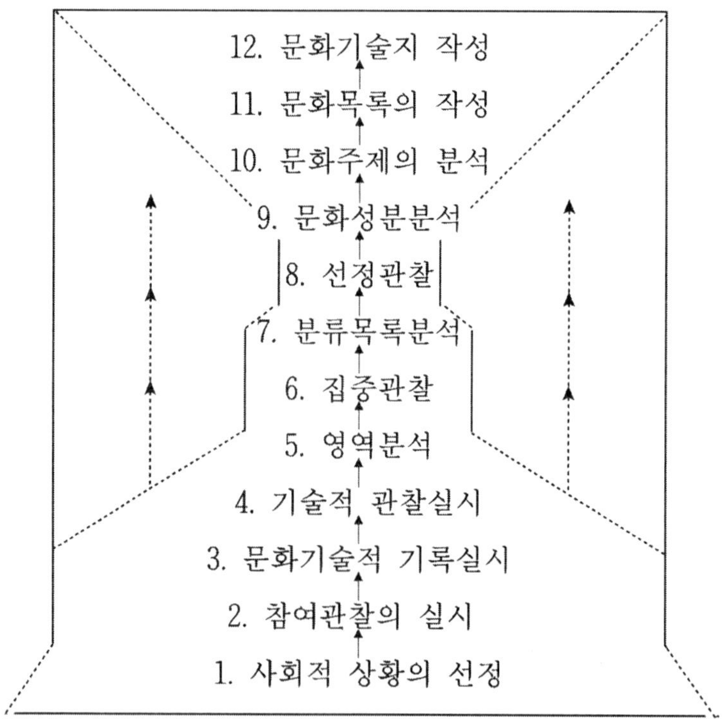

[그림 1-1] 문화기술적 연구의 12단계

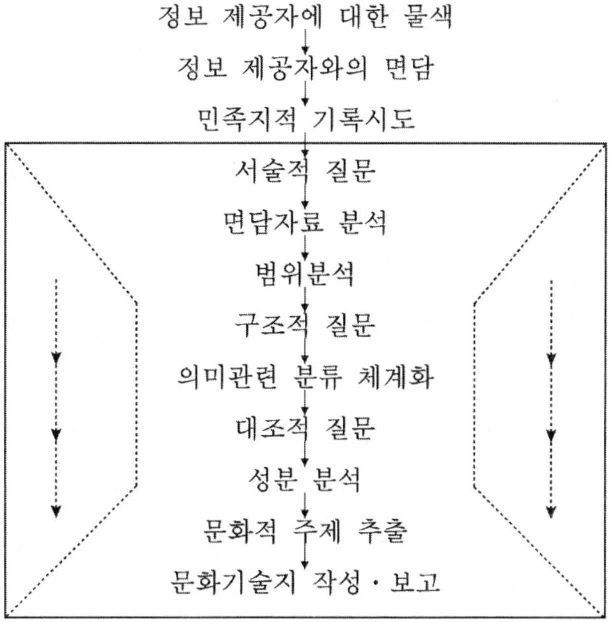

[그림 1-2] 심층면접의 12단계

(3) 교육사회학의 혼합적 연구방법

오랫동안 질적 · 양적 연구의 혼합이 가능한지에 대한 논쟁이 계속되어 왔으며 연구방법에서 혼합의 가능성에 대한 치열한 논쟁을 거친 후, 두 연구방법의 약점을 보완하는 혼합적 연구방법이 많은 학자들의 끈질긴 연구를 통하여 최근에 비약적으로 발전하여 외국에서는 여러 학문 분야에서 많이 활용되고 있다. 물론 교육사회학을 포함한 교육학 분야에서도 혼합적 연구방법을 이용한 연구들이 속속 이루어지고 있다(성용구, 2013).

가. 혼합적 연구방법에 대한 논쟁

가) 양적 · 질적 연구의 결합에 대한 부정적 시각

양적 · 질적 두 연구방법의 결합에 대하여 부정적 시각을 보이는 학자들도 많다. 이들 학자들은 두 방법이 견지하고 있는 철학적 입장이 다르고 연구 패러다임이 각각 다르다는 이유에서 두 연구의 결합 가능성에 대하여 부정적이다.

양적 · 질적 연구의 결합에 부정적 입장을 취하는 연구자들은 양적 연구와 질적 연구는 함께 할 수 없으며 해서도 안 된다고 주장한다. 그 대표적인 학자가 Smith(1983)인데 그는 두 방법의 결합 가능성에 대하여 논쟁하기를 즐겼는데 양적 · 질적 연구가 양립할 수 있다는 주장에 대하여 강하게 저항을 한다. 두 방법론은 "사회적 실재의 본질을 이해하는 방법"에 있어서 다르며, "어떻게 사회적 실재를 탐구할 것인가?"에 대한 인식의 차이가 있는데 이를 간과할 수 없기 때문이라고 한다. 양적 · 질적 연구의 결합을 시도하는 연구자들은 두 방법 간의 연관성에 너무 주의를 기울인 나머지 두 방법론의 이면에 내재해 있는 철학적 입장의 차이를 무시한다고 비판한다. 두 연구방법의 결합에 대하여 부정적 시각을 가진 초기의 연구들은 이성주의 패러다임과 자연주의 패러다임이 차이가 있듯이 양적 접근과 질적 접근 간에는 패러다임의 차이가 존재한다고 보고 이러한 패러다임의 차이는 인간의 사회적 생활을 탐구함에 있어서 각기 다른 가정을 한다는 것이다. 이성주의와 자연주의 패러다임이 서로 다른 인지적 기반 위에 존재하는 것처럼 양적 · 질적 방법은 각기 다른 인지적 기반 위에 존재하며 따라서 두 방법의 혼합은 쉽지 않다고 본다.

두 연구방법의 결합에 대하여 부정적 시각을 가진 후기의 연구들은 양적 · 질적 연구방법의 부정적 시각을 갖고 있지만 융합의 가능성에도 귀를 기울인다. 소수 자료가 단지 일반적인 다수 자료와 같지 않다고 해서 이를 무시하거나 버릴 수 없다는 질적 연구자의 신념과 공감을 하게 된 것이다. 어떻게 보면 양적 자료로는 도저히 수집할 수 없는 중요한 자료를 질적 연구를 통한 소수 자료 속에서 얻을 수 있다는 것이 질적 연구의 장점이고 양적 연구의 일반화 문제를 뛰어넘을 수 있는 논리와 같은 맥락에서 바라볼 수 있다.

나) 양적 · 질적 연구의 결합에 대한 긍정적 시각

양적 · 질적 연구가 서로 철학적 입장이 다르고 연구의 기본 가정을 다르게 하지만 연구의 문제에 따라서는 그 연구문제를 해결하는데 유용하다면 두 방법이 서로 결합될 수도 있다는 입장이다. 이러한 입장을 견지하는 학자들은 양적 · 질적 두 방법론은 각기 다른 수준에서 분석과 추론하지만 서로 조절이 가능하고 어느 정도의 혼합도 필요하다고 생각한다. 두 방법이 연구에서 서로 부분적으로 활용되어진다면 연구의 실행에 많은 이로움과 발전이 있을 것이라고 믿는다.

Bryman(2006)은 혼합연구에 관심이 있는 사람들은 연구에서 실용을 생각하며, '실용의 중요성'을 일찍부터 접할 수 있는 기회를 제공한 연구가로 Howe를 손꼽는다. Howe에 의하면 연구자가 연구를 실행함에 있어서 근본적으로 연구를 효율적으로 잘 풀어 나가려면 철학적 까다로움에 구애를 받지 않고 어떠한 일도 하여야 한다는 생각을 피력하고 있다. 그는 양적 · 질적 연구의 혼합이 연구의 실제 수준이나 인식론 수준에서 모두 적합하다고 주장하면서 혼합연구의 실행자들에게 위안과 확신을 주려고 하였다.

양적 연구와 질적 연구 간에 존재하는 차이를 최소화하거나 지워 버리기 위하여 William Firestone(1987)과 Charles Reichardt(1998) 그리고 Thomas Cook(1979)에 의하여 연구가 수행되었다. William Firestone은 양적 연구와 질적 연구의 차이점보다는 유사점에 더 주의를 기우렸다고 주장하고 있다. Charles Reichardt와 Thomas Cook은 양적 · 질적 연구의 특징을 패러다임으로만 설명하고 해석하려는 것은 잘못이라고 하였다. 철학적 견해가 연구방법을 규정하는 것을 꼭 그래야만 하는 것이라고 보질 않는다. 철학적 견해는 연구방법의 선택에 영향을 주는 여러 변인들 중 하나에 해당한다고 본다. 따라서 연구방법의 선택에 영향을 주는 여러 변인들 중 중요한 것으로 "연구 상황에서 직접 요구되는 것"이 무엇인지를 따져 보는 일이라고 주장하였다(Bryman, 2006).

양적 · 질적 연구의 결합에 대한 긍정적 시각을 가진 인문사회, 간호학, 교육학 관련 학자들은 혼합연구를 계획하는데 이용할 수 있는 일련의 절차를 발전시켜 왔다. Handbook of Mixed Methods in the Social & Behavior Science (Tashakkori & Teddlie, 2003)에서 처음으로 혼합연구에서의 탐구전략들을 광범위하게 제시하였다. 혼합연구를 강조하는 학술지가 몇 가지 있는데 The Journal of Mixed Methods Research, Quality and Quantity, 그리고 Field Methods와 같은 것들이다. 반면에 혼합연구의 탐구형태를 적극적으로 중시하는 학술지로 International Journal of Social Research Methodology, Qualitative Health Research Annals of Family Medicine와 같은 것들이 있다. 인문사회과학 분야에서 출간된 혼합연구물로 직업치료 "occupational therapy"(Lysack & Krefting, 1994), 상호 소통 "interpersonal communication"(Boneva, Kraut, & Frohlich, 2001), 에이즈 예방 "AIDS prevention"(Janz, et al., 1996), 치매 간호 "dementia caregiving"(Weitzman & Levkoff, 2000), 정신건강 "mental health" (Rogers, Day, Randall, &, Bentall, 2003), 그리고 중등학교 과학 "in middle-school science"(Houtz, 1995)과 같은 연구들이다. 혼합연구에 관한 단행본(Bryman, 2006; Creswell & Plano , 2007; Greene, 2007; Plano & Creswell, 2008; Tashakkori & Teddlie, 1998)도 새롭게 출간되었다(김영숙 외, 2011, 243-244 재인용).

결국 질적 · 양적 연구의 혼합이 가능한지의 문제는 두 연구방법의 과학적 결합의 타당성을 높여줄 수 있는가의 문제로 귀결된다. 만일 혼합연구 설계에서 연구의 타당성을 논리적으로 제고할 수만 있다면 두 연구의 혼합은 교육학 연구에서 매우 긍정적이라고 볼 수 있을 것이다.

따라서 양적 · 질적 연구의 혼합의 가능성을 제고하기 위하여 연구의 설계에서 유용한 구체적인 방안과 전략을 탐색할 필요가 있다. 혼합연구 설계의 타당성을 높여 줌으로써 교육학 분야의 연구방법론의 새로운 지평을 여는데 도움을 줄 수가 있다.

나. 혼합연구의 설계 전략

교육학 연구자에서 혼합연구 설계의 타당성을 높이기 위해서는 타당한 연구의 설계가 매우 중요하다. 양적 · 질적 연구를 타당하게 혼합하기 위한 연구의 설계 전략에 관한 연구가 그동안 많이 이루어졌다. 그것은 교육 연구주제의 성격에 따라 이에 적합한 다양한 연구모형을 개발하는 것을 말한다. 혼합연구 설계의 타당성을 높이기 위한 설계 전략을 연구 모형의 선택을 중심으로 개발되었다(성용구, 2013).

참고 문헌

강상철(1992). 교육사회. 서울: 동문사.

김병성(2002). 교육사회학 이론 신강. 서울: 학지사.

_____(2004). 교육과 사회. 서울: 학지사.

김신일(2002). 교육사회학. 경기: 교육과학사.

김억환(1988). 신교육사회학. 서울: 박영사.

김영숙 외(2011). 연구방법 : 질적, 양적 및 혼합적 연구의 설계(제3판). 서울: 시그마프레스.

김영찬(1980). 생활 문화 교육. 경기: 교육과학사.

김진균(1985). 사회학 이론과 구조. 서울: 한길사.

성용구(1992). 교육과정사회학. 서울: 형설출판사.

_____(2013). 혼합연구 설계의 타당성을 높이기 위한 단계별 전략. 열린교육연구, 21-3. 한국열린교육학회.

신군자(2001). 새로운 교육사회학. 서울: 집문당.

안병환(2012). 교육사회학의 이해. 경기: 공동체.

오만록(2009)). 교육사회학. 서울: 동문사.

오욱환(1989). 학교교육과 불편등. 경기: 교육과학사.

_____(2003). 교육사회학의 이해와 탐구. 경기: 교육과학사.

이건만(1994). 마르크스주의와 교육사회학. 경기: 교육과학사.

이규환(1987). 비반적 교육사회학. 서울: 한울.

이종각(2012). 교육사회학. 경기: 태영출판사.

정우현(1980). 교육사회학 연구. 경기: 교육과학사.

최희선(1984). 교육의 사회적 구조와 이데올로기. 서울: 한울.

한준상(1981). 새로운 교육학. 서울: 한길사.

제2장

교육사회학 이론

1. 사회학 이론의 접근방식
2. 거시적 이론
3. 기능론과 갈등론의 교육적 관점
4. 학교교육에 대한 양대 이론의 견해
5.미시적 이론

1. 사회학 이론의 접근방식

성용구(2008, 42-44)는 교육사회학을 크게 두 가지 차원에서 접근하였다. 하나는 분석수준의 문제로서 거시적-미시적 수준으로 접근하는 방식이고, 다른 하나는 사회학의 이론과 관련하여 교육현상을 패러다임의 문제로 접근하는 방식이다.

거시적 교육사회학 관점을 수용하고 있는 사회 사실론자들은 교육사회학에 관계된 거대한 추상적 이론화 구축에 교육사회학적 분석과 관심을 기울인다. 반면 미시적 교육사회학 관점을 구축하려는 사회 관계론자들은 추상적인 이론 구축보다는 일상 상호작용 중심의 구체적 이론화에 주된 관심을 기울인다.

미시적 접근은 사회현상을 설명하는데 있어서 그 현상이 나타나게 된 원인, 즉 내면적 현상을 분석 · 설명하려는 것으로서 체제와 구조의 개념보다는 과정과 상호작용을 강조하고 있다.

거시적 접근 방식은 사회를 그 자체로서 실체를 가진다고 보며, 이론의 출발은 사회로부터 시작된다. 그것은 그 사회 실체의 본질은 무엇으로 보느냐에 따라 교육의 본질이 규명되며, 기대되는 교육의 결과도 달라지기 때문이다.

거시적 접근법에 의한 교육사회학 이론의 두 가지 두드러진 관점은 기능이론과 갈등이론이다. 기능이론은 사회의 본질을 상호의존적인 단위 또는 구성요소의 합성인 균형 있는 체제로 보고, 반면에 갈등이론은 사회의 본질을 경쟁과 갈등의 관계라고 보아 서로 상반된 견해를 나타내고 있다. 교육에 있어서도 오늘날의 교육사회학의 중심과제라고 할 수 있는 교육의 사회적 기능, 교육의 기회균등, 계층이동, 선발, 직업배분 등에 관하여 서로 대립적으로 보고 있다. 이 두 가지의 상반된 관점은 교육사회학 이론에 있어서 두 축을 이루고 있는데, 교육사회학의 시작과 함께 했던 기능론이 1960년대까지 주류를 이루어 왔으나, 1970년대 이후 이에 대한 비판적 모형인 갈등이론의 목소리가 커지면서,

현재에는 두 이론이 팽팽히 맞선 채 이러한 대결을 극복하여 더욱 발전적인 새로운 이론을 모색하기 위해 많은 사람들이 노력하고 있다(김병성, 2002, 16-19).

거시적 접근 방법이 지니는 결정적 결함이 바로 사회적 실체에 지나친 의미를 부여했다는 점이다. 사회적 실체 앞에서 창의성과 자유가 무시된 인간의 존재는 단지 사회화의 산물 그 이상도 아니며, 사회적 실체는 인간생활의 복잡성과 풍요에 관하여 아무것도 설명해 주지 않는다는 것이다. 따라서 교육사회학의 관심을 모호한 사회적 실체로부터 개인과 개인, 개인과 사회에서 일어나는 상호작용으로 보고, 이들간에 일어나고 있는 그대로의 사회적 의미를 이해, 해석하고자 하는 것이 미시적 접근인 것이다(강상철, 1992, 32).

1) 거시적-미시적 접근

한준상(1985)은 교육사회학 이론의 주요 관점을 거시적 · 미시적 관점으로 구분지어 개관하였다. 거시적 교육사회학 관점으로는 구조주의, 교환이론, 비판이론, 구조기능주의, 갈등이론, 구조기능론, 지향적 갈등론, 지위집단론적 갈등론 등이다. 그리고 미시적 교육사회학 이론으로는 상징적 상호작용론, 민속방법론, 통합이론, 신교육사회학 등으로 분류하여 제시하였다.

송병순(1987)도 교육사회학의 주요 이론을 거시적 접근과 미시적 접근으로 크게 나누어 제시하고 있다. 거시적 접근은 기능주의적 관점과 갈등주의적 관점으로 구분하고 미시적 접근에는 해석학적 접근과 신교육사회학으로 나누었다. 그는 기능주의적 관점에 속하는 관련이론으로는 초기 합의론적 기능주의, 인간 자본론, 근대화 이론을 제시하였고, 갈등주의적 관점으로는 사회재생산이론, 종속이론, 급진적 저항이론을 들고 있다. 또 해석학적 관점으로는 상호작용이론과 민속 방법론적 접근 등을 제시하였다(김병성, 2002, 17).

2) 패러다임적 접근

교육현상을 패러다임에 의하여 설명한다면 규범적 패러다임과 해석적 패러다임으로 설명할 수 있다.

앞에서 제시한 거시적 접근론인 기능이론과 갈등이론은 주로 규범적 패러다임에 의하나, 미시적 접근이론에 관련된 상징적 상호작용, 민속방법론, 교육과정사회학 이론 등은 해석학적 패러다임에 더 깊게 연관되어진다.

규범적 패러다임은 19세기부터 지배적으로 강조되어 온 실증주의에 크게 영향을 입었다고 할 수 있다. 실증주의는 Comte에 의해 체계화되었으며, 그에 의하면 지식이란 감각적 관찰에 의하여 발전된다는 것이다. 즉 개념이나 이론이 경험주의에 근거를 두고 있지 않으면 모두 관념적 형이상학이라고 비판하였다.

실증주의 입장에서는 자연과학적 방법론이 유일하게 과학적이라 주장하고 사회현상을 계량적이고 통계적인 자연과학적 방법으로 설명해야만 과학적으로서의 정당성을 보장받는다는 것이다.

따라서 규범적 패러다임은 본질적으로 인간행위가 규칙 지배적이고, 인간의 행위에 대한 사회학적 설명이 자연과학의 연역적인 형태를 띠고 있다. 이러한 종래의 실증주의 사회학이 객관적이고 비주체적인 과학론임을 주장하고 그 대안적 관점으로 제시된 것이 해석학적 패러다임이다.

이 새로운 관점은 자연적 세계와 사회적 세계가 본질적으로 상호 다르다는 점을 강조하고 일상생활을 이해하고자 하는데 일차적인 관심을 두고 있다. 이러한 관점을 채택하고 있는 이론으로 현상학, 상징적 상호작용론, 그리고 민속방법론 등이 있다.

규범적 패러다임과 달리 해석학적 패러다임은 인간의 행위와 상호작용이 공유된 일정한 규칙에 지배되지 않는다고 본다. 따라서 해석적 패러다임은 인간의 상호작용을 하나의 해석적 과정으로 파악하고 있기 때문에 그 연구방법 또한 연역적 설명에 의한 것이 아니라, 상호작용이 실제로 일어나고 있는 일상생활 세계를 구체적으로 이해할 수 있는 해석적 기술(inter-pretive description)을 강조한다(김병성, 2002, 19-20).

2. 거시적 이론

교육의 사회적 현상을 설명하는 시각에 대하여 생각해 보기로 하자. 교육의 사회적 현상을 보는 시각은 한 마디로 다양하다. 마치 지구상에 크고 작은 산들이 많이 솟아있는 것처럼 사회를 보는 시각에도 크고 작은 시각들이 많이 산재해 있다. 크고 작은 여러 산들이 한데 모여서 큰 산맥을 이루듯이 사회적 현상을 보는 시각들도 보는 각도와 방향에 따라 묶어 보면 어떠한 맥을 발견할 수가 있는데 좀 무리하긴 하겠지만 크게 양대 산맥으로 대별해 볼 수가 있다. 하나는 구조기능이론이요, 다른 하나는 갈등이론이다. 주로 교육사회학 분야에서 질서유지이론, 사회체제정비론, 사회질서 동의론, 합의이론, 평형이론이라 불리우는 이론들이 전자에 속하고, 이상주의 교육론, 집단이해 교육론, 재생산이론, 저항이론들이 후자에 속한다고 볼 수 있다. 교육의 사회적 현상을 보는 양대 시각에 대하여 그 이론적인 성격을 이해하기 위해 보다 상세하게 언급하면 다음과 같다(성용구, 2008, 45-61).

1) 기능이론

"기능이론(functionalism)은 교육사회학의 기원과 함께 한다"고 말하듯이 Comte나 Spencer까지 거슬러 올라갈 정도로 그 역사가 깊다. 기능론은 구조기능주의이론(structual-functional theory)에서 도출된 것으로서, 이 외에 학자의 강조점에 따라 합의이론(consensus theory), 질서이론(order theory), 균형이론(equilibrium model) 등으로 불리고 있으나, 이들을 포괄하여 기능론 또는 기능이론으로 부르는 것이 보편화되어 있다.

기능론의 이론적 기원은 Comte에서 연유하나, 이론적 근거를 밝힌 사람은 사회학자 Durkheim이다. 미국의 사회학과 인류학의 기틀을 잡은 A. R.

Radcliff Brown과 Bronislaw Malinowski 등을 통하여 발전하였으며, Talcott Parsons와 Robert K. Merton에 의해 현대 기능주의 사회학 이론으로 자리를 굳히게 되었다.

기능론자들의 공통적인 견해는 사회체제 안에서의 모든 구성요소들은 다른 요소들과 관련을 갖는다고 보는 점이다. 즉 사회를 생물학적 육체에 비유하여, 상호의존적인 기관이나 지체들이 전체의 성장과 존립에 기여하고 있는 관계로 보고 있다. 이를 인체에 비유해서 말하자면 전체 사회는 몸이고, 사회 내의 개인이나 학교, 병원, 정당, 기업 등과 같은 구성요소는 세포, 손, 발, 폐, 위 등에 해당되는데, 이들은 각기 맡고 있는 기능을 순조롭게 수행함으로써 인체의 생존과 활동에 기여한다는 것이다. 따라서 구성요소들 간의 관계는 조화와 협동과 합의(consensus)의 관계를 의미하며, 이를 통해서 전체는 질서, 안정, 균형, 통합을 유지하게 된다.

기능이론의 관점에서 보면 교육은 사회통합과 질서유지의 기능을 발휘하고, 기존사회의 규범과 가치를 유지 전달하는 사회화에 공헌한다. 또한 학교 사회의 구성원으로 하여금 사회적 역할을 원활하게 담당할 수 있도록 선발하여 배치하는 기능을 수행하고 있다고 보고 있다. 학교를 순기능적 측면에서 보는 기능론적 관점이 어느 정도 타당성을 인정받고 있는 것도 사실이다. 그러나 기능론은 통합성과 합의성을 지나치게 강조한 나머지 학교 교육의 피동성과 규격화를 심화시켰고, 집단간의 갈등을 간과함으로써 사회화와 사회적 선발의 실제적인 모습을 밝혀 주지 못하였다. 특히, 능력주의 사회에서는 교육선발과 보상이 능력 본위로 이루어진다는 기본 전제 때문에 신분제도가 타파된 현대 산업사회에서도 사회 경제적 지배 집단에 의한 귀속적인 선발과정이 여전히 존재하고 있음을 간과하고 있다. 또한 사회 체제의 변화와 개혁보다는 현상유지를 지지하는 보수성에 있어서도 비판을 받고 있다.

그러나 기능론이 가지고 있는 가장 근본적인 단점은 사회체제를 설명함에 있어서 인과관계의 설정에 무리가 있다는 점이다. Parsons의 논리에 의하면, 전체 사회의 평형지향이 원인이 되어, 사회구성 요소들의 기능수행이라는 현재의 활동을 지배한다는 '합목적적 오류'를 범하고 있는 것이다(강상철, 1992, 33-34).

구조기능론에 대한 설명은 다양하겠지만 다음 세 가지로 쉽게 설명할 수 있다(성용구, 1990, 110-112).

(1) 유기체설에 의한 설명

이 설명은 전통사회의 연구에 보다 적합한 설명일지 모르나 사회가 가지고 있는 기본특성은 예나 지금이나 크게 변하지 않고 있기 때문에 현대사회의 설명에도 적용이 가능하다. 유기체설에 의하면 모든 사회는 자신의 생존과 목적달성을 위하여 구조와 기능을 가지게 된다는 것이다. 즉, 하나의 유기체는 상호 의존하는 여러 부분으로 구성되어 있고 각 부분은 유기체의 생존을 위하여 공헌하듯이 사회도 구조와 기능을 가지고 있다는 것이다. 이러한 설명은 유기체인 인간의 신체구조에 비유하여 설명이 가능하다. 우리 인체는 머리, 몸체, 손발로 구성되어 있으며 머리에는 눈, 코, 입, 귀, 대뇌 등이 있다. 코로 숨을 쉬고 입으로 먹고 눈으로 보고 대뇌로 지적인 활동을 한다. 손과 발을 움직여서 유기체인 인간이 생존하고 삶을 영위할 수 있는 것이다. 인체의 모든 기관이 상호 의존하여 협응을 하듯이 사회도 사회의 특정한 양식과 구조, 기관을 통하여 사회체제가 유지된다는 것이다.

(2) 개성체제 이론에 의한 설명

개성체제 이론에서는 인간사회를 여러 개인이 가지고 있는 개성들의 모임으로 보며, 사회 속에서 개인의 욕구가 충족되고 사회의 유지조건이 충족되기 위해서는 개인의 역할이 매우 중요하다고 본다. 따라서 교육을 통해 개인의 욕구와 역할을 통합하고 이렇게 함으로써 사회구조의 유지가 가능하다고 설명한다. 은행사회를 예로 들면, 은행에는 세 종류의 이익집단이 있다. 고객, 주주,

그리고 은행원이다. 이 사람들은 각기 다른 개성과 욕구를 가지고 은행에 모이게 된다. 고객은 돈을 안전하게 맡기기 위하여, 주주는 주식을 투자하여 이익을 얻기 위하여, 은행원은 자아실현과 사회봉사 혹은 돈벌이와 일생에 중요한 동반자를 위하여 거기 있는 것이다. 이들은 또한 하는 역할이 제각기 다르다. 고객은 청구서 용지에 내용을 기입해서 창구에 주문한 다음 기다리고 있으며 은행원은 장부에 기입하고 현금과 서류를 정리한 다음 컴퓨터 처리를 한다.

고객과 은행원, 그리고 주주의 욕구와 역할은 어떻게 통합될 수 있는가? 은행원에 대한 사원교육(이를테면 친절봉사, 장부 정리방법, 현금안전관리지침, 컴퓨터처리법 등), 고객에 대한 안내(이를테면 청구서의 굵은 선 안에만 기록하되 액수는 한글로 쓰고 비밀번호를 기입하는 것 등) 그리고 주주들에 대한 교육을 정기적으로 또는 비정기적으로 계속하고 있는 것이다. 개인의 욕구와 역할이 이렇게 교육을 통해 통합됨으로써 사회는 체제가 유지된다는 것이 개성체제 이론에 의한 기능론의 설명이다.

(3) 문화체제 이론에 대한 설명

인간은 여러 사람들이 함께 공유하는 가치와 규범을 가지고 있는데 이를 문화체제라 한다. 이러한 인간의 가치와 규범을 유지하고 생상하며 전달할 수 있는 요건 혹은 양식이 있어야 사회는 지속, 유지될 수 있다. 바로 이러한 요건이 교육이며 인간은 이 교육을 통하여 사회질서를 유지하고 체제를 정비하는 기능을 담당하게 한다는 것이 문화체제 이론이다.

위의 세 가지 설명을 종합해 본다면 교육사회를 설명하는 구조기능론의 성격은 다음 세 가지로 요약할 수 있다.

첫째, 사회는 기본적으로 자기유지를 위하여 이에 필요한 요건을 충족시키려 한다.

둘째, 사회는 교육을 통해 생존, 안정, 균형, 질서, 통합, 합의의 기능을 추구하고 있다.

셋째, 사회는 긴장과 교란, 불안과 갈등을 최소화하려 하며, 사회의 유지와 발전의 보장을 위한 일정한 형태의 구조와 양식을 가지고 있다.

2) 갈등이론

사회체제로서의 학교의 기능을 낙관적으로 보는 기능주의적 관점에 맞서 1960년대를 전후로 하여 보다 비판적으로 보는 급진론적 관점이 나타나기 시작하였다. 사회관계의 질서가 조직적이고 영속적인 합의에 터하고 있다는 사회체제에 대한 기능주의적 전제에 반기를 들고, 사회질서의 바탕을 이해관계를 달리하는 집단 사이에서 야기되는 갈등에서 찾으려는 이데올로기가 두각을 나타낸 것이다.

갈등이론(conflict theory)이 보는 사회의 본질은 경쟁과 갈등의 관계이다. 가치를 둘러싼 개인과 개인, 집단과 집단 사이의 경쟁에서 비롯되는 부조화야말로 사회의 본질이라는 것이다. 부조화가 사회체제 내에 그대로 남아 있는 사회심리적 긴장 상태를 갈등이라고 하는데, 이러한 갈등이 밖으로 표출될 때는 폭력을 통한 사회변동을 야기한다고 본다.

갈등론자들은 기능이론이 사회체제를 지나치게 순응적으로 인식한 나머지 사회변화를 제대로 설명하지 못하고 있으며, 사회관계의 속성인 권력투쟁, 계층갈등, 일탈행위 등이 소홀히 다루어지고 있다고 비판한다. 지배집단이 그들의 기득권 유지를 위해 설득, 억압, 교화, 선전 등의 방법으로 피지배집단에게 그들의 입장을 정당화한다고 통박한다.

교육사회에 있어서 갈등이론의 출현 시기를 1970년을 기점으로 잡고 있으나 그 이론적 기초는 Marx와 Weber로부터 찾는 것이 일반적 견해이다. 사회적 갈등에 관한 연구는 고대로부터 여러 학자들에 의해 이루어져 왔지만, 사회학적 이론의 모형을 갖춘 것은 Marx와 Weber라는 주장은 상당히 타당성을 지닌다(강상철, 2002, 37).

갈등이론가의 견해에 의하면 사회의 갈등은 정상적인 것이며 오히려 평화와 질서의 상태가 비정상적인 것이다. 극단적으로 표현하면, 예컨대 전쟁은 정상적인 것이며, 평화는 다음 전쟁을 위한 잠정적인 과도기에 불과한 것이다. 사회에서 현실적으로 나타나는 질서의 상태는 사회의 본질적인 모습이 아니며 이것은 '강제적으로 조정된 결합'(ICA : imperatively coordinated association)에 불과할 뿐, 사회의 질서가 사회 내부의 '조화로운 균형'(harmonious balance)에 의해 이루어지는 것이라고 믿는 것은 한낫 환상에 지나지 않은 것이라고 그들은 주장한다(현승일, 1989, 25).

갈등이론은 1960년대 이후 기능론에 대한 반발로써 본격화된 시각이며 1970년대 들어서 세력이 팽창하였다. 갈등이론은 하나의 통합된 이론이 아니고 사회현상을 설명하는데 있어서 갈등과 비판의 중요성을 강조하는 여러 가지 시각들을 묶어서 통칭하는 것이다.

갈등이론이 제기하고 있는 문제는 대체로 이러하다. 사회에는 항상 안정, 통합, 상호의존만이 존재하는가? 사회에서 변화, 갈등, 비판, 분쟁, 모순, 긴장은 병리적인 현상인가? 이러한 요소들을 잘 조정하여 사회발전에 이바지할 수는 없는가? 갈등이론을 이해하기 위해서는 사회와 갈등 그리고 이들간의 관계에 대하여 보다 본질적인 접근과 설명이 필요하다.

갈등이론에서는 사회실체의 본질을 경쟁과 갈등의 관계로 본다. 사회 속에서는 개인과 개인 사이에서 집단과 집단 사이에서 이익이나 권력 등의 가치를 둘러싸고 경쟁과 갈등이라고 하는 불협화음이 여기저기에서 야기되고 있다. 사회실체의 본질을 파악함에 있어서 이렇게 경쟁과 갈등의 연속이라고 볼 때, 사회의 속성은 세력다툼과 이해대립, 지배와 피지배, 억압과 저항, 변화와 변동이라고 볼 수 있다. 이러한 사회본질을 논함에 있어서 현대적 갈등이론과 고전적 마르크스주의는 때때로 동일하게 취급되기 쉬운데 그 차이를 구분하여야 한다. 물론 고전적 마르크스주의나 신마르크스주의는 갈등이론이라는 큰 산맥과 연결되어 있는 것은 사실이지만 고전적 마르크스주의적 갈등이론과 현대적 갈등이론은 대체로 다음과 같이 구별된다.

(1) 고전적 마르크스주의적 갈등이론

고전적 마르크스주의적 갈등이론은 역사의 발전을 유산계급과 무산계급 사이의 투쟁의 결과로 보고 생산수단의 사유재산제도가 있는 한 계급간의 대립과 갈등은 종식될 수 없다고 보고 있다. 계급간 대립갈등의 해소를 위한 유일한 방법은 사유재산을 철폐하고 공산주의를 실시할 때 가능하다고 주장하였다(김신일, 1980, 103).

(2) 현대적 갈등이론

현대적 갈등이론에서 사회의 본질을 갈등과 대립으로 보는 것은 고전적 마르크스주의의 갈등이론과 같지만, 갈등의 해소방법과 해소가능 여부에 대하여 전자와는 다른 입장을 취하고 있다. 고전적 마르크스주의에서는 사유재산제를 철폐하고 공산주의를 실시하여 갈등을 해소하려 했지만, 현대적 갈등이론은 그렇게 해서는 갈등이 해소될 수 없다고 주장하고 있으며 갈등은 어떤 의미에서 영원한 것이라는 주장을 희소가치론(scare value)을 들면서 고전적 마르크스주의와는 매우 다른 입장을 취하고 있다. 희소가치론은 어떤 사회에서 돈, 권력, 명예, 자유 등 제반 사회적 가치들은 희소성이 있기 때문에 이들 사회적 가치를 둘러싼 경쟁과 갈등은 영원히 해소될 수 없다는 설명을 하고 있다. 이렇게 사회적 갈등의 원인과 해소방법에 대해 고전적 마르크스주의적 갈등이론은 생산수단에 대한 계급간의 관계 속에서 이해하고 찾으려 하는데 반해 현대적 갈등이론은 사회적 가치의 희소성에서서 찾고 있다는 차이를 볼 수 있다.

다시 말해서, 현대적 갈등이론이 진보적 · 낙관적이며 미래지향적인데 반해, 고전적 마르크스주의적 갈등이론은 혁명적이고 회의적인 성격을 띠고 있다고 설명할 수 있다.

이상에서 논한 갈등이론을 Dahrendorf의 말을 빌려서 정리하면 다음과 같다(김신일, 1985, 45).

첫째, 모든 사회는 언제나 이견과 갈등이 나타난다.
둘째, 모든 사회는 언제나 변화과정을 겪는다.
셋째, 사회의 모든 요소는 분열과 변화에 이바지한다.
넷째, 모든 사회는 한 집단이 다른 집단에 대한 강제에 기반을 두고 있다.

두 시각에 대한 이러한 설명은 단순한 면도 없지 않다. 두 시각의 차이점을 보다 극명하게 대조하여 설명하다 보니 과잉단순화된 측면이 있다. 또한 학자들 간에 논의를 달리하고 있는 부분들에 대한 자세한 논의와 언급을 결여하고 있다(성용구, 2000, 112-113).

3. 기능론과 갈등론의 교육적 관점

앞에서 기능론과 갈등론이 가지고 있는 두 이론의 사회학적 차이를 살펴보았는데, 두 이론은 기본 교육적 관점이나 교육문제에 대한 시각에서도 많은 차이가 난다. 먼저 교육을 보는 양대 이론의 입장을 검토한 후, 몇 가지 실제 교육문제를 중심으로 설명하고자 한다(성용구, 2000, 114-116).

1) 교육을 보는 기본입장

접근의 방향에 있어서 두 시각은 대조적이다. 기능이론은 사회에서의 통합과 합의를 전제로 삼고 있기 때문에 현상유지 또는 체제유지 지향적인 연구에 중점을 두고 있다. 그러므로 한 사회의 기본이념, 기본질서 및 제도는 주어진 것으로 보고 부분적이고 점진적인 문제해결에 관심을 기울인다.

이와는 대조적으로 갈등이론은 사회에서 기본적인 이념, 제도, 질서 등에 대한 비판적 분석에 중점을 둔다. 따라서 체제비판을 통한 변화와 개혁이 이들의 목표이다. 극단적으로 표현하면 체제와 제도에 대한 끊임없는 비판과 부정을 통해서만 사회는 발전할 수 있다고 믿고 있다. 결국 두 이론의 차이는 한 마디로 안정 지향이냐 변화 지향이냐로 요약할 수 있을 것이다(김신일, 1985, 57).

교육연구의 과제에 대한 양대 시각 역시 대조적이다(이규환, 1987, 15). 구조기능주의자들의 교육연구 과제를 요약하면 다음과 같다.

① 교육조직과 다른 사회조직간의 관련성에 대한 연구

② 사회 통합 지향적 교육의 차원에서 교육환경에서 기대되는 교사와 학생의 행동형식에 대한 연구

③ 사회구조의 유지 및 발전에의 교육의 공헌도에 대한 연구

반면에, 갈등론자들의 교육연구 과제를 요약, 제시하면 다음과 같다.

① 기존 교육제도를 비판하고 학생의 행위의 의미에 대한 연구

② 교육 불평등의 원인이 무엇인지와 학교와 사회의 구조적 모순에 대한 연구

③ 교사-학생의 지배적 관계에 대한 연구

④ 학교교육의 성공, 실패 그리고 억압에 관한 연구

⑤ 학교교육의 재생산 기능에 대한 연구

위에서 살펴본 바와 같이 교육문제에 대해 설명하는 두 시각을 요약해 보면 이러하다. 기능이론은 교육의 사회화, 선발, 분배기능에 대한 타당성을 강조했고, 갈등이론은 교육은 불평등하고 사회계급을 재생산하며 사회를 불균등한

상태에서 영속화 · 합리화하는 수단에 불과하다고 주장하고 있다.

2) 교육문제에 대한 견해

(1) 학업성적의 차이 문제

가. 구조기능론의 견해

구조기능론의 시각을 가지고 보면 학업성적의 차이가 난다는 것은 지극히 정상적인 것이다. 그 첫째 이유는 개인이 가지고 있는 능력이 서로 같지 않고 개성이 인정되는 사회에서 학업성적의 차이는 능력의 차이가 있기 때문에 당연하다는 것이다. 성적이 높은 학생은 본인이 열심히 공부하고 노력했기 때문에 그 대가로 좋은 점수가 나오는 것이고 성적이 좋지 못한 학생은 본인이 열심히 학습하지 않고 노력이 적었기 때문에 점수가 낮게 나온 것이라고 본다. 따라서 자기 행동에 대한 결과는 자신이 책임지고 감수해야 한다는 것이다. 공부하지 않고서 공부 많이 한 사람과 똑같은 성적을 기대하는 것이야말로 불가능한 일이라고 본다.

학업성적의 차이가 나는 것이 당연하다는 두 번째 이유는 일등이 있으면 꼴찌가 있게 마련이고, 이등이 있어야 일등이 있을 수 있다는 것이다. 학급에서 모든 학생이 일등을 하면 누가 꼴찌를 하느냐, 어차피 일등과 이등 그리고 꼴찌는 있게 마련이므로 학업성적의 차이는 있는 것이 당연하며 문제가 되지 않는다는 견해이다.

나. 갈등이론의 견해

갈등이론의 시각을 가지고 보면 학업성적의 차이는 개인 능력의 차이도 있겠지만 개인의 능력차이보다는 학생 개인이 처하고 있는 학습환경의 구조적 모순에 더욱 기인한다고 보고 있다. 그러한 구조적 모순으로 다음과 같이 몇 가지 사실들을 제시하고 있다.

첫째, 학교의 학습내용과 개인의 적성과의 불일치이다. 학습과제가 개인이 기호에 맞지 않아 학습자가 흥미가 없어 학업성취도가 낮아지게 된다는 것이다.

둘째, 교사의 수업방식에서 연유한다는 것이다. 한 교사의 수업방식이 학생 개개인별로 볼 때 유리하게 작용되는 경우도 있고 불리하게 적용되는 경우도 있다. 그리고 질이 낮은 수업방식으로 인하여 학업성적에 차이가 난다는 것이다.

셋째, 교육시설과 학습자료를 들고 있다. 조건이 나쁜 교육시설과 부족한 학습자료가 제시되는 학생집단은 상대적으로 학업성적이 낮게 나올 수 있다는 것이다.

넷째, 교육정책의 불리함을 들고 있다. 지역별, 성별, 학교간에 교육정책의 특징의 차이로 인해 학업성적의 차이가 유발된다는 것이다. 학습시간의 형태, 절대적인 학습시간의 양적 차이, 학교장의 교육방침 등이 학업성적의 차이를 가져온다고 주장한다.

따라서 갈등이론에서는 이러한 구조적 모순으로 인하여 받게 되는 불리한 집단에게 불리함을 해소시켜 줄 책임이 개인이 아닌 국가나 학교에 있다고 주장한다.

(2) 교육기회의 불평등 문제

가. 구조기능론의 견해

특정 학생이 상급학교에 진학해서 장기간의 교육기회를 획득하는 것은 학생 본인이 노력한 대가이므로 이는 당연하다는 것이다. 입시에서 불합격하여 교육의 기회를 잃은 사람은 본인이 노력을 적게 하고 능력의 저하에서 오는 결과이기 때문에 본인이 받아들여야 한다고 주장한다. 또한 학교교육의 기회가 한정되어 있는데 누군가는 상위과정 학습기회에 소외되어야 하지 않느냐는 것이다. 그렇다면 가장 공정한 것은 공개 경쟁시험을 거쳐 탈락한 자(즉, 성적이 낮은 자)가 교육의 기회를 포기할 수밖에 더 있느냐? 극단적으로 누가 공부하지 말라고 했느냐? 공정 경쟁시험을 통한 선발이므로 교육받을 기회를 공정하게 제공했는데 본인이 무능해서 탈락한 것이므로 어찌할 수 없으며, 이는 경쟁사회에서는 당연한 현상이라고 보는 것이다.

나. 갈등이론의 견해

갈등론적 시각에 입각해서 보면, 상급학교 진학이나 교육기회의 획득은 사회의 구조적 모순에 의해 선택받은 사람들에 대한 교육의 특혜라고 비판한다.

첫째, 교육기회 불평등의 원인이 잘못된 사회의 인식과 차등 기대에서 연유했다고 본다. 남녀에 대한 기대의 차이, 장남과 차남에 대한 기대의 차이에서 교육기회의 불평등이 연유한다고 생각한다.

둘째, 지역적 격차로 인하여 교육기회의 불균등 현상이 유발된다는 것이다. 도시지역에 비하여 농촌지역은 통학 · 하숙 문제, 문화적 결핍, 학원시설 이용 기회의 부족, 학습자료 구입의 불리함, 가사를 돕기 위한 인력의 활용 등 여러 가지로 학습에 불리하다. 이러한 요인으로 발생되는 교육기회의 격차는 본인의 능력보다는 도농 간의 사회적 격차로 해석하는 것이 옳다는 것이다.

셋째, 가정환경으로 인하여 교육기회의 격차가 난다는 것이다. 부모 중 어느 한쪽에 문제가 있는 가정이나 경제적 능력이 너무 부족한 가정은 상급학교 진학에 불리한 조건이 된다. 특히, 최근에는 가정교사, 보충수업, 학원 공부가 일반적인 상황인데 부모의 기대와 후원이 충분한 가정과 그렇지 못한 가정 사이에는 학생의 개인능력에 상관없이 가정환경의 차이에서 교육기회의 격차를 유발한다고 볼 수 있다.

넷째, 상급학교 진학, 입시제도 등 국가의 교육제도로 인하여 교육기회의 불평등이 심화될 수 있다는 것이다. 대학입시에서 내신 성적의 균등적용에서 파생되는 문제, 실업계 고교생의 대입문제, 특정 계층 자녀의 예체능계 대학

독점 문제 등 현행 교육제도의 구조적 모순에서 파생되는 문제점들을 지적하고 있다.

다섯째, 교육기회의 불평등 현상이 학교교육의 재생산기능에 의하여 올 수 있다는 견해이다. 학교교육이 갖고 있는 경제적, 문화적 재생산기능으로 의하여 교육의 기회가 불균등한 상태로 재생산된다는 것이다.

(3) 소득과 빈부의 격차 문제

가. 기능이론의 견해

개인이 열심히 노력해서 생산 활동을 많이 하거나, 장기간의 교육을 받아서 전문기술을 획득하여 고소득을 올리는 것은 그렇지 못한 사람과 비교할 때 당연한 대가라는 것이다. 교육기간이 길수록 임금을 많이 주는 것은 바람직하다는 논리이다. 그것은 교육에 시간과 돈, 그리고 정열을 많이 투자했으니 투자하지 않은 사람에 비해 많은 대가를 해 주어야 함이 평형의 원리에 맞는다는 것이다. 또한 자기가 번 돈을 소비하지 않고 모아서 부를 형성한 자는 자기의 소득을 모두 허비하여 빈곤한 사람과는 다르게 풍요로움을 누려도 되며, 부자가 되는 것은 남이 못 버는 재화를 획득하는 그의 재능에 의한 것이니 이를 인정해 주어야 한다는 것이다.

나. 갈등이론의 견해

개인 간에 존재하고 있는 소득과 빈부의 격차는 사회의 구조적 모순(즉, 경제원리와 분배구조의 잘못된 운영)에서 파생된 것이라고 믿고 있다. 특히, 자본주의 사회에서 부익부 빈익빈 문제와 실업자 문제, 그리고 자본독점의 문제가 개인의 노력 여부라기보다 경제체제의 내부구조가 그렇게 생성될 수 있는 여건이기 때문이라고 자본주의의 경제체제의 분배구조에 문제를 제기하고 있다. 갈등이론에 의하면, 자본주의 국가에서는 시장경제의 구조가 이미 개인의 소득격차와 빈부격차가 일어나게 되어 있으며, 교육은 그 격차의 해소보다는 계속적인 매개작용을 하고 있다고 주장한다.

4. 학교교육에 대한 양대 이론의 견해

보다 구체적으로 양대 이론이 학교교육에 대한 견해는 어떠한지 학교교육의 주요기능을 중심으로 살펴보면 다음과 같다(성용구, 2000, 117-118).

1) 학교교육에 대한 기본 입장

학교교육의 주요 기능 문제를 다루기 위하여 학교교육을 보는 기본적인 입장을 양대 시각에서 조명해 보면 다음과 같다(Hum, 1978, 37-43; 오욱환, 1990, 21-34).

학교교육의 기능에 대한 구조기능론의 입장은 다음과 같다.

첫째, 학교는 경쟁사회에서 능력 있는 사람을 분류, 선발하는 가장 합리적인 방법을 제시해 주는 기능을 한다.

둘째, 학교의 선발기능을 통하여 능력 있고 성취동기가 있는 사람들이 높은 신분과 지위를 획득할 수 있도록 해 준다.

셋째, 학교는 지식과 전문적 수양을 중시하는 현 사회에서 제반 역할을 수행하기 위해 필요한 각종 지식 · 기술 · 규범을 가르치는 유일한 곳이다.

넷째, 학교교육을 확대 실시함으로써 가난하지만 능력이 있는 학생이 높은 사회적 지위 상승을 할 수 있는 기회를 제공한다.

다섯째, 교육에의 투자는 장래에 이익이 많은 확실한 투자이어서 후에 많은 이윤을 가져다 주는 교육의 고소득원이다.

학교의 기능에 대하여 갈등론적 시각에서 보면 다음과 같다.

첫째, 학교는 재능있는 사람을 분류 · 선발하는 합리적인 기관이 아니라 기존 불평등을 영속화시켜 주는 기관이다.

둘째, 학교가 불평등을 영속화하여 하층계급에 있는 사람들에게 열등감을 심어 주고 실패를 가져다 준다.

셋째, 학교에서 가르치는 것은 지적인 기술이 아니라 상위 계급과 관련된 가치관과 태도를 기르고 강화시켜 준다.

넷째, 학교는 독립적 사고와 인간적 가치를 길러 준다기보다는 순종과 복종심을 가르치는 곳이다.

다섯째, 학교는 자격증을 발급함으로써 신분과 직업을 차등분배하고 있다.

학교교육에 대한 양대 시각의 기본 입장에 입각하여 다음과 같은 몇 가지 학교교육의 주요 기능에 대한 문제들을 고찰해 보기로 한다.

2) 학교교육의 주요기능

학교교육이 갖고 있는 여러 가지 기능 가운데 사회화의 기능, 선발과 분배의 기능, 그리고 교육내용의 전달이라고 하는 세 가지 주요 기능에 대하여 양대 시각에서 조명해 보고자 한다.

(1) 학교교육의 사회화기능

학교교육이 가지고 있는 사회화기능에 대하여 구조기능론에서는 교육은 개인에게 사회적 상식을 알게 하고 가르치고 적응하게 하는 과정으로 믿고 있다. 따라서 학교는 사회체제를 정비하고 사회성을 개발하여 직업기술을 훈련시키는 강력한 사회화기관이라고 취급한다. 이렇게 볼 때, 학교는 사회인을 만드는 일, 개인을 자기능력에 따라 개발하고 평가하는 일을 하게 되며 학교교육은 곧 개인의 출세에 결정적인 인자가 된다.

학교교육의 사회화 기능에 대하여 갈등이론의 시각에서 보면 이러하다. 인간은 그 욕구와 학습방법, 그리고 역할에 있어서 각 개인에 따라 다양하다. 또한 교육은 다양한 이해관계, 문제 등을 해결해 주는 수단이 된다. 따라서 학교는 특수 계층의 규범이나 가치를 학생들에게 주입해서는 안 되며 인간성이 골고루 회복되도록 사회화해야 한다는 것이다.

(2) 학교교육의 분배와 선발기능

학교교육의 분배와 선발기능에 대하여 구조기능론의 시각에서 보면, 서로 다른 능력을 가진 아동들에게 서로 다른 학습기회를 제공하는 것은 지극히 당연한 일이다. 그리고, 서로 다른 성과에 따라 각기 다르게 평가하고 선발하는 일은 매우 당연하다고 본다. 이렇게 함으로써 사회의 구조와 질서가 이룩되고 유지된다는 주장을 한다.

반면에 갈등이론의 시각에서 보면 지식의 분배는 교육기회의 균등과 관련이 깊으며 교육기회의 불평등은 지식의 분배로 인하여 악순환된다고 본다. 따라서 선발은 교육의 기회를 좌우하며 선발방법에 있어서 사회 계층의 이해관계가 개입될 우려가 있으니 지식의 내용과 시험의 내용에 있어서 계층간에 불평등이 개입되지 않도록 해야 한다고 주장하고 있다.

(3) 학교의 교육내용 전달기능

학교에서 전달 · 전수되는 교육내용에 대하여 양대 시각은 각기 다른 주장을 하고 있다. 먼저 구조기능론에 의하면 학교교육의 형식적 교육과정 측면을 강조한다. 그리하여 학교는 지식을 가르치되 그 지식은 정당화된 신념이며 고정적이고 정적인 상태라고 본다. 학교 교육내용의 보편성, 학교 교육목표의 보편성, 교육평가의 보편성을 인정하고 학습결과의 측정에 큰 비중을 두고 있다. 과학적 · 객관적 · 조직적 교과과정 구성을 강조하고 있으며 학교교육을 통하여 사회통합과 순조로운 사회화를 잘 하는 개인을 양성할 수 있다고 주장한다.

반면에 갈등이론의 시각에서는 교육과정에서 다루는 지식은 특수 사회계층의 영향을 받아서는 안 된다고 주장하면서 교육과정 계획과 교과의 우선순위를 정하는데 있어서 객관적이어야 함을 지적한다. 또한 교육내용은 사회의 권력, 권위, 계층, 학교 조직 간의 역학관계에서 중립적이어야 한다고 주장하면서 교육내용의 답보 · 현상유지가 아닌 교육내용의 변화 · 발전 · 도약 · 개혁을 항상 요구하고 있다.

지금까지 학교교육의 사회적 현상을 해석하는 두 가지 시각을 살펴보았는데 이 두 이론이 가지고 있는 약점도 지적할 수 있다. 구조기능론은 사회의 기본 골격을 잘 간파했고 체제유지에 안정적이라는 장점을 가지고 있는 반면에 현대사회에 필수적으로 수반하게 되는 변화와 갈등문제에 있어서 소홀히 취급했다는 이론상의 미흡함을 지적할 수 있다. 반면에 갈등이론은 이해관계가 상충되고 복잡한 현대사회의 현상에 대해 구조적인 맥락을 잘 파악하고 갈등에 대한 문제제기를 훌륭하게 했다는 점에서 긍정적으로 평가하지만 그 대안의 제시에 있어서 문제제기에 비해 미약한 편이라는 지적을 부정할 수 없다.

5. 미시적 이론

교육에 대한 미시적 접근방식으로 연구한 내용을 해석적 접근과 상징적 상호작용이론으로 분류하여 제시하면 다음과 같다(김신일, 2015, 92-96).

1) 해석적 접근

경쟁의 관계에 있는 기능이론과 갈등이론은 첫째, 공통적으로 거시적 관점으로 사회를 인식하여 '사회' 또는 '경제구조'가 인간을 지배한다고 보았다. 그러므로 개인은 하찮은 존재이고, '사회화'의 산물일 뿐이다. 인간은 사회적으로 '만들어진' 존재이며 사회에 의하여 '움직여지는' 인형과 같은 존재인 것이다. 둘째, 이들이 사회를 거시적으로 바라보기 때문에 인간의 내부세계에 관하여 관심을 기울이지 않았다는 것이다. 사회의 구조에만 관심이 컸지, 사회 속의 '사람들'에 관하여는 무관심하였다. 그리고 그들이 상호간의 관계를 어떻게 맺으며 살아가는지에 관하여는 소홀히 하였다. 셋째, 두 이론은 자연과학적인 방법론으로 사회를 연구하였다.

그러나 이러한 과학주의적, 실증주의적 방법론에 반론이 제기된다. 인간이 구성하고 있는 사회는 자연세계와는 다르다는 것이다. 사회적 인간행위는 자연현상처럼 객관적으로 설명될 수 있는 것이 아닌, 행위자의 입장에서 이해되어야 한다. "행위란 의미를 부여하는 모든 인간행동을 포함한다."고 함으로써, 사회적 행위의 주관적 성격과 그에 대한 "이해"(Verstehen)의 중요성을 분명히 하였다(Weber, 1947, 88).

Husserl의 현상학을 사회과학 방법론으로 발전시킨 Alfred Schutz는 연구의 대상을 사람들의 구체적인 일상적 생활로 끄집어 내렸다. 구체적 삶의 세계 속에서 살고 있는 사람들이 그 삶에 대하여 어떤 의미를 부여하는가를 밝혀내는 일이 사회과학의 본질이라는 것이다. 다시 말하면, 객관적으로 존재하는 실재가 중요한 것이 아니라 우리 각자가 부여하는 의미가 중요하다는 것이다.

Alfred Schutz가 Husserl의 현상학을 사회과학에 응용한 방법론을 1960년대 초에 Garfinkel이 민속연구방법(ethnomethodology)으로 발전시켰다.

사회학연구의 대상을 개인차원으로 끌어내린 것이다. 이러한 이론적 동향은 기능주의와 갈등이론의 거시적 구조주의적 관점에 의거한 사회이론의 결함을 바로잡을 수 있는 새로운 사회인식 방식으로 평가되었으며, 큰 호응을 받았다. 이들은 미시적 관점의 중요성을 강조하였다. 전자가 사회구조를 중시하는 것과는 달리 후자는 행위자를 중시한다. 행위자의 의지, 창의성, 행동양식이 구조적 조건보다 더 중요하다는 것이다. 그러므로 이 이론들은 한결같이 개인행위자를 관찰하고 그들과 대화하는 데 연구기간의 대부분을 할애한다. 그러나 이들의 한계는 행위자의 중요성을 너무 강조하는 나머지 사회구조의 영향력을 경시하는 데 있다. 개인의 자유의지가 그의 행위를 전적으로 결정하는 것처럼 생각한다면 그것 또한 순진한 생각이다. 구조적 개인의 욕망과 의지의 상호작용을 통하여 행위가 결정되는 것이다.

2) 상징적 상호작용이론

(1) 상징적 상호작용론

한편, G. Mead와 같은 상징적 상호작용론자들은 사람들 간의 모든 상호작용은 상징들의 교환을 수반한다고 생각한다. 사람들은 일상생활에서 언어뿐만 아니라 얼굴표정, 몸짓 등을 통해 다른 사람들과 끊임없이 상호작용을 한다. 사람들은 타인과의 일상적인 상호작용에서 타인에게 특정 의미를 전달하거나 은폐하기 위해서 얼굴 표정이나 자세 및 몸짓을 엄격하고도 지속적으로 통제한다.

사회적 상호작용은 연극적 모델을 적용하여 연구되기도 한다. 이를테면, E. Goffman은 사회생활이란 배우가 어떤 무대에서 행하는 연극과 같은 것인데, 그 이유는 사람들이 어떻게 행위하는가는 특정 시점에서 행하는 역할에 달려 있기 때문이다. 사람들은 다른 사람들에게 어떻게 보이는지에 매우 민감하며, 다른 사람들이 자신에게 자신들이 원하는 방식으로 반응하도록 하기 위해 다양한 형태의 인상관리를 한다. 간혹 이것은 계산된 방식으로 행해지기도 하지만, 보통 인상관리는 우리가 무의식적으로 행하는 여러 가지 일 중의 하나다. 사업상 회의에 참석할 때와 친구와 함께 야유회에 나가서 놀 때의 옷차림과 행위는 크게 다르다(Giddens, 2003). 사실 필요에 따라서 무대의 공연 내용이 바뀌고 상황에 따라서 첨삭될 수 있다. 학교에서 교사들이 외부인에게 공개하는 시범수업이 '연극적인 요소'가 많다는 사실을 연극적 모델에서의 상호작용 측면에서 이해할 수도 있을 것이다(김현기, 2013, 160).

(2) 상호작용론적 접근

교사와 학생은 각자의 자아개념과 상대에 관한 지식을 바탕으로 상호작용한다. 블랙리지와 헌트는 이것을 [그림 2-1]과 같이 나타낸다. 그림이 보여주는 것은 교사는 진공 속에서 활동하는 것이 아니고 학교라는 제도가 만들어 놓은 제약조건과 기대 속에서 활동하므로 그만큼 행위의 자유가 제한된다는 것이다. 그래도 그들은 교사로서의 자신의 역할에 대한 인식과 그가 가르쳐야 할 학생들에 관한 지식을 기초로 하여 활동한다. 학생들 역시 학생으로서의 역할 인식과 교사에 관한 지식을 기초로 활동한다. 교사의 행위와 학생의 행위는 상호 간에 영향을 주고받으면서 교실수업을 만들어 간다.

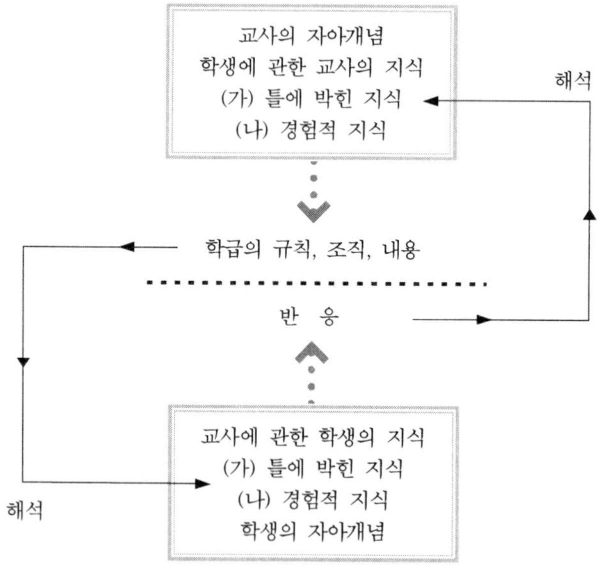

[그림 2-1] 교사-학생간 상호작용, 제약조건 및 기대의 모형
출처: Blackledge and Hunt, 1985, 250.

이제까지 살펴본 상호작용이론의 틀을 적용한 연구들은 교육상황을 구성하는 행위자로서의 교사와 학생에 관한 새로운 지식을 제공하고, 그들 간의 상호 관계를 생생하게 기술함으로써 학교 특히 교실 내의 살아있는 현장에 대한 이해를 높여 주었다. 그럼에도 불구하고 미시적 연구에 대하여 다음과 같은 문제점이 지적된다(Blackledge and Hunt, 1985, 279-284). 첫째, 상호작용을 주로 대결과 갈등의 관계로 파악함으로써 교사와 학생간의 관계를 불완전하게 그리고 있다. 학급 안팎에서 교사와 학생의 관계는 대결, 속임수, 부끄럽게 만들기, 무시하기 등 부정적 행동도 있지만, 동시에 이해, 협조, 존경, 존중, 칭찬 등의 행동도 많이 포함하고 있다. 그러므로 교사와 학생 간의 상호작용 전략에는 협력적인 것들도 있음을 잊어서는 안 된다. 둘째, 행위자의 입장에서 상황을 파악하여야 한다고 주장하면서도 국외자인 연구자의 관점이 개입되는 것을 완전히 제거하기가 어렵다. 연구자의 관점으로 행위자의 언행을 해석하는 것을 완전히 배제할 수 없는 한계를 스스로 지니고 있다. 셋째, 교사와 학생 각각의 행동 및 상호관계가 일어나는 사회적 · 역사적 맥락을 경시 또는 무시하는 경향이 있다. 마치 교사와 학생이 사회적 · 역사적 진공 속에서 스스로의 완벽한 자유의지를 가지고 행동하는 것처럼 착각하게 만드는 문제를 지니고 있다(김신일, 2015, 100-101).

참고 문헌

강상철(1992). 교육사회. 서울: 동문사.

김병성(2002). 교육사회학 이론 신강. 서울: 학지사.

______(2004). 교육과 사회. 학지사.

김신일(2002). 교육사회학. 경기: 교육과학사.

______(2015). 교육사회학. 경기: 교육과학사.

김진균(1985). 사회학 이론과 구조. 서울: 한길사.

김현기(1013). 교육의 사회학적 이해. 서울: 학지사.

성용구(1990). 학교교육에 대한 상반된 견해.교대춘추 23, 대구교육대학교.

______(1992). 교육과정사회학. 서울: 형설출판사.

______(2008). 새로운 교육사회학. 서울: 동문사.

오욱환(1989). 학교교육과 불편등. 경기: 교육과학사.

______(2003). 교육사회학의 이해와 탐구. 경기: 교육과학사.

이건만(1994). 마르크스주의와 교육사회학. 경기: 교육과학사.

이규환(1987). 비반적 교육사회학. 서울: 한울.

최희선(1984). 교육의 사회적 구조와 이데올로기. 서울: 한울.

한준상(1981). 새로운 교육학. 서울: 한길사.

제3장

교육의 사회적 기능

1. 학교의 사회적 순기능
2. 학교의 사회적 역기능
3. 교육의 재생산기능
4. 교육의 저항이론

1. 학교의 사회적 순기능

학교는 구성원들로 하여금 공유하고 있는 가치와 문화 그리고 태도를 습득하게 함으로써 사회를 통합하고 질서를 유지하는 보수적 기능을 수행해 왔다. 이러한 보수적인 순기능을 구체적으로 살펴보면 다음과 같다(성용구, 2008, 165-167).

1) 사회화의 기능

구성원들이 사회의 일원으로 살아가는데 필요한 질서, 규칙들을 가르치는 일을 사회화라고 한다. 가정이 1차적인 사회화기관이라면 학교는 2차적인 사회화기관이다. 인간은 사회화기관에서 그 사회에 공인된 언어, 사고, 가치관, 지식, 행동양식들을 배우고 자기 개성을 형성해 나간다. 이러한 사회화의 기능들이 바로 학교교육에서 이루어진다.

2) 도덕사회화의 기능

Durkheim(1961)은 사회생활 준비를 아직 갖추지 못한 어린 세대에게 성인세대의 영향력을 교육이라고 보았다. 그는 아동이 속하게 되는 특수한 환경이 요구하는 지적, 도덕적, 신체적 제 특성을 아동에게 계발하는 것을 목적으로 한다고 주장하였다. 도덕교육은 개인이 그가 속한 사회의 규범과 이상을 가지고 일관성 있는 방식으로 행동하도록 도덕적으로 사회화시키는 일이다. 학교는 가정과 함께 이러한 도덕사회화의 기능을 감당한다.

3) 정치사회화와 통합의 기능

국가는 국민들로 하여금 현존 정치체제에 잘 적응하는 인간으로 교화시키려 한다. 그리하여 한 정치체제 안에 존재하는 이해관계의 대립과 갈등을 조정하여 국민으로서의 일체감을 갖도록 노력한다. 학교는 이러한 정치적 · 사회적 통합에 요망되는 인간적 특성을 길러 주는 정치 통합적 기능을 수행하고 있다.

4) 문화유산의 전달과 창조의 기능

학교는 교육을 통하여 그 사회에서 통용되는 문화유산을 다음 세대에게 전달해 주는 기능을 하고 있다. 동시에 기존 문화를 개혁하고 새로운 문화를 창조한다. 학생들은 학교에서 또래문화를 학습하며, 학교는 학생들에게 문화인이 되는 과정을 요구한다.

5) 지역사회의 학교화 기능

학교는 지역사회 주민들을 위한 학습의 장이며 동시에 지역사회는 학교의 지원 센터이다. 학교는 지역사회의 인적 · 물적 자원을 동원하여 학교교육에 활용하고, 학교의 인적 · 물적 자원은 지역사회의 교육적 노력을 조직화하는데 역할을 다한다.

6) 인적 자원 개발의 기능

학교는 국민의 잠재적 능력을 개발한다. 국가는 학교교육을 통하여 국민들이 갖고 있는 인적 능력을 개발하여 국가성장을 극대화하는데 활용한다.

7) 선발, 배치의 기능

학교는 국가의 발전을 위하여 유능한 인재를 선발하여 교육한다. 그리고 길러진 유능한 인재들을 적재적소에 배치하여 사회발전을 도모한다. 선발과 배치의 기능은 경쟁사회에서 매우 민감하고 어려운 기능인데, 이러한 일들을 학교가 담당해서 다해 주고 있다.

8) 보호, 관리의 기능

학교는 부모가 직업을 수행하는 동안 가정을 대신하여 안전하게 보호해 준다. 특히 여성의 사회 진출로 인하여 사회적 공헌을 할 수 있도록 탁아소의 기능을 담당한다.

9) 또래집단 제공의 기능

학생들은 공동체 속에서 또래문화를 학습한다. 또한 자신과 비슷한 동료들과 함께 생활하고 또래집단을 형성하여 학습을 한다. 학교는 아동들에게 이렇게 중요한 또래집단과의 사귐의 장을 제공해 준다.

10) 사회 개혁의 수단적 기능

모든 사회는 변화하며 새로워진다. 사회가 개혁되는 데는 여러 가지 인적 · 물적 요소가 필요하다. 학교는 사회변화에 필요한 여러 요소와 기재들을 개발하고 육성하는 기능을 담당하고 있다.

2. 학교의 사회적 역기능

학교가 본래 의도하지 않았던 기능을 초래하기도 한다. 이러한 학교교육의 역기능에 대하여 설명하면 다음과 같다(성용구, 2008, 167-170).

1) 학력 제일주의의 병폐

학교에서 인간교육의 기능을 상실하기 시작하면서 학력이 최대의 가치로 인정받게 되었다. 학교에서는 교사와 학생이 점수를 올리기 위하여 수단과 방법을 가리지 않으면서 교육의 본래적 기능이 약화되었다. 개인이 점수에 의해 평가받는 세상에서 학생은 점수를 따는 기계로 전락하게 되었고 점수의 노예가 되어 버렸다. 학력신장을 위하여 최선을 다한다는 학교의 압력은 학생을 막다른 경쟁체제로 내몰고 있다. 성적에 대한 스트레스를 못이기고 학교성적 때문에 자살하는 인구가 급증하게 된 것은 더 이상 인간교육이기를 포기한 학교의 최대 해악인 것이다.

2) 입시위주의 교육으로 전락

국가사회가 경쟁체제로 진입하고 상급학교로 갈수록 문이 좁아지면서 학교의 선발기능은 자꾸 강화된다. 선발을 위한 학교의 평가기능이 강화되면서 학교는 개인의 능력을 평가하는데 역점을 두게 되고 교육이 갖고 있는 본래적 기능이 변질되었다. 입시위주의 교육이 되면서 학교는 비인간화의 결과를 초래하는 역기능이 나타나게 된 것이다.

심지어 교실에서 시험을 본 후에 성적 낮은 학생에게 물을 먹여 배탈이 나고 고통을 겪게 하여 사회문제로 비화되기까지 하였다(동아일보, 2004. 7. 13).

3) 학생들의 개성과 재능을 무시하는 학교

입시위주의 교육이 자리를 잡게 되면서 각 개인간의 능력을 존중해 주고 소중히 여기지 못하고, 모든 인간에게 똑같이 입시로 능력을 판단하게 되었다. 그에 따라 학생 각자가 하고 싶은 것을 못하고 욕구를 억누르게 된다. 그리고 교사와 담임 배정도 학생들이 가지고 있는 소질과 적성을 무시하고 학교의 편의대로 배정하고 있어 수요자가 원하는 교육과는 거리가 멀다. 따라서 현 학교의 교육방법을 학습자 중심으로 전환시키려는 노력이 필요하다.

4) 인간의 규격화

우리나라 학교의 학급당 학생 수는 다른 선진국가들에 비해서 훨씬 많다. 따라서 많은 학생들을 다루기 위해서는 규칙과 통제가 많아지고 학생들은 타율적으로 변하게 된다. 또한 학교의 교칙은 학생들을 위해서라기보다는, 단순히 교사가 학생을 통제하기 위한 수단으로 사용되고 있다. 머리길이의 제한, 액세서리의 제한 등 자질구레한 교칙들은 학생들이 왜 지켜야 되는지도 모른 체 할 수 없이 지키면서 수동적, 타율적, 무비판적, 무개성적으로 변해 간다.

5) 학교의 폐쇄성

학교의 변화는 사회의 변화에 따라가지 못하고 있다. 학생들의 신체적, 정신적, 문화적 발달속도는 매우 빠르다. 그런데 이 속도에 비하여 학교의 교육과정과 교사의 의식 그리고 제도적 변화는 매우 느린 편이다. 더구나 관료화된 학교일수록 비민주적 학교체제 하에서 보수적 기능이 강하고 폐쇄적인 성향이 두드러지게 나타난다.

6) 보수적 성향

사회의 빠른 변화에 비해, 학교의 변화와 발전은 느리다. 그래서 변화하는 학습자들이나 학부모, 사회의 요구에 따라가지 못하는 경우가 많다. 변화를 싫어하고 보수성이 강하다.

7) 따돌림과 학원 폭력

학교에서 자신의 또래에서 적응하지 못하고 따돌림을 당하는 학생이 발생한다. 집단 따돌림의 특성은 첫째는 가해자와 피해자가 비슷한 또래들로 구성되어 있다. 둘째는 가해자보다 피해자에게 그 원인을 둔다는 점이다. 집단 따돌림의 행위는 모함, 소외, 경멸, 폭력, 괴롭힘 등이 있다. 집단 따돌림으로 인해 발생되는 문제로는 가정 내 폭력, 등교거부, 자살, 정신장애, 비행 등으로 이어질 수 있다.

8) 사교육비 부담 증가

학교교육이 국가나 사회 및 학부모, 학생의 현실적인 수요와 기대를 충족시키지 못하는 것에서 오는 학교 실패현상으로 일부 학부모들은 자녀들의 부족한 교육을 사교육으로 보충하기 위해 어떤 험한 일도 마다 않는 경우가 많다.

9) 학교교육과 이데올로기

학교교육은 체제를 자본주의 사회구조 속에서 노동력과 생산관계를 재생산하는 근원으로 생각하며 현대사회에서 다양한 기술 노동력을 재생산하는 것은 학교라고 주장한다. 이러한 학교는 자본주의 사회구조에 노동력을 재생산하는 두 가지 중요한 요소를 제공하고 있다. 즉, 기술력의 재생산과 현재의 질서에 복종하도록 재생산시키는 것이다. 다시 말해 노동자들이 우위성을 확보케 하려는 것이다. 결국 갈등론적 관점에서 국가는 학교교육을 통해서 학생들에게 국가의 지배 이데올로기를 주입시킴으로써 지배계급의 우위성을 확보하고 또 그것을 통해서 학생들을 통제하고 억압한다는 것이다.

10) 학교교육과 정치권력

교육은 국가에서, 국가를 통해서, 국가를 위해서 제공된다. 따라서 교육은 정치권력에 의해서 조종되는 정치적 활동이다. 국가에서 직접 설립하지 않은 사립 교육기관도 그것이 존재하려면 국가의 허가를 받아야 하며 교육의 내용, 방법, 실천에 대해서도 국가의 감독을 받아야 한다. 정치적 권력에 의해서 조종되는 교육의 중심과제는 특정 세계관을 정당한 것으로서 인식시킴으로써 국가의 사회적 통합을 촉진시키는 것이다. 결국 정치적 이데올로기에 기초한 교육은 불평등한 사회의 계급적 질서를 과학적으로 인식하는 능력의 신장을 방해하고 사회적 현실을 왜곡해서 설명하는 것과 같은 편파적 학습태도에 대해서 하등의 의문을 제기하지 않는다. 따라서 갈등론적 관점에서 학교교육은 국가의 정치적 권력에 의해서 조종되기 때문에 지배계급은 학교교육을 통해서 학생들에게 국가의 지배 이데올로기를 주입시켜 그들의 정치적 권력을 유지하고 더 나아가 우위성을 확보하기 위하여 국민들을 통제하고 억압한다는 것이다.

3. 교육의 재생산기능

사회계급, 이데올로기, 부 등은 교육에 의하여 재생산되어지는데 여기서는 교육의 사회적 재생산, 문화적 재생산, 경제적 재생산, 정치적 재생산에 대하여 상세히 살펴보기로 한다(성용구, 2008, 219-229).

1) 교육의 재생산

(1) 교육의 사회적 재생산 과정

Althusser에 의하면 인간의 노동력이 재생산되기 위해서는 기술뿐만 아니라 동시에 확립된 질서 속에 있는 규율에의 복종도 재생산되어야 한다고 주장한다. Althusser는 교육기관을 현대사회에서 지배 이데올로기를 재생산하는 국가적 기구라고 역설하면서 학교에서 각 계층의 아동들을 데려다가 지배 이데올로기에 몰두하게 하여 일정한 나이(예를 들면 16세)가 되면 작업장으로 배출한다고 말한다. 그에 의하면 많은 학생들이 근로자나 소작농 계급으로 배출되며 좀 더 공부하여 중간 기술자인 화이트칼라가 되고 좀 더 공부하여 자본가와 관리인 혹은 정치가, 행정가, 전문적 이데올로기스트(성직자, 법률가 등)를 배출한다고 한다. 이렇게 하여 고용주나 피고용인의 관계가 재생산되며 사회구조와 계급이 학교교육에 의해 재생산된다고 설명한다(Althusser, 245-246: 260-261).

Gintis(1972)는 대중 공교육이 지식과 기술을 조직적으로 알려주기 위하여 현대와 같은 관료적, 위계적, 권위적 형태를 끌어들인 것이 아니라 교육의 사회적 관련성으로 하여금 관료적, 권위적, 위계적 가치, 태도 감정을 강화하게 되고, 개인들로 하여금 자연스럽게 계급적으로 구분된 사회로 변화하게 하였다고 본다. 즉, 학교교육이 세대간에 광범위한 사회적 관계를 재생산한다는 것이다.

기대와 가치와 인생에 대한 계급에 따른 차이는 생산의 위계적 사회관계 속에서 다양한 수준의 역할수행을 요구한다. 현대 자본주의의 형태와 함께 대응과 일치를 통하여 학교교육 형태간의 대응관계는 학교의 사회구조간에 기능적으로 의존적인 대응관계를 갖게 된다. 이것이 곧 대응이론인데 다음과 같이 설명을 할 수 있다. 대응의 개념은 교육체계와 경제체계와의 관련성을 설명하는데 사용된다. 젊은이들은 교육을 통하여 현대 성인사회에서 경쟁하는데 필요한 기술을 배우고 태도를 형성하고 인상을 획득한다.

대응이론을 Marx주의자와의 맥락에서 연구·발전시킨 사람이 Bowles와 Gintis(1976)이다. 이들은 미국의 교육제도는 자본주의의 작업장에서 알맞도록 중재해 주며, 경제적 불평등을 재생산하는데 도움을 주고 있다고 주장한다.

대응이론에 의하면 학교에서 아동들은 작업장에서 일하는데 필요한 인성, 태도, 가치관을 배우며, 학교 안에서의 구성원들의 관계는 작업장에서의 인간관계와 그 구조가 동일하다고 본다. 또한 학교에서 아동에 대한 교사의 평가기준은 작업장에서 근로자들에 대한 근로감독관들이 평가기준과 일치한다는 것이다. 따라서 학교교육은 자본주의 사회의 작업장에서 요구하는 인성을 길러주는 역할을 하고 있다는 것인데 이는 사회적 관계와 사회적 생산관계를 재생산해 준다는 말이다.

사실, 학교교육은 사회의 분업뿐만 아니라 더 넓은 사회의 계급구조를 반영하고 있다. 학교와 작업장간의 구조적 관계는 학교교육의 명시적·외현적 교육과정보다는 잠재적 교육과정에서 잘 설명된다. 학교교육의 사회적 재생산 현상은 학교교육의 의도적·외현적 활동에서는 겉으로 내세우는 경우가 드물며, 내적으로 암시적으로 묵시적으로 이루어지고 있는 경우가 대부분이다.

(2) 교육의 경제적 재생산 과정

학교교육은 부와 관련하여 경제적으로도 재생산한다는 이론이다. 프랑스의 Budelo와 Establet 같은 학자들은 이들이 말하는 교육의 경제적 재생산론에서는 권력과 지배와의 관계, 학교교육과 경제와의 관계에 관심을 갖고 있다.

경제분야에서 지배와 복종의 관계를 중재하고 합법화하는 기능을 권력이 한다고 보며 이 권력은 지배계급의 소유물이 되고 권력이 없는 피지배계급은 이에 복종하게 된다고 본다. 현대사회의 권력은 경제적인 풍요(즉, 부)와 직결되어 있으며, 특히 자본주의에서의 '부'는 정치적 권력과 밀착하기가 매우 쉽다. 학교교육과 '부'와의 관계는 어떠한가? 이를 알아보기 위해서는 개인의 교육기간(학력)과 임금(소득)과의 관계를 알아보면 쉽게 알 수 있다.

개인의 부는 그의 소득으로 형성되며 개인별 소득은 그의 임금과 관련되어 있다. 경제적인 부는 세대간에 유산으로 물려 줄 수 있으며 눈으로 눈덩이를 굴리듯 부의 재생산은 부에 의하여 쉽게 이루어질 수 있다. 경제적 재생간 과정은 교육 불평등의 원인이 경제에 의하여 비롯되었다고 보며, 교육 불평등은 다시 경제적 불평등을 재생한다고 본다. 학교교육의 정도가 경제적 부와 관련하여 경제적 재생산의 역할을 하고 있음을 쉽게 이해할 수 있다.

(3) 교육의 문화적 재생산 과정

교육의 문화적 재생산을 주장하는 학자들은 학교는 학생들에게 지배문화를 생산 · 분배하여 문화적 재생산을 가져오는 상징적 기구로 본다. 학교는 지식을 전달하는 곳이다. 학교에서 전달하는 지식은 그 사회의 문화이므로 학교는 문화의 전달기관이다. Durkheim에 의하면, 학교는 과거로부터 물려받은 문화유산을 세대간에 전달해 주고 문화적 재생산의 기능을 한다고 한다.

문화적 재생산을 주장하는 이론에 의하면, 학교에서 가르치는 지식은 그 질에 있어서 지배계층의 직업과 관련이 있다고 본다. Bourdieu에 의하면 교육기관은 계급간에 문화자본을 재생산하는데 있어서 국민들에게 지배계급의 문화를 전달해 주고 있다고 본다(Husen Toroten, 1985, 489).

(4) 교육의 정치적 재생산 과정

학교교육은 경제, 사회, 문화적으로 재생산할 뿐만 아니라 정치적으로도 재생산하는 기능을 갖고 있다. 학교교육은 교과서에 정치적 지배 이데올로기를 많이 삽입하여 아동들에게 필요한 정치적 내용들을 이해하게 하고 주입을 시킨다.

학교교육의 정치적 재생산 기능은 정치사회와의 연구에 의하여 잘 설명될 수 있다. 정치사회화란 "인간이 그들이 태어난 체제를 받아들이도록 함으로써 현상유지(status quo)를 용이하게 하는 보수적인 과정"이다. 그러나 정치사회화가 정치체계를 완전히 재생산함으로써 정치체제를 영속화시키는 것이라는 주장은 아니다. 미국에서 최근 연구들에 의하면 학교란 "미국 내에서 정치사회화의 가장 중요한 기구"라고 한다(강순원, 1986, 227).

3) 교육의 재생산이론에 대한 비판

교육의 재생산이론에 대하여 지지하는 입장과 반대하는 입장, 재생산이론의 약점과 한계점을 비판하는 입장 등이 있다. 재생산이론의 근원이 되는 Marx주의 교육이론과 급진적 교육이론에 대하여 그 한계점을 논한 다음, 교육의 재생산 과정에 대한 약점과 반대 입장에 대해 살펴보면 다음과 같다.

(1) Marx주의 교육이론에 대한 비판

Marx주의 교육이론은 오늘날 재해석될 수가 있으며 다음과 같이 그 한계점을 지적하면서 비판을 가할 수 있다.

첫째, 형식교육의 과정이 재생산의 기능을 하고 있다는 Marx의 모델에 대해 입증할 만한 증거가 불충분하다. 자본주의 사회에서의 교육체제가 자본주의의 생산 관계를 재생산하고 있다는 관점을 지지하는 납득할 만한 증거가 없다. 더구나 당시의 Marx주의 이론가들은 자본주의 교육체제의 수행과정을 그들이 비판하는 기술숙련 기능이론처럼 잘 설명할 수 있는 능력이 없다고 보여진다.

둘째, 대부분의 산업사회에서 교육체제와 직업위계 간에는 별로 관계가 없는 것으로 나타났다. 이러한 현상은 Anderson(1961)과 Jencks(1972)의 연구에서도 잘 보여주고 있다. 교육을 받아서 그로 인해 인정되고 주어진 직업의 다양한 위계적 분업과정을 합법화하는 수단이 되고 있다는 주장은 설득력이 별로 없다.

셋째, 공교육제도가 자본주의 직업과정의 필요나 자본주의의 생산관계를 합법화하는데 어떤 방법으로든지 체계적으로 관련시킬 증거가 불충분하다. Weber는 교육에 대하여 개인의 내적 성향을 개발하는 '교육'을 훈련과 구분함으로써 먼 훗날 자본주의의 도래를 예기할 수 있다고 보았다. 19C 불란서의 경우 중등교육체제는 주로 개인의 시민적 자질의 양성에 맞추었으며, 영국의 경우는 산업 엘리뜨는 관료나 전문적 엘리뜨와는 문화적 · 교육적으로 구분되는 경향을 갖고 있다고 보았다. 동시에 교육의 자격인정제도는 충화된 교육제도의 맥락 속에서 실제로 자본주의의 통제를 합법화한다고 보았는데 이에 대한 증거가 불충분하다. 역으로 Richard Scare에 의하면 영국 근로자들에게 자격증이 사회계급을 결정하는데 중요한 수단이 된다고 응답한 사람은 2.5%에 불과해 산업근로자 계급과 교육으로 인한 자격인정제도는 실제로 별 관련이 없다고 보고하고 있다.

넷째, 교육의 대응이론에서 보면, Marx주의 이론가들은 전통적 기능론자들의 "사회적 개념" 이상을 설명하지 못하고 있다. 대응이론가들은 대중교육이 자본주의에서 필요한 순종적이고 훈련된 노동력에 밀접하게 관련되어 있다고 본다. 그리하여 교육자들은 근로자 계층 아동들에게 권위에 따르고 일에 적합한 태도를 길러 주고자 한다고 생각한다. 그러나 여기에는 두 가지 의문점을 제기할 수 있다. ① 자본주의자들이 대중교육을 사회통제의 주요 수단으로 보는 경향이 있다는 생각에 명백한 증거가 있는가? ② 대중교육이 실제로 이러한 기능을 효과적으로 수행해 온 증거가 있는가? 전자에 대하여 Richard John의 주장은 대중교육은 자본주의에서 대중문화의 재생산을 막으려는 노력을 하고 있다고 본다.

다섯째, 근로자 계층이 갖고 있는 하위문화의 가치는 그 자체가 학교교육의 경험보다 근로계급의 태도형성에도 중요하다고 주장할 수 있다. 학교교육이 사회통제의 기관으로서 효과가 없다는 주장은 Firth와 Willis의 연구에서도 입증되고 있다. Marx주의 교육이론을 주장하는 사람들은 위와 같은 사실에 대하여 간과할 때가 많이 있다.

(2) 급진적 교육이론에 대한 비판

Marx의 교육이론에 많은 지지를 하는 급진적 교육이론은 저항이론이라 불리우는 교육이론가들에 의해서 다음과 같이 비판될 수 있다(Girox, 1983, 260).

저항이론가들은 최근 유럽의 문화연구와 민속학적 연구를 관련시키면서 사회 · 경제적 재생산의 기제는 완전한 설명이 못된다면서 부분적으로 그와 반대되는 요소들을 지적하였다.

첫째, 저항이론가들은 급진주의 교육이론가들이 재생산을 설명하는 방식에 대해 비판한다. 학생들은 학교의 억압적인 측면에 대하여 도전할 뿐만 아니라 복종이나 순종으로 인도할 때는 실제로 반대행동을 하는 역할이 빈번하다고 지적한다.

둘째, 근로계급의 학생들은 자본주의의 부산물이 아니고 교사와 학교의 권위와 지시에 유순하게 따르는 존재만은 아니라는 것이다. 물론, 학교는 잠재적 교육과정, 표면적 교육과정, 지배적인 문화, 이데올로기 등에 의해 특징지워지는 사회적 위치에 있다. 그러나 여기서 지배계급에게 항상 유리한 권력의 불균형관계 속에서 갈등과 저항이 나타나며, 저항은 복잡하고 다양한 분야를 가지고 있다는 점이다.

셋째, 학교는 억압적인 행위와 수업만을 강요하는 것이 아니라, 지배사회에 유리한 요소와 이데올로기에 반대하는 역기능적인 행위를 종종 보인다는 것이다. 즉, 학교는 지배사회나 작업장의 방식에 영향을 받아 결정되는 것이 아니고, 학교는 자본주의의 시장경제와는 다소 독립된 정치 · 문화 · 이데올로기적 위치에 서 있는 비교적 자발적인 기관이란 점이다.

넷째, 학교는 사회변동을 가져오는 기관으로서의 기능을 통하여 자기의 역할을 결정하는 면이 강하다.

다섯째, 학교집단의 문화는 혁신적일 수 있고 재생산되기보다는 스스로 생산(self production)할 수 있다. 이런 경우, 학교집단의 문화는 학교에 따라 혹은 지역에 따라 다양한 기능을 가지고 있으며 자본주의의 가치와 이데올로기가 학교에서 자동적으로 유포되어 재생산하고 있다는 주장은 설득력을 상실하고 있다.

(3) 재생산과정에 대한 비판

교육의 역할과 기능에 대한 재생산이론은 학교교육의 정치적 본질에 대한 이해와 학교교육을 지배사회와 관련하여 깊이 이해하는 데는 별 공헌을 하지 못하였다. 재생산이론가들은 분석하는데 있어서 지배 혹은 통치(domination)를 너무 중시한 나머지 교사 · 학생 · 기타 사람들이 그들이 존재하고 있는 조건을 어떻게 만들고 재생산하는지에 대한 중요한 관찰을 하는데 실패했다.

Giroux(1983, 259)에 의하면 학교교육의 재생산이론은 '역사는 사회구성원의 등뒤에서 이루어진다'는 Marx의 이론의 형태를 취했기 때문에 '사회구성원들이 역사를 창조한다'는 진정한 생각을 묵과했다고 한다. 그리하여 재생산이론의 설명은 우리들에게 학교교육의 관점을 '교사와 학생이 단지 볼모로 잡힌 저당물 · 앞잡이나, 자본주의 체제의 이론적 · 사회적 행위로 인해 위축된 심부름꾼이 있는 공장이나 교도소로 보게 한다.'

재생산이론은 인간의 힘과 저항에 대해 경시했으므로 학교교육의 억압에 도전하고 억압을 변화시키는데 조금도 공헌하지 못하였다. 학교에 존재하고 있는 모순 · 부정과 분쟁을 무시함으로 말미암아 재생산이론은 인간의 힘을 무력하게 보았고, 따라서 그들은 지배적 이데올로기와 다양한 구조적 형태와 그것들이 펼치는 실제효과와의 근본적 차이를 구분할 기회를 잃었다.

Apple(1982)에 의하면, 미국, 영국, 호주 등에서 학교교육에 대한 최근의 연구에서는 재생산이론을 넘어서서 이에 도전하는 연구가 이루어지고 있다고 한다. 이들의 연구는 학교교육과 지배사회간에 복잡한 관계를 분석하기 위한 이론적 초석으로서 인간의 힘과 경험의 중요성을 강조한다.

가. 경제적 재생산과정에 대한 비판

Hurn(1978)에 의하면 학교교육과 직업세계의 상응관계는 대비할 수 있을 정도의 관계이지 인과관계는 아니라고 본다. 경제적 재생산이론의 문제점과 한계에 대하여 Giroux(1983, 266)는 다음과 같이 네 가지로 설명하고 있다.

첫째, 경제적 재생산과정은 가정 · 작업장과 같은 기관과 학교와의 복잡한 관계를 포착하는 데 실패했다.

둘째, 경제적 재생산과정은 사회화에 있어서 무리한 기계론적 사회화에 의한 결정을 지나치게 주장한 나머지 문화 · 저항 · 조정력에 대해 신중하게 받아들여 연구하는 학교교육이론을 전개할 여지가 없었다. 경제적 재생산과정에서는 반박(contradiction), 중재(mediation)에 대한 언급에서 일반적으로 자본주의의 지배와 압력에 대해 맞서서 대항하려는 경향을 볼 수 없다.

셋째, 경제적 재생산과정에서는 사회적 변화에 대한 기대를 하지 않았고 교육 실제에서 대안을 전개하지 못했다.

넷째, 학교는 정치적 · 문화적 기관으로서 그 나름대로의 방식으로 기능을 수행하며, 경제적 생산관계가 기계적으로 반영되지는 않는다. 학교는 나름대로의 사회조직으로서의 특성과 기능수행 방식을 가지고 있으므로 학교 밖의 경제적 생산관계가 학교를 통하여 자동적으로 통과하는 것이 아니라는 것이다. 학교를 순전히 피동적인 존재로 보는 것은 학교에 대한 올바른 이해를 가로막기도 한다.

나. 문화적 재생산과정에 대한 비판

학교교육의 문화적 재생산과정은 학교를 지배적 이데올로기를 전달하는 정적인 기관으로 취급했으며 교사 · 학생 · 학부모의 저항에 대해서 충분한 언급을 하지 않고 있다.

Connel(1982, 112-117)은 학교는 이데올로기를 단순히 재생산하는 기관이 아니고 구조화하는 능동적인 기관이라고 설명한다. 이 현상을 학교의 지배계층에 대한 민속학적 연구에서 밝히고 있는데 학교는 계층을 다시 바꾸고, 통합하고, 재구성하는 역할을 한다고 보았다.

Sieber(1981, 30-47)의 연구에서도 Bourdieu의 학교에 대한 분석을 비판하고 있다. 지배적 이데올로기는 학교에서 항상 전달되는 일방적 현상이 아니고 아무렇게나 통용되지 않는다. 지배계층이 아닌 중간계층의 문화가 Bourdieu의 주장과는 다르게 학교에서 탁월하게 나타나고 중간계급의 부모에 의하여 학교의 안과 밖에서 생동적으로, 체계적으로 전개된다고 설명한다. 또한 학교는 근로자 계층의 가정이나 이웃의 문화적 자본을 탈취 · 침해하지 않으며, 학교와 근로자 계층간에는 복잡한 관계가 전개되어 갈등과 분쟁으로 분석할 수 있다.

Foucault(1980)에 의하면 권력의 강요나 압력은 '상징적 폭력'의 개념으로 모두 행사되는 것이 아니고, 물질적 기초에 둔 지배적 이데올로기 그 이상의 것에 근거하고 있다고 한다. Bourdieu가 통치계층의 지배를 일방적으로 중시한 결과, 계층뿐만 아니라 자본의 개념도 정적인 영역에서 취급되었다. 계층은 각 개인의 상대적 위치에서 본 사회적 관계이다. Bourdieu의 연구에서는 개인의 상대적 위치를 생각하지 않았으며, 급진적 교육이론가들에게 필요한 타당한 이론적 틀을 제공하지 못했다.

다. 문화적 헤게모니에 대한 비판

교육의 문화적 hegemony 이론에서는 교육과 국가와 자본주의와의 관계에 대해 논의하고 있는데, Willis(1977)의 연구를 비롯한 많은 연구에서 학생들은 학교생활을 통해서 반드시 학교의 사회구조가 요구되는 사회규범 · 가치관 · 태도를 내면화하지는 않으며, 학생들은 학교의 권위체제나 명령체제에 반항한다고 한다. 학생들은 가끔 학교의 활동을 그들의 기호에 맞도록 나름대로 재조직하여 이끌고 가며, 학교에서 요구하는 것을 비웃고 행하지 않는데 희열을 느꼈다(정진곤, 1986, 24).

Giddens(1977, 128)의 표현을 빌면, "인간은 자기반성을 통한 변형 능력을 가지고 있어서 사회의 구조적 요인들을 극복하고 이에 대항하기 위하여 많은 노력을 기울인다." 아동은 수동적인 존재가 아니다. 학교에서의 지시사항, 교재의 내용은 학생집단의 문화에 의해 재해석되어지며, 이 재해석된 것을 훨씬 신뢰하고 이에 근거해서 행동한다는 것이다.

Giroux(1986, 281)는 다음과 같이 세 가지로 문화적 헤게모니 이론의 약점을 지적하고 있다.

첫째, 문화적 헤게모니 이론은 주로 거시적 · 구조적 문제에 초점을 맞추었기 때문에 일상생활 수준에서의 갈등을 통한 인간집회나 학교와 국가의 구체적인 인간적 관계를 언급하지 못했다.

둘째, 이 이론에서는 문화를 자체적으로 발생한다는 비교적 자발적인 영역으로 이해하지 못하였다. 예를 들면, Poulantzas가 학교를 이데올로기를 전달하는 주요 기관으로 보는데 치중하고 본 것은 학교와 국가간의 구체적으로 반복 · 상반적인 관계와 학생의 역동성과 반대 문화를 다루는 데는 구체적이고 이론적인 틀을 제공하지 못했다.

셋째, 근로자들은 직장의 사회구조에 그대로 순응하지 않으며, 많은 경우 그러한 사회구조에 대항하는 counter hegemony를 형성하는 경향이 있는데 이 경향을 간과하고 있다.

교육의 재생산이론을 종합하면서 다음과 같은 질문을 던질 수 있다. 학교교육의 기능을 어떻게 볼 수 있는가? 학교교육의 기능을 재생산과정으로 본다면, 어떻게 그 과정을 설명할 수 있는가? 교육의 재생산이론의 한계와 약점은 무엇인가? 이에 대하여 다음과 같이 종합할 수 있다.

첫째, 교육의 재생산이론이 학교교육의 기능을 설명하는데 있어서 국가와 지배 계층, 이데올로기, 자본주의의 문화, 경제, 사회구조를 연결하여 거시적 입장에서 분석했다는 장점을 지니고 있다.

둘째 교육의 재생산이론에서는 학교와 학생의 자발적이고 능동적인 대항행동을 간과한 면이 있고, 학교와 국가 · 경제 · 문화와의 관계를 좀 더 심층적으로 분석하지 못한 면을 지적할 수 있다.

셋째, 국가 · 정치 · 경제 · 사회 · 문화 등 여러 측면에서 학생과 학교의 교육에 개입할 때 이에 대한 학교와 학생의 반응에 대해 다각적이며 좀 더 심층적인 접근이 필요하다.

넷째, 학교와 학생의 반응형태, 과정, 결과에 대한 민족적 · 국가적 차원과 역사적 · 시간적 차원에서의 연구가 후속되어야 학교기능에 대한 좀 더 포괄적이고 정밀한 응답이 나올 것이다.

4. 교육의 저항이론

교육의 저항이론에 대하여 개념과 이론의 전개과정, 그리고 약점에 대하여 서술하면 다음과 같다(성용구, 2008, 229-241).

1) 저항(resistance)의 개념

저항의 개념에 대하여는 저항을 논하는 학자들의 주장에 의하여 각기 다르게 정의되어 왔는데 극히 보수적인 시각에서부터 급진적인 시각에 이르기까지 매우 다르게 정의되어 왔음을 발견할 수 있다. 학자들에 따라 각기 다른 방법으로 정의되어 온 저항행위의 의미에 대하여 살펴보면 다음과 같다.

먼저, 보수주의적 교육자들에 의하면 저항행위는 일종의 일탈행위이며, 파괴적이고 열등한 행위로 규정된다. 따라서 저항행위는 사회 병리적 행위로서 치료되어야 할 행위로 인정하며 이런 저항행위를 나타내는 개인이나 집단은 사회적으로 실패한 것으로 평가한다. 보수주의적 교육자들은 저항의 개념에 대하여 부정적인 입장에서 병리적 행위로 의미를 부여했다.

반면에 영국의 Willis에 의하면 학생들을 주체적 의지를 가진 존재로 보고, 학생들이 학교에서 비판하며 선발하여 받아들이거나 거부하는 능동적 행위와 독자적으로 이루어 나가는 반항행동을 저항행위로 보고 있다.

또한 신Marx주의의 경향을 띤 학자들(Mcrobbie & McCabe, Robins & Cohen 등)은 학교 안팎에는 서로 대항하는 문화집단이 함께 지내고 있음을 지적하고, 저항은 하나의 사회적 기관으로서의 학교에 대한 의의 있는 비판을 가리키며, 정치 및 문화적 의미를 갖는 사회적 활동과 행동을 가리킨다(오욱환, 1989, 66)고 하였다.

한편 Apple, Giroux, Freire 등 저항이론가들에 의하면 저항의 의미에 대하여 고착되어 있거나 정지된 상태가 아니라 움직이는 동적인 상태로 이해하며, 저항은 완성을 지향하는 미완성적인 것으로 이해하는데, 의도와 의식 그리고 상식성이 내재된 '의식화'이다. 따라서 막연한 반대, 반대를 위한 반대는 결코 저항일 수 없으며 철저한 의심과 비판, 자성적 사고와 탐색, 자기 자신과 사회적 해방을 위한 도전과 항거의 요소가 내재해 있는 근본원리적인 의식화와 집단적 현실참여가 실체화된 반대행동을 의미한다(한준상, 1985, 75-77). 특히 이들 저항이론가들은 저항의 개념에 정치적 항거와 체제 변혁을 요구하는 행위까지 포함시키고 있다.

저항의 개념에 대한 여러 학자들의 주장들 가운데 저항행동을 부정적인 시각으로 보는 보수주의자들의 시각과 저항행동을 긍정적인 시각으로 보는 저항이론가들의 시각간에는 근본적인 차이가 있음을 발견할 수 있다. Freire 등 저항이론들이 주장하는 급진적 개념으로서의 저항개념은 보수주의 교육자들이나 교육의 정치적 중립성을 주장하는 사람들에 의하여 강한 비판을 받게 된다. 아직까지 우리나라에서는 저항에 대한 확실한 개념정의가 되어지지 않은 상태이며, 저항행동에 대한 저항감을 느끼고 있는 집단도 많이 있는 것으로 보인다. 우리나라의 정치 · 사회적 현실과 교육 여건 속에서 체제 도전이나 체제전복 등 체제변혁을 의미하는 저항개념은 제도적 정치권과 학교에 의하여 대체로 수용되지 않은 경우가 많은 것으로 보인다. 이러한 체제변혁적인 저항개념이 수용되지 않는 상황에서 대학생들의 급진적 저항행동이 표출되고 있으며 그로 인하여 정치적·사회적인 갈등이 수없이 나타나고 있는 실정이다.

2) 저항이론

(1) 저항이론의 생성

교육학 내에 저항이론에 대한 연구가 생겨난 경위는 학생들의 상승적 사회이동에 대한 의식적인 거부현상을 설명하기 위한 Willis의 연구에서 비롯되었다고 볼 수 있다. Willis는 학생들의 상승적 사회이동에 대한 거부현상을 탐구하기 위하여 학생들에게 형성 전개되는 반학교 저항문화에 대하여 심층적인 관찰연구를 하였는데 다음과 같은 연구 결과를 도출하였다.

Willis는 결핍모형(즉, 부적절한 사회화 과정과 부족한 사회적 후원 때문에 초래되는 능력부족, 문화실조, 낮은 포부수준 등의 현상이 결국 사회 경제적 실패를 가져온다고 보는 연구모형)이나 사회 재생산이론(즉, 일단의 학생들이 가장 낮은 노동직으로 옮겨 가는 현상을 제도교육의 이데올로기적 조정과 통제로 보는 지각으로서 제도교육과 사회체제의 구조적 대응관계로 보는 이론)을 모두 부정하고, 반학교 저항문화의 형성과 전개는 노동계급 학생들로 하여금 지적 활동위주의 학교공부를 거부하며 스스로 육체 노동직을 획득하게 하고 있다는 주장을 하는 저항문화 형성모형을 구안하였다. Willis는 학생들의 반학교 하위문화에서 참여정도가 교육과 직업지위수준을 낮추는데 현저한 역할을 하고 있다는 사실을 노동계급 학생집단에 대한 연구를 통하여 설명하였다(Willis, 김기석, 1986).

그러나 Willis의 연구는 노동계급 학생들만을 대상으로 연구함으로써 노동계급이 아닌 학생들과 문제학생이 아닌 일반학생들의 저항을 설명해 주지 못한다는 약점을 지니고 있다. 이러한 저항현상은 저항이론으로 명명되어지면서 Giroux, Apple, Arnotvitz 등의 학자들에 의하여, 체계적으로 연구되었으며, Arnot와 Whitty 그리고 Hergreaves의 비판을 거쳐 교육과정사회학 분야에서 커다란 연구의 쟁점으로 부각하였다.

저항이론에 대하여 Wexler(1985)는 비판적 교육사회학(critical sociology of education)이라고 명명하고, Freire(1985)는 저항현상을 의식화의 원리로 설명함으로써 학교교육에서의 저항현상에 대한 연구가 활발하게 이루어지게 되었다. 한준상(1985, 77)은 이들 저항이론가들(참고: Giroux, 1983, Freire, 1985)에 의하면 저항은 다음 세 가지 속성을 구체화하고 있을 때 비로소 참된 저항의 의미를 지닌다고 설명하였다. 첫째, 공동체 문화 형성과는 무관해지려는 지배세력에 대한 철저한 의심과 비판, 둘째, 자성적 사고와 자성적 사고를 가능케 하는 이론적 준거의 탐색, 셋째, 자기 자신과 사회적 해방을 위한 도전, 항거의 요소가 내재해 있어야 하며, 저항은 근본원리적인 의식화(radical consciousness raising)와 집단적 현실참여(collective critical action)인 실천을 중요하게 내세우고 있다(Giroux, 1983, 291).

저항이론가들은 학교는 이제 더 이상 단순한 교수-학습장소가 아니라는 주장을 하면서 교육자들에게 두 가지 문제를 제기하였다(한준상, 1985, 78).

첫째, 학교가 학생들에게 비판적 태도를 길러 주기 위하여 교육자들은 어떠한 근본적인 교육을 하고 있는가?

둘째, 교육학자와 교육자는 학생에게 사회, 문화, 정치적 굴레와 정신적 짓눌림으로부터 해방되도록 하기 위하여 어떤 일들을 해야 할 것인가?

이러한 질문은 우리나라의 학교사회에도 똑같이 던질 수 있는 질문이 되며, 학교사회의 현실을 이해하는데 중요한 시사점을 제공해 줄 수 있는 질문이다. 저항이론가들은 이러한 질문에 대하여 구조기능론, 사회심리학 혹은 전통적 경제결정론자들의 논리로부터는 구할 수 없으며 재생산이론가들의 설명도 적절치 못하다고 하면서, 학생들의 능동적, 의식적 행동을 연구하는 저항이론에서 해답을 구하기 위하여 저항이론을 연구하게 되었다(한준상, 1985, 78).

(2) 저항이론의 전개

저항이론에 대한 연구는 대체로 다음 네 가지 문제를 중심으로 전개되어 왔다.

첫째, 학교교육의 목표와 정치적 목표의 관련성으로 인한 정치적 색채와 이데올로기 문제

둘째, 저항의 기능과 가치에 대한 문제

셋째, 학교에 온 학생들의 의식을 일깨우고 실천을 중시해야 한다는 의식화 교육 문제

넷째, 학생의 자율성과 관련한 교육의 상대적 자율성 문제

가. 저항과 학교교육

저항이론가들은 학교교육 현장을 저항세력의 온상으로 만들기를 원하며 이러한 입장에서의 학교교육의 유용론을 강하게 내세운다. 이들은 학교교육의 목표를 새로운 형태의 학습과 사회관계를 창출시킬 수 있는 저항세력의 배양이라고 믿고 있으며, 학교에서 배태, 성숙된 이 저항세력은 공동체 문화의 새로운 윤리를 제창하며 사회 정의에 관련된 저항정신을 유용하게 활용할 수 있다고 믿는다(한준상, 1985).

이러한 저항이론가들의 학교교육 목표는 학교교육의 중립성을 내세우는 사람들에 의하여 많은 비판을 받게 된다. 그러나 저항이론가들은 이러한 비판에 대하여 다음과 같이 이의를 제기한다. 학교교육 목표 속에서 이상적인 사회, 정의사회 실현, 의식개혁, 질서 확립 등이 포함되어 있고, 이러한 목표들은 곧 정치적 목표와 연결되어 있기 때문에 학교교육의 목표와 정치적 목표는 상호불가분의 관계가 있어서 학교교육이 정치적 색채를 띠게 되는 것은 당연하다는 것이다.

나. 저항의 기능과 가치

저항에 대한 이론적 연구를 수정한 Giroux는 저항의 기능과 가치에 대하여 다음과 같이 설명한다(Giroux, 1983, 107-108). Giroux에 의하면, 저항은 학교가 사회적 자리매김을 검토하기 위한 새로운 구성틀과 문제틀을 제시해 주며, 저항의 개념은 급진적 교육의 언어로서 학교교육의 실패와 반대행동에 대한 분석의 영역을 기능주의자가 교육심리학의 영역에서 정치적 분석영역으로 전환시키는데, 이 경우 저항은 일탈이나 개인병리학과는 아무런 관계가 없으며, 도덕적, 정치적 의분과 관련시킴으로써 반대행동의 원인과 의미를 재규정한다는 것이다.

Giroux는 저항이라는 명제가 갖는 기능에 대하여 다음과 같이 세 가지를 지적하고 있다.

첫째, 저항은 사람들이 그들 자신의 삶이 경험, 지배, 압력의 구조 사이에서 상호영역을 매개하고, 그것에 반응하는 복잡한 방식을 보다 철저하게 이해할 수 있도록 해 준다.

둘째, 저항은 지배와 자율성의 상호작용 관계를 구성하고, 지배의 양식으로 행사될 뿐만 아니라 저항의 행위로서도 행사되며, 심지어는 즉각적인 지배세력 밖에서 창조적인 문화적, 사회적 생성양식의 표출로서도 행사된다.

Giroux(1983, 107-110)에 의하면 저항은 그 지침으로 해방개념을 채택해야 한다고 주장한다. 다시 말해서 저항은 폭로의 기능을 가져야만 하며 이것은 지배세력에 대한 비판을 내포하고 있어서 자기 성찰과 자기 해방 그리고 사회해방을 위한 투쟁을 이론적으로 잘 설명해 줄 수 있다는 것이다. 또한 Giroux는 저항이 갖는 궁극적 가치는 그것이 비판적 사고와 반성적 행위를 촉구하는 정도에 뿐만 아니라 그것이 권력과 사회적 결정의 문제를 둘러싼 활기찬 집단적인 정치투쟁의 가능성을 내포하는 정도에 따라 측정되어야 한다고 주장한다. Giroux는 교육원리로서 저항의 가치에 대하여 언급하고 있는데, 저항의 교육적 가치는 인간주체의 개념과 문화 그리고 가치형성의 개념을 자리매김하는 것과 학교교육의 과정을 이해하기 위한 새로운 문제들을 마련하는데 있다고 보았다.

저항의 가치에 대한 이러한 해석은 학교가 단지 가르치는 장소라는 개념을 거부하고 있으며, 문화의 개념을 정치화하여 투쟁과 경쟁의 영역으로 전환시키고 있는 학교문화에 대한 분석의 필요성을 지적하고 있다. Giroux는 학교교육의 지식, 가치 그리고 사회관계는 삶의 대항적인 관계 내에 놓여지는 것으로 학교생활을 특성화하는 지배문화와 종속문화 내에 놓여지는 것으로 검토되어야 한다고 주장하였다(최명선, 1989, 135).

다. 저항과 의식화

근래에는 저항이론의 핵심을 의식화의 촉진으로 강조하면서 저항이론을 의식화이론이라고 보는 학자들도 있다. Freire 등 저항이론을 의식화이론과 동일시하는 학자들은 의식화 교육이론을 기초로 한 민중교육이 저항이론가들이 주장하는 교육문제를 해결해 주는 수단이 될 수 있다고 믿는다(Freire, 1985; 한준상, 1985, 75).

의식화이론에서는 저항의 중요성을 강조하면서 다음 세 가지 관점에서 학교교육을 논의하고 있다(Freire, 1970, 1973, 1985; Giroux, 1983; 한준상, 1980, 87-89).

첫째, 교육자들은 현재의 교육실패 현상에 대한 기존의 교육사회학적 관점을 폐기해야 한다. 환언하면 교육 실패현상에 대하여 도덕적, 정치적 파렴치 행위를 정당화시키고 있는 기존의 교육사회학적 관점을 학교교육 현장에 적용시키는 일을 포기해야 하며 대신에 기존교육 현상에 대한 도덕적 · 정치적인 분개행위를 실천하려고 노력하는 교육사회학적 관점이 교육현상에 적용되어야 한다.

둘째, 학교현장에는 사회의 정치문화와 학교 나름대로의 특수문화가 공존하고 있음을 인지하고 이를 수용, 육성하여야 한다. 이것을 인정, 허용하는 것이 학교의 자율화를 위하는 일이다. 사회 · 정치 · 문화 형성을 위한 거부, 반박,

논쟁의 문화가 학교의 문화임을 인정하고 각기의 특성을 장려하여야 한다.

셋째, 교육자들은 인간해방을 위한 교육학의 원리가 정치적 권력 발휘, 저항 정신의 발휘, 인간의 능력발휘라는 세 가지 요소로 구성되도록 노력해야 한다.

인간해방을 위한 의식화 작업이 학교교육의 중심과제라고 주장하는 저항이론은 '거리의 교육학', '반 논리(Counter-logic) 교육학'의 학문적 가능성을 열어 놓고 있다. 새로운 가능성을 열어 놓은 촉진 교육사회학적 이론은 학교교육을 통한 공동체 문화의 형성을 위해 교사와 학생들이 다음 세 가지 일을 철저히 시도하라고 권고하고 있는데, 이 과업을 한준상(1985, 89-90)은 Apple의 언어로 다음과 같이 서술하고 있다.

첫째, 철저하게 의심하라. 왜냐하면, 우리는 권력, 지식 및 이해관계가 서로 어떻게 얽매어 있고, 어떻게 겉으로 드러나게 되는지 그리고 헤게모니가 어떻게 경제적 · 문화적으로 유지되는지를 밝혔을 때 느끼게 되는 개인적 · 집단적 무력감 자체가 효과적인 지배문화에 의한 한 측면임을 알아야 하기 때문이다.

둘째, 철저하게 비판하라. 이는 교육과정론자들이 교육활동 내외의 영역에서 비판세력의 선봉에 서야함을 의미한다. 교육 내에서 해야 할 중요한 것은 학생의 권리를 보장하는 것이며, 교육과정은 전통의 희생물이 되어 왔던 지식과 전통을 일차적인 탐구대상으로 해야 할 것이다.

셋째, 국민 모두가 철저하게 정치적 논의와 활동을 시도하라. 비판적인 관점은 일상적인 문제에 대한 행위를 통해서만 그 의미를 찾을 수 있다.

의식화 교육을 주장하는 교육사회학자들은 비판적 성찰과 의식화의 필요성을 제시하면서 학생에게 스스로 교사와의 대화를 통하여 자신을 발견할 수 있는 실천의 가능성을 열어 놓았고, 교사가 학생의 삶과 활동에 참여함으로써 비판적 의식화를 함양시키려 한다. 참여없이 만들어지는 교육활동이나 이론화는 나약한 의식화로서 허구화를 문화적으로 재생산시키는 것에 불과하다고 믿고 있으며, 교사들이나 학생들은 자기 스스로 자기들을 둘러싼 역사, 문화, 자연적 실상들을 '문제화'시킬 수 있을 정도로 의식화되어질 때 비로소 학교교육이 정상화되어 간다고 믿는다.

대학교육에 관련된 각 집단에서는 '의식화'라는 용어에 대하여 각기 다르게 부여된 의미를 가지고 사용하고 있으며 각기 다른 태도를 보이고 있다.

먼저 Freire 등 급진적 교육학에서 의미하고 있는 의식화란 "민중들이 자기들에게 밀어닥친 사회적 · 정치적 · 경제적 모순들을 인식하고, 해당 현실적 압제요인들에 대처 · 항거하기 위한 행동을 취하기 위하여 전개하는 학습"을 말한다. 다시 말해서 의식화는 곧 교육인데, 정치 · 경제 · 사회적 모순을 깨닫지 못한 상태(즉, 자기의 정신을 주체적으로 차리지 못하고 의식이 죽어 있는 상태)에서 비판할 줄 모르고 문제의 제기를 못하던 사람에게, 의식을 일깨워 주고 주체적 정신을 차리게 함으로써 문제를 바로보고 비판과 저항을 할 수 있도록 촉진시켜 주는 교육활동을 말한다. 이들은 의식화야말로 진정한 의미의 이상적인 교육이며, 민중의 진정한 삶을 실현시켜 주고 인간 해방을 가져오는 의식화 작업이 학교교육의 중심과제라고 주장한다.

한편 운동권 학생집단에서 의미하고 있는 '의식화'는 Freire가 말하고 있는 의식화 개념에 같은 기초를 두고 있으며, 한국 사회 · 경제 · 정치의 모순을 인식함에 있어서 철저하게 비판하고 문제점을 파헤치려 하지만 이러한 모순의 인식, 비판, 문제제기를 통하여 민중의 진정한 삶으로서의 의식을 일깨우거나 주체적 자각에 의한 진정한 의미로서의 의식화로 충분히 연결시키지는 못하고 있는 실정이다. 대신, 운동권 학생집단의 의식화에서는 현대자본주의 모순과 물질문명, 그리고 서구문화에 물들어 있는 한국 대학생들에게 그러한 사상을 씻어 버리고, 단적으로 말하자면 운동권에서 주장하고 있는 논리들(민족, 민주, 민중, 통일, 해방, 투쟁, 폭로 등)을 학습시키는 활동을 '의식화'라고 해도 과언은 아니다. 이런 운동권의 논리에 대한 학습은 급진적 교육학에서 말하는 '의식화'와는 약간의 거리가 있는 것이다. 이렇게 급진적 교육학자들과 운동권 학생집단에서는 의식화의 개념에 대하여 긍정적인 의미를 부여하면서 동일한 기초 위에서 출발하지만 학습내용과 전개방식에 있어서 다소간의 차이를 보이고 있다.

반면에 제도권에서는 운동권 학생들의 '의식화'에 대하여 매우 부정적인 의미를 부여하고 있다. 그들은 의식화된 학생들에 대하여 반국가적 좌경사상이

오염된 반체제인으로 낙인을 찍고, 의식화라는 용어를 매우 불량하고 비판적인 의미로 해석하고 있다.

라. 저항과 상대적 자율성

저항이론에서는 학교교육의 갈등 문제들을 다룸에 있어서 학습자의 상대적 자율성 개념을 수용하고 있다. 그러나 저항이론의 경우 자율성의 관점이라기보다는 승인된 이데올로기의 내면화의 대립 개념, 즉 지배사회와 학교간의 관련성을 이해하려는 데서 제기된 문화적 이탈 혹은 반지성과 연결시킴으로써 반항의 개념과 유사한 관점에서 접근하고 있다. 이점에서 저항이론에서 다루는 저항의 개념은 상대적 자율성의 의미를 포함하고 있으며 결정론적 관점에 대한 존재의 개념이라고 볼 수 있다(이현청, 1989, 61-62).

매우 평범한 의미에서 교육자들이 제시하고 있는 '상대적 자율성'이란 교육기관이 사회 내의 외부적 압력으로부터 느낄 수 있는 어떠한 '자유의 정도'를 의미한다. 이렇게 볼 때 자율성은 '어느 정도'라고 하는 양적인 개념을 가지고 있으며, '상대적'이라고 하는 용어는 이상적 행동이 양적인 의미에서보다 많이 나타내는 것으로 이해하는 것이 일반적이다. '상대적'이라는 개념은 어떤 특정한 관계에서 따질 수 있는 질적인 개념으로도 이해될 수 있다. 즉, 어떤 문제 상황에서 이들 관계의 특징이 구체화됨에 따라 양적인 측정이 가능하며, 자율성의 개념을 명백히 하고자 할 때 구조적 · 기능적인 맥락에서 질적인 분석이 가능하다는 것이다(C. Fritzel, 1984, 4).

Fritzel(1984, 28)은 학교교육의 자율성의 관계를 논할 때, 상대적 자율성의 가장 핵심적 문제는 교육의 도구적 가치인 지식과 기술을 어떻게 잠재적 노동력으로 변형시킬 것인가에 있다고 주장하고 있다. 그에 의하면 학교교육과정이 사회적으로 매우 의미 있는 지식과 기술을 포함하고 있지만, 반면에 학교교육 내용 속에서 시장성을 위하여 정당화된 능력 형태들을 구성요소로 해야 한다는 것이다.

교육에서의 자율성 개념은 제도적 자율성과 내용의 자율성, 절대적 자율성과 상대적 자율성으로 구분해 볼 수 있다. 상대적 자율성을 다루는 이론들의 공통적인 관심은 사회의 외적인 힘으로부터 교육체제가 갖는 어떤 자유의 수준문제를 다루는데 있으며, 절대적 자율성을 다루는 이론들의 공통관심은 학습자와 교수자가 부여된 자율성의 결정 과정에서 사회저항을 어느 정도 수용 · 거부할 수 있느냐의 문제를 다룬다. 보통 학교체제는 총체적 사회에 대한 상대적 자율성을 가지며 학습자와 교수자는 그들에게 부여된 절대적 자율성을 누리도록 하고 있다.

3) 저항이론의 약점

저항이론은 종래의 재생산이론이나 지위획득 모형 등에서 학생을 '수동적인 존재'로 보았던 것을 '능동적인 존재'로 취급했다는 점에서 매우 특이한 점이 있으나 몇 가지 이론적인 약점을 지니고 있다. 아직까지 저항이론에 의한 교육연구가 많이 축적되어 있지 않음으로 인하여 교육현장을 저항이론의 측면에서 설명하는데 부족한 면이 있는데, 특히 Giroux(1985, 102-106)는 비판적 학교교육 이론의 발전을 위한 출발점으로서의 저항이론의 약점을 함축성 있게 제시하였다. 이를 바탕으로 하여 다른 저항연구들로부터 제기될 수 있는 이론적 약점들을 종합하여 진술하면 다음과 같다.

첫째, 저항연구들은 지배문화가 종속집단들과 부딪치게 되고 그들에 의해 도전받는 사회적 자리와 영역에 대하여는 잘 지적하였지만, 저항이나 투쟁의 모순적 양식을 촉진하고 강화하는 조건들의 원인에 대하여는 충분히 설명하지 못하였다.

둘째, 저항연구들은 성과 인종의 문제를 설명함에 있어서 부적절하였다. 저항연구들은 그동안 학교교육을 분석함에 있어서 일반적으로 여성 문제를 소홀히 다루고 있으며, 유색인종 문제에 관한 심층적인 연구도 부족하였다. 사실 정도는 다르지만 여성은 가정과 직장(작업장) 두 곳에서 이중적인 지배형태를 경험하고 있다. 이중적 지배형태의 역동성이 학교에 어떻게 연결되며 재생산되는지의 연구가 수행되지 않았다.

셋째, 저항연구들은 주체성에 관한 관심이 많음에도 불구하고, 학교에서 주체성이 어떻게 억압되고 있는지 그리고 어떻게 창출할 것인지에 대한 연구는 수행되지 않았다. 또한, 개인의 주체성이 지배의 역동성과 관련하여 어떻게 저항형태로 나타나는지에 대한 이론적인 체계화가 되어 있지 않은 상태이다.

넷째, 저항연구들은 외부의 억압과 지배가 어떻게 개인의 행동과 인성구조에 영향을 미치는지에 대하여 주의를 기울이지 않았다.

다섯째, 저항연구들은 교육과 정치적 목표와의 관계를 연결시키고 있는데 각기 다른 정치체제 속에서 그들의 관계가 어떻게 정립되고 있는지 파악하지 못하고 있다.

여섯째, 저항연구들은 저항적 성격이 강한 학생들이 갖는 일반적인 특성의 범주에서 벗어나는 행동들이나, 저항적 성격이 강한 학생들의 범주에 들지 않지만 그 행동에 있어서는 저항적 성격이 강한 학생들이 갖는 특성의 범주에 해당하는 학생들에 대하여 설명이 부족하다.

일곱째, 저항연구들은 그 연구방법에 있어서 저항자체에 대한 연구와 저항현상을 기술하고 설명하는 참여관찰 연구가 대부분인데, 보다 객관적이고 과학적인 양적, 질적 방법이 상호 보완된 통합적인 연구가 요구된다.

참고 문헌

강상철(1995). 교육사회. 서울: 동문사.

강순원 역(1983). 교육과 사회구조. 서울: 한울.

김신일(1990). 교육사회학. 경기: 교육과학사.

김천기(2003). 교육의 사회적 이해. 서울: 학지사.

석태종(1999). 새 교육사회. 경기: 교육과학사.

성용구(2008). 새로운 교육사회. 서울: 태영출판사.

송병순(1987). 교육사회학. 서울: 문음사.

심성보 외 역(1987). 현대교육의 위기. C. 캐리어 외 저, 서울: 한길사.

한준상(1987). 신교육사회학론. 서울: 문음사.

한숭희(1989). "공업계 고등학교 학생들의 삶에 관한 문화기술적 연구", 한국교육문제연구회, 서울: 푸른나무.

Bloom, B.(1964). Stability and Change in Human Charicteristics. New York.

Bowles, S. & Gintis, H.(1976). Schooling in Capitalist America. New York: Mcmillan.

Durkheim, E.(1956). Education and Sociology. The Free Press Glen, Co.

Gerth, H. & Mills, C. W.(1958). The Meaning of Dicipline from Max Weber: Essays in Sociology. New York.

Parsons, T.(1959). The School Class as a Social System. New York: The Free Press.

Reimer, E.(1971). School in Dead An Essay in Alternative in Education. 김쾌상 역(1980), 민중교육론. 한길사.

Sarup, M.(1978). Marxism and Education. Routledge & Keegan Paul.

Waller, W.(1932). The Sociology of Teaching. New York: John Wiley & Sons, Inc.

Wills, P.(1977). Learning to Labor, Lextington. Mass D. C. Health.

제4장

교육의 평등과 불평등

민주사회의 두 축을 이루고 있는 원리는 자유와 평등이다. 이 두 원리는 개인의 성장과 사회의 발전을 이루어 나가는데 매우 중요한 개념으로 작용하고 있다. 여기서는 민주사회의 두 축을 이루고 있는 원리 중 평등의 원리에 대하여 다루고자 한다. 평등사상은 오랜 역사와 더불어 발전되어 왔다. 중세나 조선시대와 같은 계급사회에서는 평등사상이 통하지 않았던 시대이다. 근대 산업화와 시민혁명이 일어난 이후부터 사회는 민주화되기 시작하였고 평등사상이 싹트게 된 것이다.

서양의 경우 19C에 들어서면서 교육의 불평등 문제에 대하여 각별한 관심을 갖기 시작하였다. 이는 르네상스와 계몽주의의 영향을 받아 인간의 존엄성과 평등한 대우가 교육적인 측면에서도 동일하게 중요하게 인식하게 되었기 때문이다. 산업화로 인하여 새로운 경제체제가 확립되면서 학교의 교육적 평등에 대한 관점이 과정과 결과의 평등, 생존의 평등으로 접근하기에 이르렀다.

1. 교육 불평등의 개념과 법적 기초

교육 불평등의 개념에 대한 논의는 영국과 미국을 중심으로 전개되었는데, 초기에는 교육의 동등한 기회균등으로 출발하여 능력에 따른 균등관을 거쳐서 결과적 평등관에 이르기까지 시대를 거쳐서 평등관이 변천해 왔다. 미국을 중심으로 살펴보면 처음에는 기회의 균등에 초점을 맞추어 무상교육과 공통교육과정의 제공을 주장하였다가 동일한 수준의 시설과 자질 그리고 인종에 있어서 구분을 두지 않는 균등관으로 발전하였다. 1960년대 이후에는 동일한 투입에 의해 교육결과를 동일하게 하다가 역차등한 투입에 의해 결과를 동일하게 하는 결과의 평등을 강조하게 되었다.

이러한 교육의 평등관에 관한 시대적 변천은 보수주의적 관점에서 업적주의적 관점을 거쳐서 급진적 자유주의적 관점으로 전개된다는 설명이 가능하다. 교육에 있어서의 평등개념을 기회의 평등과 내용의 평등으로 나누고, 기회의 평등을 다시 허용적 평등과 보장적 평등으로, 내용의 평등을 다시 과정적 평등과 결과적 평등으로 구분하여 설명하는 Coleman(1968)의 분류를 제시하면 다음과 같다(성용구, 2008, 64-67).

1) 허용적 평등

허용적 평등은 모든 사람에게 동등한 교육기회가 주어져야 한다는 관점이다. 그러나 개개인은 다른 수준의 능력과 다른 종류의 재능을 타고난다고 생각하였기 때문에 모든 사람들이 동등한 수준의 교육을 받아야 한다고 생각하지 않았다. 그러므로 교육기회를 제한하는 어떤 규정도 철폐되어야 한다. 신분, 성, 종교, 지역, 인종에 의한 차별을 제거하여 누구나 능력이 미치는 데까지 교육을 받을 수 있도록 허용하는 것이다.

2) 보장적 평등

교육받을 기회를 허용하는 것만으로 경제적 능력이 없는 가정의 자녀들이 교육기회를 얻기가 어렵다는 점을 인식하게 되었다. 영국의 「1944 교육법」(1944 Acts)에 의한 중등교육의 무상화와 경제적 수준이 낮은 가정의 자녀들에 대한 학용품의 지급과 점심의 제공 등이 이루어졌다. 그 외의 선진국에서도 중등교육의 무상화와 대학입학 개방정책을 추진하였으나 교육기회의 확대가 계층간의 분배구조를 변화시키는데 한계가 있다. 따라서 교육의 기회를 균등하게 보장해 주어야 한다.

3) 과정적 평등

과정적 평등은 학교시설, 교사자질, 교육과정 등에서의 학교간의 차이가 없어야 한다는 것이다, 즉, 학교차가 교육결과의 차이를 초래하기 때문에 교육과정의 평등은 단지 취학기회의 평등이 아니라 학교의 평등한 교육과정이 실현을 요구한다.

4) 결과적 평등

결과적 평등에서 교육의 목적은 단순히 학교교육을 받는데 있는 것이 아니며, 교육의 결과가 같지 않으면 평등한 것이 아니다. 이는 보상적 평등주의의 관점이다. 이와 같은 결과의 평등을 위한 교육 프로그램으로 저소득층 가정의 자녀들을 대상으로 한 보상교육이 시행되었다.

미국의 "Project Head Start"와 영국의 "Educational Prioring Area"는 가난한 가정의 취학전 아동들을 대상으로 기초 학습능력을 기르도록 하여 학교교육에서 뒤떨어지지 않도록 준비시키는 보상교육 프로그램이다. 가정환경이 좋지 않은 아동들은 가정에서 기초 학습능력을 발달시키지 못했기 때문에 취학한 후 그들의 성적이 낮아지게 되는 주요 원인이 되는 연구들이 있다. 결과적 평등 실현을 위하여 "역차등"이 활용된다.

5) 교육평등의 법적 기초

우리나라 법에서는 매우 포괄적으로 교육기회에 대한 정의를 내리고 있다. 「헌법」 제31조 ①항에는 "모든 국민은 능력에 따라 균등하게 교육을 받을 권리를 가진다."라고 규정되어 있다. 「교육기본법」 제4조에는 '교육의 기회균등'이라는 제목 아래 "모든 국민은 성별, 종교, 신념, 사회적 신분, 경제적 지위 또는 신체적 조건 등을 이유로 교육에 있어서 차별을 받지 아니 한다"라고 규정되어 있다. 이들 조항에 따르면 교육기회 평등이란 여러 가지 이유로 교육에서 차별을 받지 않는다는 소극적 개념이다. 또한 교육받을 기회가 개인이 능력에 기초하여 결정되어야 한다는 능력주의 원리에 기초하고 있음을 발견할 수 있다.

여기에서 말하는 능력주의란 "가정배경, 종교, 인종, 성, 거주지 및 출신지역 등의 귀속적 요인이 교육받을 기회를 얻는데 있어서 이익 또는 불이익을 미치지 않는다."는 의미이다. 다시 말해 모든 개인들은 자신의 능력이나 노력 그리고 생활상의 요구 등과 같이 학습 능력에 따라 '교육받을 기회'가 보장된다는 말이다.

2. 교육기회 측정지표

한 사회의 교육기회가 평등하게 배분되어 있는지를 측정하는 교육기회 측정지표는 취학률, 진학률, 교육선발지수, 탈락률, 지니계수이다.

1) 취학률

취학률은 전체 취학 대상인구 중 몇 %가 학교에 취학하고 있는가를 살펴보아 교육기회가 어느 정도 평등하게 분배되고 있는지를 측정하는 것이다.

산출식은 취학률 = (취학 적령 재적 학생 수 / 취학 적령 인구)×100으로 구한다. 따라서 초등, 중학교 취학률은 의무교육 분배의 평등화 정도를 측정하기에는 무리가 있다. 왜냐하면 초등학교와 중학교는 의무교육의 구현으로 완전취학의 단계이며, 고등학교도 90% 이상의 취학률이며, 고등교육기관(대학)의 취학률도 70% 외에 이르렀기 때문이다.

표 4-1
학교 단계별 취학률

구분	1970	1980	1990	2000	2005	2010	2015
유치원	1.3	4.1	31.6	26.2	30.9	40.2	49.4
초등학교	100.7	102.9	101.7	97.2	98.8	99.2	98.5
중학교	51.2	95.1	98.2	95	94.6	97	96.3
고등학교	28.1	63.5	88.0	89.4	91	91.5	93.5
고등교육기관	8.1	15.9	37.7	52.5	65.2	70.1	68.1

출처: 교육부(2015). 교육부 통계.

또한 사회계층별로 전체 취학대상 인구 중 몇 %가 학교에 취학하고 있는가를 살펴보아 교육기회가 어느 정도 균등하게 분배되고 있는지를 측정하는 취학률 지표도 생각해 볼 수 있다. 예를 들면 상류계층은 70%가 취학하고 있는데, 하류계층은 30% 정도 취학하고 있다면 교육기회가 균등하지 못하다는 해석을 할 수 있다.

〈통계설명〉

• 2015년 취학률은 중학교, 고등학교 각각 96.3%, 93.5%로 전년 대비 1.4%p, 0.2%p 감소하였으나, 유치원, 초등학교는 각각 49.4%, 98.5%로 전년 대비 2.1%p, 2.1%p 증가함

• 2000년 대비 유치원 23.2%p, 초등학교 1.3%p, 중학교 1.3%p, 고등학교 4.1%p 증가함

① 취학 적령 인구는 통계청(2010)의 '장래 인구 추계를 기준하였음. 2010년까지는 확정 인구이며, 2011년 이후는 잠정 추계치이므로 다음 추계시 변경될 수 있음

② 취학 적령은 유치원의 경우 3-5세, 초등학교는 6-11세, 중학교는 12-14세, 고등학교는 15-17세, 고등교육기관은 18-21세임

③ 고등학교에는 일반고, 특수목적고, 특성화고, 자율고가 포함됨

④ 전체 고등교육기관 재적 학생 수에는 연도 및 기관에 따라 17세 이하의 학생이 포함됨

2) 진학률

취학률에 비하여 교육기회의 평등을 더욱 적절하게 나타내는 지표로 진학률이 있다. 진학률은 하위급 단계의 학교를 마친 학생 중에서 상급학교에 진학하는 학생의 비율을 말한다.

진학률 산출방식은 진학률=(당해 연도 졸업자 중 진학자/당해 연도 졸업자)×100이다. 2015년 현재 중학교와 고등학교 과정 진학자는 거의 100%가 진학하는 것으로 나타났다. 중학교와 고등학교의 교육기회가 상당히 개방되어 있는 것으로 알 수 있다. 그러나 고등학교의 유형에 따라서 고등교육기관(대학)에 진학률의 차이가 큰 것을 발견할 수 있다.

2015년 고등학교에서 고등학교기관 진학률에서 일반고에서 고등교육기관 진학률은 78.9%, 자율고서 고등교육기관 진학률은 75.8%, 특성화고에서 고등교육기관 진학률은 36.1%이다.

따라서 고등학교 유형에 따라 고등교육기관(대학) 진학률의 차이가 어디에서 비롯되는지 생각해 보아야 한다. 첫째, 고등학교 유형에 따른 교육의 목적이 무엇인가이다. 즉, 고등학교 졸업 후 산업인재 육성을 통한 취업이거나 대학진학인지 살펴보아야 한다. 둘째, 각 유형의 고등학교를 어떤 계층이 주로 다니는가?이다.

표 4-2 학교 단계별 진학률

구분		1970	1980	1990	2000	2005	2010	2015
초등학교→중학교과정		66.1	95.8	99.8	99.9	99.9	99.9	99.9
중학교→고등학교과정		70.1	84.5	95.7	99.6	99.7	99.7	99.7
고등학교 → 고등 교육기관	전체	26.9	27.2	33.2	62	73.4	75.4	70.8
	일반계고	40.2	39.2	47.2	83.9	88.3	81.5	–
	전문계고	9.6	11.4	8.3	42	67.6	71.1	–
	일반고				–	–	–	78.9
	특수목적고				–	–	–	58.4
	특성화고				–	–	–	36.1
	자율고				–	–	–	75.8

출처: 교육부(2015). 교육부 통계.

〈통계설명〉

• 중학교와 고등학교로의 진학률은 각각 99.9%와 99.7%로 전년과 동일함
• 고등교육기관으로의 진학률은 70.8%로 나타나 전년 대비 0.1%p 감소함

① 중학교과정은 중학교 및 중학교과정의 기타 학교가 포함됨
② 고등학교과정은 고등학교(일반고, 특수목적고, 특성화고, 자율고)와 기타(방송통신고, 고등기술학교)가 포함됨
③ 2011년부터 고등학교 유형이 개정되어 기존 유형 졸업자는 2013년까지 발생함
④ 고등교육기관 진학자에는 전문대학, 대학, 산업대학, 교육대학, 방송통신대학, 기술대학, 각종 학교가 포함됨(2005년부터 국외진학자가 포함됨)
⑤ 일반계고 및 전문계고 진학자는 2011년 이후는 대학 등록자 기준, 2011년 이전은 대학 합격자 기준임(전체 고등학교 진학률은 대학 등록자 기준으로 보정한 수치임)

3) 교육선발지수

교육선발지수는 학생들을 특성에 따라 구분한 후, 이들 특성을 지니고 있는 학생들이 전체 인구에서 차지하는 비율을 나타낸 값이다 인구비례 점유율로서 가장 많이 이용한다. 교육선발지수는 학생들의 배경에 따라 특정 교육에서 차지하고 있는 비율을 알 수 있는 점에서 교육기회 평등에 대한 구체적인 정보를 알 수 있다는 장점이 있다.

예를 들면 장애인의 대학 교육선발지수는 장애인 교육선발지수(대학생 중 장애인의 구성 비율/전체 인구 중에서 장애인의 구성 비율)로 산출한다. 또한 전체 학생 가운데 아버지의 직업이 전문적인 학생이 20%인데, 전체 인구 가운데 전문직 직업인이 10%라고 하면, 전문직은 인구비례의 자기 몫의 두 배에 해당하는 교육기회를 차지하고 있는 셈이다.

4) 탈락률

사회 계층별로 진급에서 탈락한 낙제자와 퇴학자의 비율을 통해서 교육의 기회균등을 측정하는 방법이다. 즉, 각급 학교에서 중도탈락자들이 어떤 사회 계층에 속해 있는가를 통해서 교육기회 평등화를 측정하는 방법이다.

5) 지니계수

지니계수는 본래 경제적 소득의 분배 상황을 말해 주는 지수를 의미한다. 이것을 교육기회의 분배상황 측정에 빌려온 것으로, 집단별 선발지수를 모아서 하나의 종합지수로 표시한 것과 같은 것이다.

지니계수는 0부터 1까지의 계수로 나타내며 1에 가까울수록 불평등, 0에 가까울수록 평등지수를 나타낸다. 지니계수가 0.35 이상이면 불평등이 심한 상태이고 0.4를 넘으면 불평등 수준이 매우 심하다고 본다. 한국의 지니계수는, IMF시기인 1997년에 0.283을 보인 이후 2005년에 0.348(동아일보, 2007. 2. 7)이 되면서 소득기회의 불평등 수준이 매년 높아져 소득의 양극화로 인한 사회 불평등이 심각해지고 있다.

3. 교육 불평등의 원인

교육 불평등의 원인에 대하여 여러 가지 입장이 있을 수 있다. 먼저 서로 대조가 되는 구조기능론의 관점과 갈등론의 관점을 살펴보고 이와는 다른 각도에서의 새로운 접근을 소개하고자 한다(성용구, 2008, 73-79).

1) 기능론적 관점

기능주의적 관점에서는 학교의 사회화 기능, 사회적 선발기능을 강조하여 교육기회에의 접근이 공평하면 성취도의 차에 따라 학력수준의 차이, 사회적 지위가 결정되어지게 된다고 본다. 이는 정당한 것이라는 관점으로 능력주의적 입장과 사회의 통합과 합의의 기능을 강조한다. 현상유지, 체제유지적 성격이 강한 Durkeim이나 Parsons의 생각이다.

(1) 보수주의적 관점

보수주의적 관점에서는 인간의 지능은 여러 세대를 거쳐 내려온 문화유산을 어느 정도 학습할 수 있느냐에 따라 그 발달의 정도가 다르다고 생각한다. 엘리트 계급의 자녀들은 문화를 학습하는데 유리한 위치에 있기 때문에 자연히 지능이 높아지고 지적으로 우수한 재능이 있는 사람을 따로 수용하여 교육함으로 그들의 우수한 재능을 한층 더 발달시켜 주는 것이 사회를 위해 유익하다고 생각한다. 반면에 대중의 자녀들은 문화유산을 학습하는 기회가 적어 지능이 발달되지 않기 때문에 엘리트 계급의 자녀와 동일한 교육과정을 이수시킬 수 없다고 주장한다. 그러므로 교육기회의 불평등은 불가피하며 오히려 바람직하다는 주장이다.

(2) 업적주의적 관점

업적주의적 관점은 생물학적 지능의 유전을 학업 성취의 가장 중요한 요인으로 생각한다. 이들은 타고난 지능의 발달은 개인의 학습동기, 부모의 격려, 태도 등이 가장 중요한 요인이 된다고 본다. 아동들의 장래는 학교교육을 최대로 이용하여 개인적으로는 어느 정도의 성취수준을 이루느냐에 달려 있기 때문에 교육기회는 평등하게 모든 아동들에게 부여되어야 한다. 따라서 능력

발달 또는 업적의 성취를 위하여 동등한 학교교육 기회가 제공되고, 개인주의적 자유경쟁이 장려된다.

업적주의와 비슷한 관점에서 능력주의 관점을 들 수 있는데, 이 관점에서는 개방사회는 사회적 지위가 세습되는 것이 아니라 획득된다는 이념을 근간으로 한다. 지위의 획득이란 곧 개인의 능력에 따라 사회적 지위가 결정된다는 말이다. 이러한 이념에 맞춰 개방사회는 누구나 경쟁에 참여할 수 있도록 학교교육의 기회를 평등하게 하려고 한다. 빈곤한 학생들에게도 학교교육이 개방됨으로써 높은 지위를 차지할 수 있는 통로를 개방하고 있으며 계층간의 사회이동은 개인의 능력과 노력 여하에 따라 충분히 이루어지도록 제도화되어 있다.

따라서 능력주의라는 입장에서 보면 교육 불평등의 원인은 주로 지능이나 적성 등 학생의 타고난 능력이나 성취동기에 기인하는 것으로 간주된다.

능력주의 사회라 불리는 현대사회에서의 사회이동은 혈연, 지연, 학연 등의 배경에 의해서 결정되는 것이 아니라 개인의 재능과 능력에 달려 있다고 볼 수 있다. 따라서 부모의 사회 경제적 지위가 학교에서의 성취에 전혀 영향을 미치지 않는 것은 아니지만 아무리 중, 상류층의 아동일지라도 본인의 능력이 부족할 경우에는 하류층의 자녀보다 경쟁에서 떨어질 수밖에 없다고 능력주의적 관점에서는 파악하고 있는 것이다.

2) 갈등론적 관점

갈등주의적 관점에서는 기존의 학교 제도에 대한 비판적 분석에 기초한다. Samual Boeles와 Herbart Gintis, Martin Carnoy 등에 의해 발전된 견해로, 교육의 역할은 기존의 계층구조나 사회체제를 유지하고 정당화시키는데 있다고 본다. 계층에 따른 교육에의 접근 기회의 이중적 구조 및 능력주의, 계층간의 불균형 상태 등 현 체제에 대한 부정이나 비판을 통하여 사회발전이 이루어질 수 있다는 입장이다.

(1) 급진주의적 관점

급진주의적 관점은 지능이 생물학적으로 유전된다기보다 아동의 경제적 배경과 초기의 교육적 훈련과의 관계성을 중요하게 인식한다. 따라서 엘리트 계급의 자녀들은 교육기회나 학교생활에서 유리하기 때문에 교육 불평등은 크다. 지능 차이의 근본적 요인은 가정배경과 모순적이고 불평등한 현존하는 사회 구조에서 기인하므로 사회체제의 변혁을 통해 그러한 환경적 요인을 제거해야 한다는 것이다. 따라서 교육적 평등의 문제는 곧 사회 경제적 평등의 문제인 것이다.

(2) 자유주의적 관점

자유주의적 관점은 제1차 세계대전 이후부터 최근까지 유럽과 미국에서 실시되어 온 교육개혁의 방향을 반영하는 관점이다. 어느 정도 상대적으로 불우한 환경을 가진 하류계층의 유능한 학생 개개인이 자신이 타고난 능력을 발휘하여 사회 상류계층으로의 이동을 방해하지 않도록 배려해 주는 출발점에 있어서의 기회균등의 보장을 의미한다. 즉, 모든 사람이 경제적 · 지리적 조건에 의해 차별당하지 않도록 교육의 문화개방을 이룩하려는 것으로 일정한 교육의 확대, 벽지학교 설치, 불우학생에게 의복이나 점심 및 학용품 제공, 장학제도 등은 이러한 관점에서 비롯된 것이라 볼 수 있다. 서유럽은 계급적 학교 제도를 타파하기 위한 개혁운동의 일환으로 자유주의적 교육기회의 확대를 추구해 왔으며 이 관점에서는 계급보다 능력수준에 의해 기회제공이 이루어져야 함을 주장한다.

(3) 문화 환경론적 관점

문화 환경론적 관점에서는 교육 격차를 보는 또 다른 관점으로 부모의 사회 경제적 배경을 중시한다. 즉 아동이 처한 환경 때문에 불평등이 발생한다는 것이다. 가정의 사회 문화적 환경, 즉 언어를 사용하는 방식이나 부모의 교육수준 등에 있어 상대적 결핍이 학교에서 다른 학생에게 학업성취가 떨어지는 요인이 되고 결과적으로 교육의 불평등을 가져온다는 것이다.

교육기회에 관한 일련의 연구들은 학생들이 자신의 진로를 계획하고 결정하는 데에 이미 일찍부터 자신의 사회 경제적 여건을 인식하고 있다는 것을 보여주고 있다. 1988년부터 실시된 한 종단적 연구의 결과는 이미 중학교에서 고등학교로 진학할 때, 즉 교육기회의 획득에 학생의 사회 경제적 배경이 크게 영향을 미치고 있다는 사실을 밝히고 있다.

이상에서 언급되었듯이 계층간의 가정 환경상의 차이는 아동의 학업성취에 많은 영향을 초래할 수밖에 없다. 상류계층의 학생들은 풍부하고 유익한 가정 환경으로 인하여 학업성취에 있어 유리한 입장에 있지만 하류계층의 학생들은 빈약한 가정의 사회 문화적 환경으로 인해 학업성취의 실패를 경험할 가능성이 높아진다. 이러한 학업성취의 실패는 교육의 불평등으로 이어질 수밖에 없다는 것이 문화 환경론적 관점이다.

(4) 사회 구조론적 관점

사회 구조론적 관점에서는 학교교육이란 사회 지배계층의 이해관계를 유지하기 위한 하나의 사회적 조정장치나 계층 재생산의 매개변인에 불과하다고 본다. 이러한 갈등론자들은 교육기회는 물론 학교교육과 관련한 불평등이 사회 구조적 불평등에서 기인된다는 점을 강력히 주장하고 있다. 이러한 이론들은 사회의 구조적 불평등 체계와 학교교육 격차의 관련을 경험적으로 인식하였을 뿐 어떠한 과정을 거쳐 어떻게 사회의 불평등 체계가 학교 사회 체제나 이념에 반영되는가에 관한 실증적인 분석은 시도하지 못하였다.

평등사회의 실현이라는 관점에서 볼 때 사회구조 속에서 교육의 위치는 어떠한가를 살펴볼 필요가 있다. 먼저 사회구조 속에서 교육은 어떠한 역할을 하는가 하는 것과, 학교교육의 결과는 사회적 분배를 어떻게 관련되고 있는가하는 것에 대한 것이다. 사회 재생산론적 입장에서 학교교육이 사회적 불평등에 어떻게 작용하고 있는지에 대한 설명은 다음과 같다.

사회 재생산론의 기본 시각은 마르크스주의에 바탕을 두고 경제를 하부구조로, 교육을 상부구조로 본다. 즉 오늘날 자본주의 교육체제는 물건을 양산하는 공장 체제와 비슷한 위계적 구조를 가지고 있다고 볼 수 있다. 따라서 자본주의의 사회를 유지하기 위해 지배계층은 교육을 통하여 생산체제에서 요구하는 유순함과 복종심이 강한 노동력을 배출함으로써 자본주의 사회 계급구조를 강화하고 계층간 불평등을 세대 전수시킨다는 것이다.

3) 교육기회의 평등에 대한 새로운 접근

오욱환(2003, 222-225)은 교육 불평등의 개념을 학생들의 학업성취의 결과와 관련지어 논의하였다. 첫 번째 논의는 교육기회가 수업장면에서 교사들의 의도적 · 무의도적 교수행위에 의해 학습기회에서 불평등으로 작용한다는 것이다. 두 번째 논의는 시험에 의하여 학생들에게 교육기회의 불평등이 초래할 수 있다는 것이다. 오욱환의 이러한 두 가지 논의에 대하여 보다 구체적으로 소개하면 다음과 같다.

(1) 교사의 행위와 학습기회

학습기회의 불평등은 교사들의 의도적 차별이 없더라도 충분히 일어날 수 있다는 점에서 교육기회의 불평등 못지않게 중요하다. 이 개념은 인종적 · 민족적 차별이 없는 한국사회에서도 교육기회의 불평등이 얼마든지 일어날 수 있음을 시사한다. 교사들은 자신들의 출신 계급, 계층, 성 등과 무관하게 사회에서 일어나는 보편적이라고 간주되는 문화와 언어를 배경으로 하여 수업을 진행한다. 다시 말해서, 교사들은 중류계층과 남성의 문화를 표준으로 하여 의사를 소통하고 있다. 따라서 하류계층 학생들과 여학생들은 자신들이 익숙하지 않은 방식으로 수업을 받게 된다. 이와는 반대로, 중류계층 학생들과 남학생들은 자신들이 익숙한 문화와 언어에 의해 진행되는 수업에서 상대적으로 이점을 갖게 된다.

교사는 학생들의 사회 경제적 배경이나 가족관계를 일일이 숙지한 상태에서 수업에 임하고 있지 않다. 대체로 교사들은 '평균적인 학생'을 연상하고 수업을 진행한다. 이 경우, 평균적이 아닌 학생들은 교사의 언행에서 무의도적이지만 차별을 받을 수 있다. 예를 들면, 초등학교의 경우, 교사들은 모든 학생들이 부모와 형제 자매가 있는 단란한 가정을 이루고 있을 것으로 생각하고 수업을 진행하기 쉽다. 따라서 고아원에 다니는 학생들, 한부모 가정의 학생들, 부모 없이 조부모와 함께 생활하는 학생들은 수업에서 소외될 수 있다. 다른 예로, 교사가 모든 가정에 컴퓨터가 있다고 전제하고 컴퓨터를 이용해야 하는 과제를 부과하면 컴퓨터가 없는 학생들은 상당한 불이익을 피할 수 없다.

(2) 시험에 의한 교육기회의 불평등

그동안에는 교육기회의 제공여부, 기회의 다소(多小) 등에만 관심이 쏠렸다. 독립변인인 교육기회의 균등화에만 주력하였다. 그러나 학업성취를 어떻게 측정하느냐에 따라서 교육기회와 학업성취의 상관관계가 상당히 달라질 수 있으며, 산출된 학업성취 점수가 추후의 교육기회에 중대한 영향을 미치기도 한다.

시험은 기회를 배분하는 공정하며 능률적인 방법으로 알려져 있다. 때문에, 시험은 기회를 배분하는 중심적 기제로서 작용해 왔다. 그러나 시험은 공정한 선발수단으로 이용되고 있음에도 불구하고, 그 공정성을 모든 집단으로부터 공인을 받은 것은 아니다. 시험 전문가들은 타당성(validity)과 신뢰성(reliability)을 확보한 후에 시험을 실시하고 있지만 이러한 절차는 기술적 수준을 넘기 어렵다. 더욱이 시험에서 사용되는 언어(지시문, 문항, 답지 등)는 해당 사회의 지배 집단의 언어를 대폭 반영한 표준어이기 때문에 다른 집단에게는 불리하게 작용하기 쉽다.

4. 학교교육 불평등의 요인

교육 불평등 현상을 해소하기 위하여 국가에서 그리고 학교에서 다각적인 노력을 하여야 한다. 교육의 불평등을 해소하기 위하여 학교 내적인 요인과 외적인 요인에 대하여 개선책을 강구하여야 한다. 학교의 외적인 요인을 중심으로 살펴보면 다음과 같다(성용구, 2008, 79-80).

1) 가정환경

영국의 한 보고서에 따르면 영국의 초등학교 학생을 표집으로 한 연구에서 부모의 태도, 가정환경, 학교 특성 변인 등 104여 개의 변인을 투입한 결과 사회 계층이 높을수록 부모의 자녀교육에 대한 포부수준 및 그 실현도, 관심도가 높고 또 좋은 학교에 진학을 원하였다. 학업 성취의 격차를 설명해 주는데 있어서는 부모의 태도, 가정환경, 그리고 학교의 특성 요인의 순으로 나타났으며 나머지 30-50%는 학생 개인간의 특성 및 격차에서 기인되는 것으로 밝혀졌다. 그 중에서 학생 가정의 사회 경제적 배경은 직접 영향과 지능을 통한 간접 영향력을 행사하기도 한다. 이러한 가정환경 요인에는 부모의 사회 경제적 지위, 부모의 직업이나 학력, 교육비의 투입 정도, 가정의 물리적 · 심리적 환경 등이 포함되어 있다. 부모의 사회 경제적 지위 영향을 뚜렷하게 받고 있어서 교육의 사회적 지위 향상에 큰 도움은 주지 못하지만 상층 집단은 명예 또는 합리의 수단이 되고 있는 것이다.

부모의 학력이나 직업에 의한 교육편차도 비교적 큰 차이를 나타내는데 중류층의 고등교육을 받은 부모 밑에서 자란 아이들이 그렇지 못한 아이들에 비해 어휘력과 읽기 능력, 지적이 높고 합리적인 사고를 할 수 있는 능력이 더 큰 상태, 자기 조절 능력과 능력 개발을 위한 요인이 더 많이 가진 상태, 다양한 경험을 할 수 있는 문화적 환경, 자기 존중심이 확대된 상태에서 학교에 오고, 하류계층의 아이들은 이와 반대이다. 이러한 것들은 넓은 의미로 문화적 환경과 제도의 차이가 학력 격차를 가져와서 교육기회 불평등을 유발하게 된 것이다. 우리나라도 이로 인한 구조적 모순을 극복하기 위한 보상교육을 제도화하여 교육기회 균등에 노력해야 할 시점에 와 있다.

2) 자아개념

자아개념이란 아동이 자신의 학습능력을 어떻게 생각하고 어떻게 지각하느냐 하는 자신의 학습능력에 대한 태도를 의미한다. 동일한 조건에서 자아개념의 차는 행동양식에 큰 차이를 가져오게 된다. 긍정적인 정체감과 좋은 자아개념은 성공에 대한 기대를 갖게 하고, 현실로 그 기대를 옮기려는 노력으로 변환된다.

그러나 부정적인 정체감과 좋지 않은 자아개념은 무력감, 수동성, 좌절감, 소멸된 자기상, 실패의 얘기와 교사의 자신에 대한 부정적인 기대를 갖게 된다.

3) 포부수준

포부수준은 열망수준이라고도 하는데 이는 한 학습과제를 마친 후 비슷한 다음 과제에서 학생들이 달성할 수 있다고 생각하는 성취 정도로써, 장기적인 목표 설정에 영향을 미치고 목표 달성을 위한 노력에 긍정적인 영향을 형성할 수 있도록 도와준다. 열망수준은 미래지향적 성격을 지니므로 역시 미래지향적인 중상류계층에 더욱 유리하게 나타나고 현재 지향적인 하류계층에서는 상대적으로 불리하게 작용하게 된다.

4) 지능

학습 심리학자들의 주장에 따르면 지능이 학습 성취도의 50% 정도를 설명해 준다고 한다. 학업 성취와 관련된 하나의 요소로서 이 정도의 설명력을 가진 다른 요인이 없다는 점에서 지능은 학업 성적의 가장 강력한 예언자라고 볼 수 있다. 이러한 지능에 대한 논쟁은 크게 유전론과 환경론으로 나눌 수 있다.

5) 학습 동기

학습 동기는 학업 성취도의 차를 가져오는 정의적 측면으로, 학습 동기는 사회 계층에 따른 차이를 보여주는데 중상류 이상이 미래지향적인 반면 하류 계층은 문화적 태도와 행동에 있어서 현재 지향적인 경향을 가진다.

6) 인지 양식

학생의 인지 양식이 독립적인 경우에는 의존적인 학생보다 학업 성적이 더 높으며, 독립적인 학생이 의존적인 학생보다 지능지수가 더 높은 경향이 있다. 또한 교사의 인지 양식에 따라 학생의 학업 성취도 차이가 있는데 교사와 학생의 인지 양식이 일치할 때 학업성취가 높은 경향이 있다. 한편, 인지 양식은 사회 계층과 남녀 차에 의하여 크게 작용하는데 상류계층은 독립적, 하류 계층은 의존적인 경향이 있으며 남학생이 독립적인 반면에 여학생이 의존적인 경향이 강하다.

7) 성 역할 기대

성 역할이란 사회집단이 한 개인에게 기대하는 것으로 그 개인이 성에 따라

전형적인 행동 유형을 부과하는 것이다. 일반적으로 남자는 독립적이고 활동적, 경쟁적, 논리적, 자신감이 있다. 이에 반해 여자는 부드럽고 다른 사람의 느낌에 민감하며 깨끗하고 사랑스러운 느낌을 표현할 수 있는 존재로 본다. 우리 사회가 남성들에 의해 주도되어 왔고 그로 인해 사회 참여의 기회에서 여성들이 차별대우를 받는 것은 당연한 것으로 여겨 왔다.

5. 교육평등 정책

교육평등을 실현하기 위한 실제 정책화와 평등화에 대한 논쟁은 김신일(2015, 291-299)은 다음과 같이 설명하고 있다.

1) 교육평등 정책의 단계

교육평등의 각 관점을 실제 정책화할 때에는 단계를 고려할 필요가 있다. 예를 들어, 기회의 보장적 평등화가 실현되지 않은 단계에서 교육조건의 평등을 위한 정책을 시행하면 어떻게 될까? 보장적 평등이 실현되지 않았으므로 일부 집단은 아직도 교육기회를 누리지 못하고 있는 상황이다. 더욱이 아직 교육기회를 누리지 못하는 집단은 사회 경제적으로 불리한 집단이기 때문에 정책의 배려가 요구된다. 그럼에도 불구하고 교육정책이 이들을 간과하고 이미 교육기회를 누리고 있는 사람들에게 관심을 기울여 교육적으로 불우한 집단은 더욱 불리해지게 된다. 이런 점에 비추어 우리나라의 교육이 어떤 단계에 위치해 있는가를 따져 볼 필요가 있다.

큰 틀에서 보면 우리교육은 많이 평등화되었다. 교육기회는 거의 모든 단계에서 개방되었고, 중학교까지 무상으로 제공되고 있다. 즉, 모든 수준의 교육에서 한국에는 기회의 허용적 평등이 오래 전에 실현되었다. 다음에 기회의 보장적 평등은 어떠한가? 초등학교와 중학교는 의무제로 완전 취학이므로 문제가 없다. 그러나 고등학교는 아직 완전 취학이 아니고 교육비를 학부모가 부담하여야 하는 경우가 많기 때문에 취학하지 못하는 사람들이 있다. 대학교육은 거의 교육비 사부담 원칙에 맡겨져 있어서 사회 경제적 차이가 교육기회 분배에 강하게 작용하고 있다. 대학교육 부문이야말로 보장적 평등정책이 긴요하다. 그러나 여기에서 언급해 둘 것은, 보장적 평등을 위한 정책이라 해서 대학교육기회를 끝없이 확대하여 궁극적으로 완전 취학을 목표로 삼는 것은, 반드시 현명한 정책은 아니라는 것이다. 보장적 평등정책의 핵심은 개인의 사회경제적 장애 때문에 불리해지는 것을 막자는 데 있으므로, 대학 이상에서는 한정된 교육기회를 전제로 하고도 이 정책을 시행할 수 있는 것이다.

그런데 장애인들에게 눈을 돌리면 초·중등 교육기회를 누리지 못하는 사람들이 드러난다. 최근에 관련법을 제정하여 장애인들에게 교육기회를 보장해주기 위한 정책을 강화하고 있으나 더 많은 관심을 기울여야 할 분야이다. 그리고 새로운 소외계층을 형성하는 외국인 노동자와 그 자녀들의 교육기회를 위한 정책도 필요하다.

한 걸음 더 나아가, 21세기는 평생학습시대에 들어섰기 때문에, 평생에 걸친 학습의 필요가 급속히 높아지고 있다. 성년기, 노년기, 그리고 특히 유아기의 교육이 필요하다. 그럼에도 불구하고 평생학습 기회는 아직도 한정되어 있고, 수강료를 지불해야 하는 유상교육이 큰 부분을 차지하고 있기 때문에 저소득계층은 학습할 기회가 제한될 수밖에 없다. 저소득층 뿐만 아니라 여러 소외집단들도 마찬가지로 평생학습 기회로부터 소외되어 있다. 결과적으로 성년기 외의 평생학습 기회의 분배는 소득이 높고 대기업 같은 좋은 직장에 근무하는 사람들에게 편중되어 있다. 특히, 주목할 점은 고학력자의 평생학습 점유율이 매우 높다는 사실이다. 앞 절에서 살펴보았듯이, 학교교육 기회의 분배가 사회계층 배경의 영향을 강하게 받는다는 사실에 비추어 보면, 평생교육 기회가 사회계층의 차이에 따라 이중으로 심하게 불평등 분배되고 있음이 드러난다.

유아기와 노년기도 마찬가지로 계층 차이가 크다. 그러므로 유아기를 포함하여 평생학습 기회에 있어서는 보장적 평등정책이 매우 강하게 요청되고 있다.

한편 교육기회의 보장이 거의 실현된 초·중등교육은 교육조건의 평등과 교육결과의 평등에 관심을 높일 필요가 있다. 특히, 초등교육에는 더욱 필요하다. 고등학교에는 기회의 보장을 실현하면서 조건의 평등으로 나아갈 때이다. 대학은 보장적 평등이 아직도 부족하므로 이 부분에 당분간 역점을 두고, 조건의 평등과 결과의 평등도 준비하여야 한다. 이처럼 정책은 교육단계의 상황에 따라 복합적으로 추진되어야 하지만, 그럼에도 불구하고 교육체계 전체의 체계적 평등화 추진을 위한 종합계획 작성이 선행되어야 한다. 이러한 종합적 정책수립을 위한 기초연구가 매우 긴요하다.

결론적으로, 교육은 전반적으로 많이 평등화되었다. 선진국들은 20세기 후반부터 평등교육의 실현을 위하여 다양한 정책을 체계적으로 추진하여 성과를 거두었고, 우리나라도 초·중등교육에서 기회의 평등화가 현저하게 향상되었다. 그러나 교육평등이 실현된 것은 아니다. 이제는 고등교육, 유아교육, 평생교육의 평등을 향상시키는 것이 과제이다. 그리고 평등정책의 질을 높일 때이다.

2) 교육의 사회적 평등화 논쟁

이제, '교육과 사회평등' 그리고 '교육평등론'의 논의를 종합·정리할 때가 되었다. 수많은 연구들이 수행되었지만 어느 쪽도 합의된 결론을 이끌어 낼 수 있는 상태는 아직 아니다. 그럼에도 불구하고 다음과 같이 요약할 수 있다.

첫째, 사회의 평등화에 교육이 긍정적 작용을 하는가, 부정적 작용을 하는가에 대하여는 주장이 엇갈리는데, 어느 주장도 결정적 증거가 부족하다. 직업지위 획득에 가정의 계층배경의 영향은 거의 없고 본인의 교육이 뚜렷한 영향을 주기 때문에, 사회이동이 능력주의에 따라 이루어진다는 주장은 교육의 영향력 자체도 논의의 여지가 있지만, 교육성취가 능력 본위로 이루어진다는 증거가 부족하다. 한편, 교육이 불평등을 재생산한다는 주장은 교육이 원인으로 작용한다는 분명한 증거를 확인하기 어렵다. 교육이 소득격차를 만들거나 확대시킨다기보다는 기존의 소득격차를 줄이지 못하고 있다는 것이 더 정확한 표현일 것이다.

둘째, 학력 또는 교육성취에는 정도의 차이는 있으나 대다수 연구들이 사회계층의 영향을 지적한다. 교육기회의 분배가 계층이 높을수록 더 편중되어 있음을 뜻한다. 교육의 평등화를 위한 정책의 성공도에 따라 국가 간에 차이가 있기는 하지만, 아직도 많은 나라에서 교육의 평등화는 완전히 실현되지는 못하고 있다.

그러면 가정의 계층배경, 본인의 교육, 본인이 도달한 계층 간의 관계는 어떻게 정리할 수 있을까? 즉, 한 사람이 현재의 사회계층에 도달하는 데 있어서 가정배경과 교육이 어떻게 작용했을까? 가정배경, 교육, 도달계층 간의 관계를 하나의 모형 속에서 분석한 연구들이 이 질문에 해답을 제공한다.

이제까지 발표된 주요 연구결과를 정리한 것에 따르면(Goldthorpe, 1997), 초기의 연구들은 교육이 계층결정에 강한 영향을 발휘하는 것으로 보고하였다. [그림 6-1]에서 ②, ③은 교육이 계층결정에 강한 영향을 주지만, 출신배경은 교육수준이나 도달계층에 약하게 작용하는 것을 보여 준다. ④는 교육이 도달계층 결정에 영향을 주지만, 동시에 출신배경의 영향을 강하게 받는다. 반면에 ⑤와 ⑥은 교육이 도달계층 결정에 이렇다 할 영향을 주지 못하고, 출신배경도 도달계층 결정에 뚜렷하게 작용하지 못한다. ⑦은 출신배경이 교육에는 영향을 주지만, 교육은 도달계층 결정에 영향을 그다지 주지 않는 것을 보여 준다. 요약하면, 초기 연구들은 사회평등화 장치로서의 교육에 대한 기대를 긍정적으로 지지하였던 것과는 대조적으로, 후기 연구들은 교육의 영향력을 믿지 않는 것을 보여 준다.

이 그림에서 ①은 세 요인 간의 관계가 능력주의 원리에 따라 이루어지는 경우를 나타낸 가설적 상황이다. 즉, 교육이 계층배경의 영향을 받지 않고, 도달계층도 계층배경의 영향을 받지 않으면서 , 자신이 성취한 교육으로 계층이 결정되는 상황이다.

①

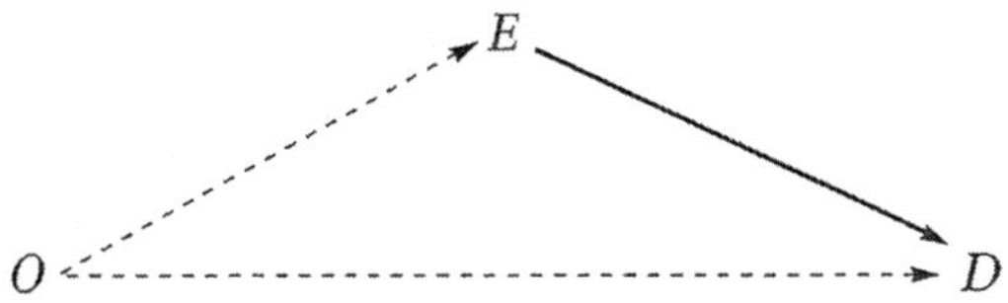

IMS hypothesis

②

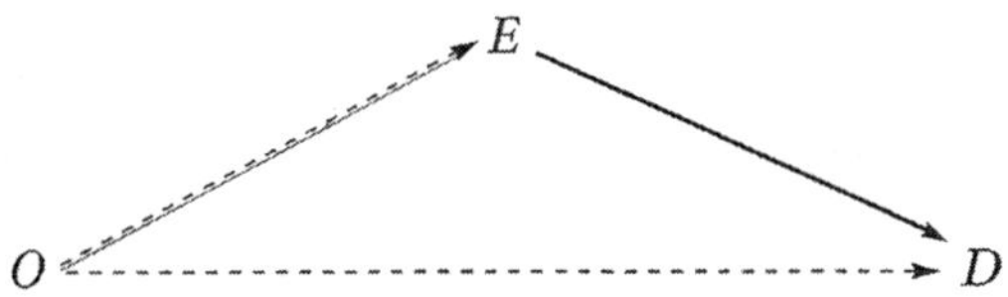

Blau and Duncan(1967) USA, men

③

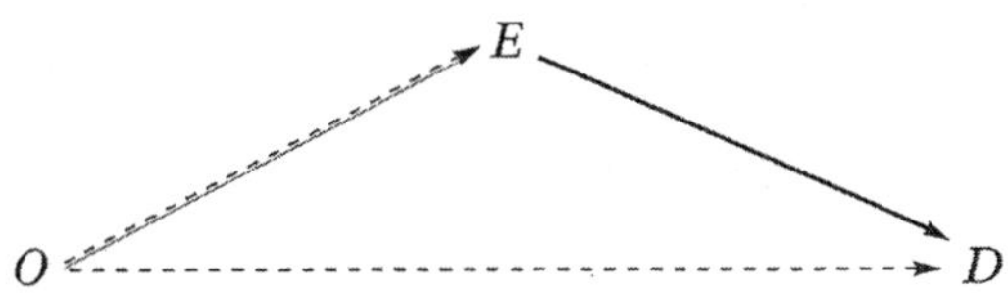

Featherman and Hauser(1978) USA, men

④

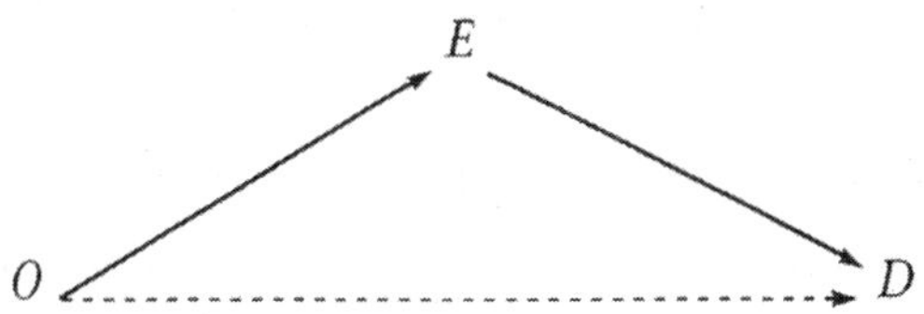

Halsey(1977) England and Wales, men

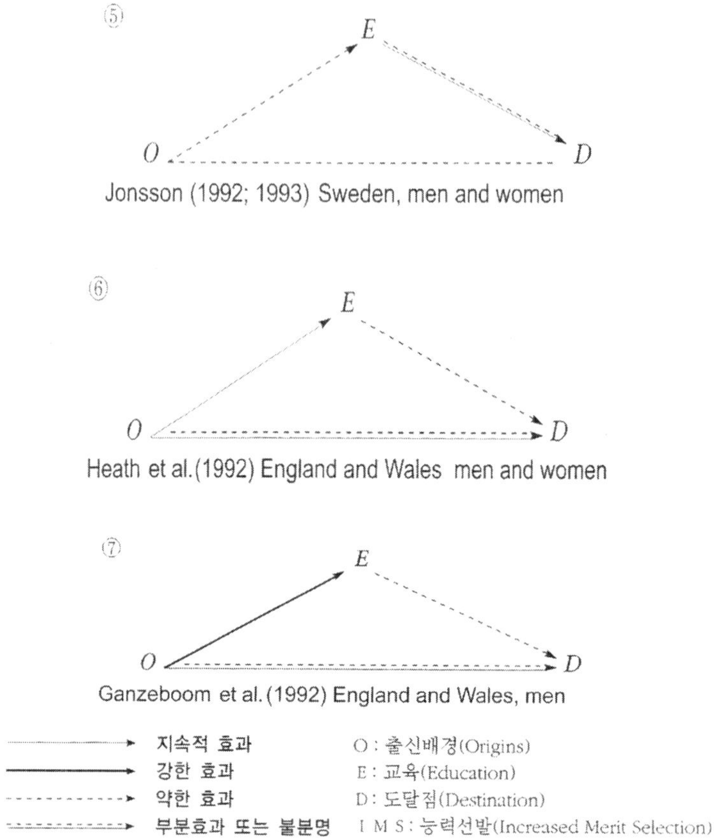

출처: Goldthorpe(1997: 666).

[그림 4-1] 계층이동에 대한 교육의 효과 경로도형

이 가설적 능력주의 모형에 견주어 보면 연구결과들이 보여주는 실제의 상황은, 1960-70년대의 미국은 희망적으로 보였지만, 다른 나라들의 상태는 교육이 계층결정에 이렇다 할 영향은 못주면서 계층배경의 영향을 받는 모습이다. 우리나라의 연구(여유진, 2008; 조우현, 2004)는 ④번과 비슷한 결과를 보고하였다. 교육이 계층결정에 영향을 주지만, 동시에 교육은 부모계층의 영향을 강하게 받는다는 것으로, 부모와 자식의 계층을 교육이 연계시키는 것으로 볼 수 있다.

결국, 이러한 연구 결과들의 흐름이 말해 주는 것은 사회를 평등하게 만들거나 불평등하게 만드는 일에 교육은 이렇다 할 작용을 하지 않는다는 것이다. 더욱이 자녀의 교육이 가정배경에 따라 차등화되는 경향이 있기 때문에, 자녀가 성취한 계층이 교육의 효과라고 해도 그 교육이 능력본위로 성취되었다고 보기 어려우므로, 평등화에 기여하는 증거는 되지 못한다. 그런데 교육이 가정배경에 의하여 차등화된다는 것은 그 자체가 중요한 문제이다. 교육의 사회평등화 기능 여부에 대한 관심이 낮아진다 해도, 또는 교육과 사회평등/불평등이 무관한 것으로 확인된다 해도, 교육이 평등하게 이루어지는가 여부는 그 자체가 중요한 문제가 아닐 수 없다. 또한, 교육 불평등이 감소되었다 해도 여전히 뚜렷한 것이 사실이라면 그 원인을 밝히는 일이 중요한 과제이다.

참고 문헌

강상철(1995). 교육사회. 서울: 동문사.

김신일(2015). 교육사회학. 경기: 교육과학사.

성용구(2008). 새로운 교육학. 서울: 태영출판사.

이은영(2016). 교육사회학의 이해. 서울: 학이당.

오욱환(1996). 학교교육과 불평등. 경기: 교육과학사.

———(2003). 교육사회학의 이해와 탐구. 경기: 교육과학사.

강희돈(1970). 한국의 사회이동과 학교교육의 효과. 고려대학교 대학원 박사학위 논문.

경제기획원(1990), 한국의 사회지표.

김병성 외(1982). “학교교육과 사회적 성취”. 한국교육개발원.

김병성(1990). 교육사회학 관련이론. 경기: 양서원.

김옥순(1989). The Effect of Background on Educational and occupational Attainment of Korean Adult U.S.C. 박사학위 논문.

문교통계연보(1990). 문교부.

이상백 · 김채윤(1966). 한국사회 계층연구. 서울: 민조사.

이종재(1989). 고학력화 현상과 사회적 성취. 한국교육개발원.

이해성(1991). “지능검사와 사회적 재생산”. 한국교육연구소, 교육비평 2.

임선희(1990). “학교교육과정과 성별 불평등”. 충남대학교 교육발전연구소, 교육발전논총.

한국교육개발원(1985). 교육투자 규모와 수익률. 충남대학교교육발전연구소.

홍두승(1981). 한국사회의 계층구조 및 사회이동에 관한 연구. 서울: 한길사.

Blau, P. M.(1965). The Flow of Occupational Supply and Recruiment. American Sociological Review, 30. Aug.

Bogdon Schodolsk(1972). Einfuhrung in der Marxistische Erzienhung-stheorie. Pahi Rugenstein Verlag.

Boudon, R.(1972). Education and Social Mobility.

Bowels, S. & Gintis, H.(1977). IQ in the Class Structure Socialopolicy 3. No. 4 · 5.

Carnoy, M.(1977). Educational Innovation in the Third World. Journal on Higher Education.

Duncan, O. P. Featherstone, D. Duncan. B.(1972). Socio-Economic Background and Achievment. New York: Academy Press.

Gintis, H.(1971). Education. Technology and Worker Productivity.

Husen, T.(1975). Social Influence on Educational Attainment. CERI.

Jencks, C.(1972). Inequality : A Ressesment of the Effect of Family and Schooling in American. New York: Harper & Row Publisher.

Jensen, A.(196). "How Much Can We Boost IQ and Scholastic Achievment". Harvard Educational Review, V. 39. N. 1. Winter.

제5장

학교붕괴와 교육의 병리적 현상

물질 만능의 현대사회에서 인간교육보다는 성적을 중시하는 입시위주의 교육에 치중하다보니 도덕성과 인성은 말살되고 인명을 경시하는 풍조가 강해지기 시작하였다. 그리하여 학교에서 교사가 교육을 진행하기에 어려울 정도로 교육풍조가 문란해지고 기강이 무너져서 이에 대한 대책이 강구되어야 할 필요를 느낀다. 우리 몸의 일부분에 병리적 현상이 나타나듯 교육의 일부분에도 병리적 현상이 나타나게 되었다. 아픈 몸은 치유의 손길이 필요한 것처럼 병리적인 교육도 치유적 대책이 필요하다. 학교의 붕괴와 교실붕괴의 현상과 원인 그리고 대책에 대하여 다음과 같이 설명하고자 한다(성용구, 2008, 182-197).

1. 학교붕괴

1) 학교교육 붕괴의 개념

학교교육 붕괴는 의미하는 내용과 다루는 범주가 매우 다양하여 정확히 정의하기 어렵다. 특히 우리나라에서는 학교교육 붕괴문제가 학문적 견지에서보다 언론이나 매스컴 등을 통하여 문제시되었다는 점에서 개념의 내포와 외연을 정하기는 더욱 어렵다. 그렇기 때문에 교사와 학생의 교육행위를 포함하여 학교교육에서 나타나는 수업붕괴, 교실파괴, 교실붕괴 혹은 학급붕괴, 학교교육 붕괴 용어로 제시하면 다음과 같다(윤정일, 2001; 정창현, 2002; 이득기, 2000).

(1) 학교교육 붕괴

학교교육 붕괴는 학교교육의 본질적 기능이 약화되는 현상을 의미한다. 즉,

학교교육의 기능적 효용성에 대한 한계와 총체적 위기 상황을 나타내는 가장 포괄적인 개념인 것이다. 교수자와 학습자에 맞춰진 수업붕괴, 교실붕괴와는 달리 학교교육 환경을 구성하고 있는 공교육주체들 그리고 기타 사회구성원들까지 확산된 교육의 총체적 위기감에 근거하는 것이 바로 학교교육 붕괴의 개념이다.

(2) 교실붕괴

교실붕괴란 교실 내에서 교수-학습과정을 포함하여 교수자와 학습자간의 상호 존중과 이해의 몰락을 의미한다. 교실붕괴는 교실의 공동주체인 교수자와 학습자간의 권위와 인격에 대한 상호부정과 몰이해를 중심으로 나타나는 개념이다. 따라서 교실붕괴는 학습지도는 물론이고 생활지도 등을 포함하여 교사와 학생 간에 일어나는 일체의 교육행위의 붕괴를 의미한다.

(3) 수업붕괴

수업붕괴란 교수-학습 상황에서 학생들이 수업 중 소란을 피우고 교사의 지시에 따르지 않으며 수업을 방해하여 수업이 이루어지지 못하는 현상을 지칭하는 것이다. 이는 교실 내에서 교수-학습과정의 불능상태를 가리킨다. 수업붕괴는 수업장면에서 수업의 효율성을 위한 통제와 지시, 순응과 경청, 수업참여가 부정되고, 교수자에 있어선 지시불능과 통제포기, 학습자에게 저항과 무관심, 수업 불참이라는 구체적 행위 때문에 수업 자체가 이루어지지 않는 것을 의미한다. 한 마디로 수업붕괴는 수업이 갖고 있는 권위와 가능성이 교수자와 학습자간의 상호작용 실패에 의해 붕괴됨을 의미한다고 볼 수 있다.

(4) 교육황폐화

교육황폐화는 학교교육 붕괴의 개념과 유사하게 사용된다. 공통점은 교육황폐화와 학교교육 붕괴는 한국교육의 비정상적 현실을 표현하고 있다는 점이고 차이점은 두 가지 용어가 내포하는 의미는 매우 다르다는 것이다.

교육황폐화는 주로 교육체제의 제도적, 재정적 원인에 의해 일어난 교육문제를 말하며, 학교교육 붕괴는 학교조직 내부의 공동체적 인간관계의 와해와 구성원들의 불만과 의욕상실 때문에 일어난 문제이다.

황폐화된 교육환경 속에서도 학교조직의 공동체적 기반이 살아 있는 한 학교의 질서나 사제간의 교학 관계는 유지될 수 있고 기본적 교육기능도 수행될 수 있다. 그러나 학교공동체가 붕괴된 상황에서는 아무리 훌륭한 물리적 교육환경이 갖추어져 있더라도 학교조직의 질서유지와 기능수행이 불가능해진다. 이러한 점에서 최근 학교교육 붕괴는 교육의 황폐화보다 훨씬 더 심각한 문제로 볼 수 있다.

김호권은 '무너지는 학교, 흔들리는 교육'에서 학교붕괴의 징후군으로 ① 신뢰와 존경과 교권을 잃은 교사, ② 학습의욕을 잃어버린 학생, ③ 통제 불능의 무질서한 교실, ④ 불신과 갈등으로 살벌해진 학교 분위기, ⑤ 허탈과 분노를 안은 교사의 좌절과 이직 등 다섯 가지를 지적하고 있다.

위와 같은 선행연구를 바탕으로 학교교육 붕괴의 개념을 정리하면 다음과 같다.

첫째, 수업붕괴는 수업이 불가능한 상태를 말하는데 대체로 유지되어 왔던 교실의 질서를 학생들이 무시하는 행동들, 즉 수업 중 학습에 관한 교사의 지시가 통하지 않고, 수업 중 잡담이 많고, 수업 분위기가 되지 않는 상태, 교사가 주의를 주어도 중단하지 않는 현상 등이 포함된다.

둘째, 생활지도 붕괴는 학생에 대한 교사의 생활지도가 전혀 작동하지 않는 상황을 말하는데, 학생들은 학교의 기본적 규칙, 교사의 지적이나 지도를 무시하거나 반항하며, 때로는 교사에게 폭력을 휘두르기도 한다. 학생들 사이의 따돌림 현상은 이미 오래 전 이야기가 되었으며 그 방법 또한 심해지고 있다.

셋째, 수업 시작 시간이 되어도 교실에 들어오지 않는 학생들, 교실 안에서 서성대거나 돌아다니는 학생들도 있다. 수업 중에 제멋대로 교실을 의기양양하게 나가는 아이들, 게다가 무단 결석과 자퇴도 빈번한 실정이다. 뿐만 아니라 전반적인 학력의 저하, 맞벌이 부부의 증가로 인성교육이 더욱 중요하게 된 데에 반해 그에 따른 실재적인 교육이 심도 있게 이루어지지 않고 있으며, 학생의 적성과 취미에 맞는 체계적인 진로지도의 부재 등 학교교육의 부실 또한 학교교육 붕괴의 실태의 한 흐름이라 지적할 수 있다.

2) 교실붕괴의 요인

교실붕괴 현상의 심화를 막고, 극복해 나가기 위해서는 교실붕괴의 요인에 대한 철저한 분석과 그에 대한 적극적인 대응과 변화가 필요하다. 교육적 관계를 형성하는 기본체제인 가정, 학교, 사회의 교실붕괴에 대한 각각의 요인 분석 후 대응책에 대해 서술하고자 한다(이득기, 2000; 정창현, 2002; 이종각, 2000).

(1) 학생 요인

교실붕괴의 요인으로 학생 요인을 꼽을 수 있는데 구체적인 내용은 다음과 같다.

- 입시위주의 경쟁으로 인한 학습 동기 저하
- 서구문명의 영향으로 인한 개인적 자유 중시
- 현 사회의 흐름에 부응하지 못하는 학교교육에 대한 불신
- 학생 각자의 능력을 고려하지 않는 교육에 대한 학생 내부의 갈등 심화
- 철저한 개인주의 사고와 수평적 인간관계로 인한 갈등
- 시대흐름의 무비판적 수용으로 인한 가치관의 부재에 따른 일탈 행동

(2) 학부모 요인

교실붕괴를 일으키는 학부모 요인은 다음과 같다.

- 학교교육에 대한 불신으로 인한 사교육비의 증가
- 부모들의 지나친 기대와 이기심으로 인한 자녀의 부담 증가
- 자녀에 대한 과잉보호로 인한 자녀 스스로의 가치관 형성 기회 박탈
- 학교교육에 관한 지나친 간섭

(3) 학교 요인

교실붕괴 현상은 무엇보다 학교의 목적이 흔들리게 됨으로써 생긴 것이다. 경제적인 잣대로만 판단하려는 사회의 현상으로 인해 학교교육이 단순히 입시를 위한 하나의 통과 과정이라 여기게 되었다. 또한 비판적 사고방식이나 판단력을 교육하기보다는 문제에 대해 단순한 기계적 해결만을 강요하며 성적위주로 학생들을 평가함으로써 학생들을 서열화시킴으로 인해 다양한 집단들의 조화와 통일을 강조하기보다는 오히려 집단간의 차이만을 더욱 부각시킬 뿐이었다.

학교교육의 목적은 다양성의 존중과 상호의존의 세계관에 입각한 세계평화 수호자로서의 인간성을 교육하고 다양한 집단간의 논쟁을 중요시하는 교육이다. 그러기에 학교와 교사와의 역할이 더욱 중요시되는 것이다.

표 5-1 우리나라 초 · 중 · 고등학교의 학급당 평균 학생 수

초등학교	중학교	고등학교
35.7명	38.0명	42.7명

표 5-2 나라별 학급당 평균 학생 수-한국 2001년, 선진국 1995년 기준

영국	일본	프랑스	미국
22명	31명	25명	23명

* 출처: KEDI '한국의 교육지표'

- 과밀학급 : 학급당 학생 수가 36명 이상인 학급이 70%나 됨.
- 교사들의 1인당 학생 수가 많아지면서 교사의 조력자 역할에 충실히 이행할 수 없게 함
- 소외된 학생들의 일탈 행동을 야기시킴
- 체벌 금지 정책의 서투른 시행으로 오히려 체벌이 더 요구되는 학교를 만듦
- 잘못된 수요자 중심의 교육 논리로 인해 비전문적인 학부모와 학생들의 피상적인 인상과 기분에 의해 교원들이 교육전문가로서의 권위를 추락, 자존심을 손상시킴

(4) 교사 요인

교육은 본질적으로 교원이 학생에 대하여 미칠 수 있는 영향력을 전제로 하는 내용이다. 즉, 학생이 지니고 있는 능력을 더욱 창조적으로 개발 신장할 수 있도록 육성하고 지도하는 과정이 곧 교육 작용의 본질이 아닐 수 없다. 이 과정에서 교원의 영향력이 미치지 못한다면 교육은 성립할 수 없다.

교원으로 하여금 학생들에게 영향력을 행사할 수 있도록 하는 힘, 그것을 권위라고 명명할 때 그러한 의미에서의 교원의 권위는 교육 작용의 필수 조건이 되는 것이다.

교실에서 잠자는 아이들의 실태 조사(한국청소년상담원 2001년 4월)에 의하면 "교사에게 들키거나 말거나 엎드려 잔다."가 54.3%, 이에 대한 교사의 반응으로 "꾸중하면서 깨운다."에 55.8%가 "신경 쓰지 않고 수업을 계속한다."가 26.6%이었다.

한국청소년상담원에서 2001년 4월 전국 31개 중·고교 학생 1,021명을 대상으로 실시한 결과 다음과 같은 교사 요인이 지적되었다.

- 1인당 학생 수가 많아짐에 따라 조력자의 역할을 충실히 이행하지 못하고 아이들의 요구에 수동적으로 반응하며 적당히 타협
- 교육개혁에 대한 비판 일색과 자기만의 보수성 유지
- 교과서 중심의 암기위주의 주입식 교육
- 체벌금지제로 인한 교사의 지도성 위축
- 사명감의 결여와 전문성이 부족한 교사의 유입
- 일부 촌지와 관련된 교사로 인한 교사의 신뢰 추락
- 정년 단축으로 인한 교사의 사기 저하
- 학교의 역할 비대로 인한 교사의 부담 증가

(5) 사회-제도적 요인

교실붕괴를 일으키는 사회-제도적 요인은 다음과 같다

- 급격한 사회변동에 대해 학교가 신속히 대응하지 못함
- 지식 정보화로 인해 사회 구성원들의 가치 혼란 상태 지속
- 기존 산업사회의 틀에 있는 학교와 시대적 흐름과의 격차로 인한 갈등
- 급변하는 사회에서 국민의 의식 둔감
- 학력 인플레 현상을 초래하는 학력 위주의 사회 풍토
- 사회 불만에 대한 무관심과 일탈 행위로 저항하는 국민 의식
- 대안 없이 까발리고 부추기는 대중매체의 일회성 터뜨리기 식의 보도

3) 교실붕괴의 원인

학교에서 교실붕괴를 유발하는 원인들이 여러 가지 있겠지만 그 중에 중요한 원인과 원천에 대하여 아래 홈페이지에서 소개하는 내용들을 중심으로 제시하면 다음과 같다.

- http://reportworld.co.kr
- http://maeul.welfare.net/news/9908/431.html
- http://home.hanmir.com/~gil486/jabmun/학교야.html
- http://webtour.shinbiro.com

(1) 교실붕괴를 유발하는 원인들

가. 세대에 맞지 않는 교육

요즘 아이들은 서구 문화의 영향을 받아 개인적인 자유를 중시하고, 자신만의 독특한 감성과 취향으로 특유의 개성을 가지고 더 합리적인 사고를 한다. 반면, 고민을 기피하고 소비문화를 즐기는 경향이 있고, 누구에게도 간섭받지 않고 자신의 것, 또는 다양한 삶의 양상을 추구하려고 한다. 이 때문에 기성세대들의 틀에 의해 만들어진, 입시위주의 교육은 부작용을 초래할 수밖에 없다.

나. 교육의 권위 상실

교육자가 그 역할을 수행하기 위해서는 최소한의 교권을 갖고 있어야 한다. 그러나 교육자는 그 권위를 교원정년 단축 등 여러 가지 이유로 상실하고 있다.

교원 정년단축 정책의 결과 교원들의 사기가 저하되고 교원 수급상의 차질이 빚어졌다. 그릇된 경제논리와 고령교사 무능론을 내세워 교원의 정년을 일시에 3년이나 단축시키는 개혁과정에서 교원 경시풍조가 유발되었으며 이는 대량 명퇴 파동으로 이어졌다. 이로 인한 교원 결원을 보충하기 위하여 중등교사자격증 소지자를 초등교원으로 임용하고, 교과전담으로 임용된 교사에게 담임을 맡기고, 명퇴한 교원을 기간제 교원으로 임용하는 등 교원정책이 파행적으로 운용되고 있다. 그럼에도 불구하고 많은 학교에서 교원이 보충되지 않아서 수업결손이 생기고, 결원을 보충한 경우에도 수업의 질적 저하가 예견되고 있다.

다. 여론의 조장

학교에서 조그마한 사건만 생겨도 매스컴이 지나치게 떠들썩해지기 시작했다. 가장 먼저 도마 위에 오른 것은 체벌이었다. 처음에는 학생들이 간혹 상처를 입는 것 등이 문제였지만 마침내는 교사가 매를 드는 것 자체를 문제삼게 되었다. 교사의 활동에 대해서도 아이들의 인권, 평등, 자유, 개성존중이라는 이념을 꺼내 들고는 조금이라도 벗어난 구석이 있다고 생각되면 무엇이든 고발했다. 교사들은 침묵할 수밖에 없었고, 학생과 부모는 이를 좋게 핑계거리로 삼게 되었다. 교사가 한번 물러서면 계속해서 학생들의 변명이 통하고 다음부터는 보고도 못 본 체하지 않을 수 없었다. 간혹 엄하게 꾸짖는 교사가 있지만 못 본 체하는 교사가 다수가 되면서 교사들의 대응이 늦어 학교는 무너져 갈 수밖에 없다.

여론에서 교사들을 촌지나 받고 폭력이나 휘두르는 사람들로 몰아붙여 학부모와 학생들이 교사를 우습게 보게 되었고 스승에 대한 존경심을 사라지게 만드는데 영향을 미쳤다. 일부 교사들의 촌지수수와 폭력적 체벌만을 집중 부각시키는 언론 때문에 전체 교사들이 함께 매도됨으로써 교단에 설 의욕을 잃게 하고 있다. 그러나 체벌과 촌지는 어떤 이유로든지 정당화될 수 없다.

라. 일관성 없는 대학입시 체제

얼마 전까지는 학력고사에서 수학능력시험으로 바뀐 대학입시제도에 맞추어 공부하였는데 이제는 수행평가나 내신 성적, 논술고사 등이 대학입시의 중요한 관건이 되었다. 이렇게 교육당국이 현 학교교육의 중요 관점이 대학입시를 수시로 바꾸기 때문에 학생들이나 교사들의 교육자체가 일관성 없이 바뀌어 버린다. 교육정책이 수시로 바뀌어 불안감 때문에 더욱 사교육이 부추겨지고 있는 것이다. 이런 상황에서 공교육이 위상을 잃어 가고 있다.

마. 열악한 학교교육 환경

멀티미디어 문화 등에 익숙한 아이들을 '콩나무 시루'처럼 한반에 몰아넣고 획일적 학습을 강요하는 경향이 있다. 세상과 아이들이 변하는 학교교육 환경은 변하지 않는다. '19세기 교실에서 20세기 선생님들이 21세기 아이들을 가르치고 있다.'는 말은 우리의 열악한 학교교육 환경을 대변하는 말이라고 할 수 있다. 이런 환경 속에서 수업이 제대로 될 리가 없다. 냉 · 난방 시설이 현대적이지 못하고 건물과 화장실 등이 많이 낡았다.

바. 잘못된 가정교육

현대 우리나라 가정에서 아이들은 왕이 되었다고 한다. 가정에서는 부모보다 아이가 중요하게 되었고, 모든 일이 아이 중심으로 돌아가고 있다. 이러한 분위기가 사회 전체에 강하게 번졌고 그 결과 부모들은 아이들을 심각하게 과잉보호하고 있는 것이 현실이다. 이렇게 자유나 자주성이 지나치게 존중된 나머지 아이들은 자기중심적이 되거나 자제력을 키우지 못했다. 이런 아이들을 사회화하기 위해 똑같이 문화를 익히게 하는 학교에서, 교사가 억누른다는 자체만으로도 견디지 못하고 삐뚤어지는 것이다. 또한 교사의 훈육을 부모가 받아들이지 못하는 것도 문제이다.

(2) 학교붕괴를 유발하는 원천

다음과 같은 요인들에서 학교붕괴의 원천을 발견할 수 있다.

가. 학생들

- "에이~짱나… 재밌는거 없나? 아!! 어제 말이야…내가…"
- 교과서를 필요로 하지 않는 학생들(현재 삶과 괴리된 흑백사진 투성이의 흥미 없는 교과서)
- 교사에게 대드는 학생들(체벌금지 후 대안 마련이 없음으로 실추된 교사의 권위)
- 학교를 불신하는 학생들
- 학교를 시간 때우기의 장소로 생각하는 학생들(사교육의 증가로 제 기능을 상실한 학교는 교우관계를 위한 장소로 전락)
- 우등생을 왕따로 만드는 학생들(우등생은 선생님에게 아부를 하는 아이로 낙인)

나. 교사들

- "저… 그게… 참나"
- 학생들에게 신경 쓰지 않는 교사들(수업시간에 잠을 자는 학생은 그나마 양반)
- 과거의 유교적 사상을 고집하는 교사들(어려운 창의적 수업보다는 과거의 주입식 교육이 편하다)

다. 부모들

- "우리 애는 아무 문제도…"
- 교사의 교권에 간섭하는 학부모들(교사는 자녀들을 돌보아 주는 사람)
- 교사의 권위를 무너뜨리는 학부모들(자녀들의 기를 살리기 위해 아이들 앞에서 교사에게 손찌검하는 학부모)

라. 교육현황

- "모두 학생들의 입장에서 생각해서…"
- 실현 불가능한 위로부터의 개혁 시도
- 치열한 입시경쟁으로 인한 과도한 사교육비 지출 및 교육계 비리

4) 교실붕괴 개선을 위한 구성원들의 대책

교실붕괴에 대한 해결책으로 이득기(2000), 윤정일(2001) 등은 다음과 같이 제시하고 있다.

(1) 학생

학생이 물론 공부하는 기계만은 아니다. 그러나 학생의 주 신분은 공부하는 것이다. 술을 먹고 담배를 피우고 이런 것은 학생의 신분과 전혀 어울리지 않는다. 사회의 구성원들이 각자의 위치에 제대로 서야 한다고 생각한다. 학생도 자신의 감정보다는 이성에 이끌리는 행동을 해야 할 것이다. 앞으로 세상은 학생들의 것이다. 그 다음에 또 다른 학생들이 나타난다. 지금부터 후세들을 위해서라도 올바른 학교문화 정착에 주의를 기울여야겠다.

(2) 가정(학부모)

제대로 된 가정교육이 필요하다. 학교에만 가면 뭔가 다 되는 줄 알고 있다. 그러나 사실상 교육은 태어나면서부터, 또는 그 이전부터 시작되기 때문에 가정은 모든 교육의 출발점이다. 우리 교육이 안고 있는 많은 문제들은 가정교육의 약화와도 관련되어 있다. 이런 점에서 교육개혁의 성공을 위해서는 학부모의 적극적인 참여와 협조가 필수적이다. 학부모는 교육공동체의 일원으로서 학교 운영에 참여할 권리와 책임이 있다. 학부모들이 적극적으로 나서서 협조

하게 되면 학교붕괴 따위는 일어날 리가 없을 것이다.

학부모들이 교사들의 교권을 중시해 주는 풍토 조성이 필요하다. 학부모님들이 교사의 권위를 세워 주지 않으면 학생들이 학교에 가서도 절대 교사의 말에 귀를 기울일 수 없게 된다. 그래서 시대적으로 많이 떨어진 교사들의 가치를 높이는 것도 필요하다.

(3) 학교

아이들에게 모범의 모습을 강조하면 안 된다. 특히 요즘은 훌륭한 사람이라는 개념이 무한하다. 남을 많이 도와줘도 훌륭하게 손꼽힐 수 있고 춤을 잘 춰도 훌륭하게 손꼽힌다. 이처럼 요즘의 개성시대에 맞추어서 꼭 의사, 판사, 대통령만이 훌륭한 것이 아니라 자신의 일에 사랑과 열정을 다하는 것이 훌륭하다는 것을 학생들에게 깨우쳐 주는 것이 좋은 교육이라 생각한다.

암기위주 교육을 지양하고 많은 종류와 양의 교과서를 없애야 한다. 실생활에 필요한 것을 가르치는 것이다. 보통 고등학교 때 배운 엄청난 지식은 고등학교 졸업과 동시에 잊어 먹게 된다. 그러니 대학에 가서도 전문화된 지식의 응용이 어려워진다. 암기위주의 교육을 받았기 때문이다. 그래서 실생활로 전이할 수 있는 교육을 많이 해야겠다. 그러다 보면 과외도 점차 없어질 것이다.

학생들이 같이 놀 수 있는 프로그램이 필요하다. 아직까지 우리 청소년 문화하면 대표적으로 떠오르는 것이 없다. 학생들을 위한 장소 안에서 학생들을 위한 콘서트나 연극 등을 활성화시켜야 하겠다. 물론 학생들이 참여하는 것도 보다 효율적일 것이다. 이것으로 어느 정도 "왕따 문화"는 없어질 것이다.

학교는 교육공동체이다. 교육 환경은 학생, 교사, 교장 · 교감, 학부모, 학교재단, 지역사회, 그리고 교육행정기관의 상호작용을 통해 형성된다. 학교가 효율적으로 운영되고 교육이 효과적으로 이루어지기 위해서는 교육공동체에 참여하는 구성원들 간의 협력이 필수적이다. 학교운영위원회는 구성원들의 민주적 참여를 통해 이러한 협조를 이끌어 내기 위한 제도적 장치이다. 학교운영위원회가 구성원들 간의 의견을 원만하게 수렴함으로써 교육공동체의 중심적인 역할을 효과적으로 수행하게 되면 단위 학교의 자율성은 자연스럽게 또 지속적으로 확대될 것이다.

(4) 교사

교사들은 먼저 아이들과 호흡을 맞출 수 있어야 한다. 자기가 가르치는 아이들을 존경하고 무서워해야 한다. 우리나라는 아직도 유교사상의 잔재로 무조건 웃어른들을 따라야 하고 손아랫사람을 약간은 낮게 보는 경향이 있다. 이런 것을 고치고 아이들도 하나의 인격체라는 것을 명심하자.

아이들을 편애하지 말아야 한다. 학생 각자의 자질이나 환경으로 편애하는 일은 절대로 합당하지 못한 구시대적인 사상이다. 요즘의 아이들은 각기 다른 능력을 가지고 있고 그 능력을 키워줘야 한다.

청렴해야 한다. 우리나라의 미래를 책임질 학생들을 가르치는 책임감 있는 교사라면 순수하고 깨끗한 마음을 갖고 학생들 앞에서 당당하기 위해서는 이런 것을 받지 말아야 한다고 본다.

아이들을 말로 꾸짖어야 한다. 감정의 조절을 잘 하지 못하고 폭력을 쓰는 일은 절대 안 되는 일이다. 사랑하고 진정으로 학생들을 걱정한다면 말로써 조리 있게 설득하여 따르게 하는 것이 훨씬 낫다고 본다.

자기 발전을 위한 공부를 꾸준히 해야 한다. 지금 세상은 매우 빨리 변화하고 있다. 새로운 지식을 빨리 전해 주고 방향을 잡아 주어야 한다. 학생 때에 선생님에게 들은 한 마디로 아이들의 장래가 결정되는 경우도 많이 보기 때문에 더욱 중요하다.

(5) 정부

정부의 각 부처간에 통합된 정책을 펴야 한다. 학교 생활뿐 아니라 학생들의 학교 생활 후에 대책이 필요하다. 정부 각 부처는 너무 각자 나간다. 통합하기가 힘들다. 교육의 문제는 교육부뿐만 아니라 다른 부처도 함께 고심해서 학생 복지문제를 생각해 봐야 한다.

정부가 학교에 간섭을 많이 하면 안 된다. 학교가 교육부의 눈치를 본다. 이제는 학교에 재량권과 독립성을 주는 방향으로 모든 정책적인 문제를 이끌어 가야 한다. 그리고 각 학교를 어떻게 이끌어 갈 것인가는 학교교장의 재량이 된다.

일관된 대학입시 정책을 펴야 할 것이다. 이것 때문에 학부모, 학교, 학생들이 이리저리 중심을 못 잡고 이끌려 다닌다.

탁상공론적인 교육정책을 하지 말아야 한다. 교대생들이 교육부에 대해 보수교육 반대니 뭐니 하면서 투쟁을 한 적이 있다. 왜 이런 현실에 빠뜨렸는지 교육부는 교육정책을 과연 현실에 맞추어 바꾸고 있는가가 정말 의심스럽다. 이제 학생은 단순히 피교육자가 아니다. 학생들의 합리적인 의견이 더 많이 개진되고 또 적절하게 수용될수록 학교붕괴가 아닌 보다 질 높은 교육 건설의 가능성은 그 만큼 높아진다.

교사의 사기를 높일 수 있도록 해야 한다. 교사의 경제적 · 사회적 처우개선도 필요하다고 본다. 누구나 열악한 환경보다는 더 나은 환경에서 일하기를 좋아할 것이다.

(6) 사회

사회 전체가 교육을 통합적으로 해야 한다. 교육의 잘못을 학교에만 책임을 돌리려고 하는 경향이 있다. 교육이라는 것은 사람이 살면서 죽을 때까지 배우는 것이다. 수많은 장소 중에 학교 한 곳에서만 교육을 하는 것이 아니다. 사회 전체 구성원이 노력해야 한다.

교육개혁을 위해서는 시민단체가 적극 나서야 한다. 시민단체는 교육발전을 위해 점점 더 중요한 역할을 수행하게 될 것이다. 특히 학부모 단체, 교원전문직 단체, 그리고 시민단체의 역할은 교육발전을 위해 매우 긴요하다. 이 단체들은 각각의 관점에서 교육의 문제점을 제기하고 교육 현실과 정책에 대한 다양한 의견과 대안을 제시함으로써 직접적으로 교육 체제를 발전시키는데 기여할 뿐만 아니라 교육에 대한 사회적 관심을 제공하고 올바른 교육관을 전파함으로써 교육발전을 위한 사회적 합의를 도출하는 데에도 크게 공헌할 수 있다. 이런 단체들은 당연히 통합적으로 이루어져야 실효를 거둘 수 있을 것이다.

대중매체들의 다양한 교육 프로그램 육성이 필요하다. 물론 아이들의 쇼 프로그램이나 대중가요 프로그램도 좋다. 그러나 어느 정도 절제력을 갖춘 프로그램들과 교양, 학생들의 취미나 학생들의 정서에 맞는 프로그램을 인기스타를 통해 그려 내는 것도 굉장히 큰 영향을 미칠 것이다.

우리 교육의 문제에 대해서 단순히 한 마디로 정의할 수는 없다. 학생은 교사를 존경하지 않고 교사는 사명감을 잃고 단지 지식을 파는 장사꾼으로 전락해 버린 교육현장, 정부의 일관성 없는 교육 정책, 사회적 무관심 속에서 우리 교육은 학교붕괴라는 치명적인 결과를 낳게 되었다.

2. 교육의 병리적 현상

교육병리의 기재를 기능적 병리와 구조적 병리로 접근해 보고 교육병리의 유형과 원인에 대하여 다음과 같이 밝혀 보고자 한다(성용구, 2008, 200-215).

1) 교육병리의 개념

교육병리(education pathology)란 교육현상에서 나타나는 사회병리 현상이다. 교육병리학이란 교육의 사회병리학과 교육의 사회문제학으로서 여러 교육적 병리현상을 병후군으로 다루는 학문적 접근이다.

교육적 병리와 병리적 교육의 개념이란 결과나 원인처럼 직선적 관념으로 측정할 수 있는 것은 아니고 상호작용적이고 또 순환적이다. 어느 국면의 교육병리에 초점을 맞출 것인가에 따라 같은 교육병리라도 교육적 병리로도 또는 병리적 교육으로도 해석할 수 있다. 예를 들어, 수험준비 교육에 대한 반발로부터 교내폭력이 일어났다고 한다면 그것은 교육적 병리이지만 그것에 의해서 학교교육을 곤란하게 한다면 교육폭력 그 자체는 병리적 교육이 되는 것이다. 그렇다면 교육병리를 다루는 데 있어서 어떤 국면을 생각할 수 있겠는가?

제1국면은 등교 거부, 교내폭력 등 교육에서 볼 수 있는 병리적 증상 그 자체이고, 제2국면은 간접적이긴 해도 배후에 숨어 있는 교육병리의 배경으로서의 사회적 조건이며, 또 제3의 국면으로서는 학교교육 내부의 문제조건이나 문제구조이다. 특히 세 번째 국면인 학교병리의 연구가 중요하다고 볼 수 있다. 즉, 사회병리를 용이하게 받아들여 학교교육의 병리를 만들어 내는 조건과 구조를 분석하는 것을 말한다. 사회병리가 어떻게 해서 학교의 병리적 구조와 결부되고 그것이 어떤 형태로 나타나는가를 고찰하지 않으면 안 된다(석태종, 1999, 181).

석태종(1999)은 교육의 병리적 현상을 교육의 기능적 병리와 교육의 구조적 병리현상으로 나누어 접근하였는데, 상세한 내용은 다음과 같다.

2) 교육의 기능적 병리

(1) 학력주의 지향에 의한 기능장애

학교교육은 궁극적으로 인간해방을 지향하지 않으면 안 된다. 그러나 실제로는 동조원리에 기초한 인격의 획일적 정형화나 자주성에 대한 억압 또 그에 따른 인간관계의 개별화와 소외현상이 나타나고 있다. 학교교육의 표면상의 역할, 즉 현재적 기능은 무엇보다도 풍부한 인격의 완성을 지향하는 사회화

기능이다.

학교는 사회화 기능에 의한 인격의 다양화를 포기하고 사회적 선발에서 볼 수 있는 바와 같이 학업성적이라는 "하나의 자"로써 인간을 재는 기관이 되어 버렸다. 사람들은 자기의 가치를 다양화 기능에 두지 않고 선발 및 배분 기능에 의한 일류학교, 삼류학교라는 표지를 붙이거나 또는 계층화의 교육과정 속에서 행해지는 것을 할 수 없이 하고 있는 것이다. 개인이 타고난 저마다의 소질을 계발하는 교육이 얼마나 소홀히 하고 있는지를 알 수 있다.

이와 같이 학교는 본래적인 사회화 기능을 가진 전문기관으로서가 아니라 오히려 인재의 사회적 선발 및 배분 기관으로서 사회적 위신을 보유하게 되었다. 여기에서 학교교육 전체가 수험체계화되어 버린 것이다. 사회화를 지향하지 않으면 안 될 교육과정이 거의 인간 선발과정이 되어 버리고 말았다. 이를 다른 각도에서 보면, 오늘날 학교교육은 학교간의 격차나 학교 서열의 존재를 전제로 하고 또 필요로 하고 있다고 볼 수 있다. 가정교육에 있어서도 교육이 과열된 나머지 가정이 교육기관으로서의 주체성을 상실하고 있다는 지적이 많다. 이러한 고학력 지향과 학력주의의 사회풍토가 사회화의 역기능을 초래하고 또 많은 어린이들의 일탈행동을 유발시키고 있다.

이러한 학력주의에 의한 교육병리를 확고하게 만들고 있는 것으로서 집단주의, 정실주의, 수직적 사회구조, 평등주의적 능력관 등을 들 수 있을 것이다. 그러나 그것도 실제의 수업과정이나 교육과정에 있어서의 영향관계를 통하여 수용되고 있는데 그 메카니즘에 관해서는 거의 알려진 게 없다. 학교교육의 구조에 숨어 있는 사회의 병리적 풍토와의 상보성, 나아가 학교교육 내의 병리화 요인에 있어서 사회의 학교화 그리고 학교 문화화에 의한 보강효과 등이 고찰되지 않으면 안 될 것이다.

(2) 엘리트문화 지향에 의한 기능장애

사회에는 학교에 오래 다니면 다닐수록 인간은 고급으로 된다는 학력 신앙이 있다. 그런데 그 학력 신앙의 하나의 지주로서 학교교육 자체에 잠재되어 있는 엘리트문화 지향을 들 수 있다. 예를 들어, 학교사회에서는 필요 이상으로 지식의 중요성이 강조되고 있다. 그래서 지식이 많은 사람은 그것 때문에 훌륭한 인간으로 간주되는 경향이 다른 어떤 사회보다도 높다.

확실히 대학 진학의 동기로서 고교 교사들은 학생들에게 인간적 미숙 때문에 대학에 가야 한다는 논리를 펴고 있다. 이것은 언뜻 보아 지당한 의견으로 보이지만 그 배경에는 학교에 가지 않으면 언제까지나 팔푼이라든가 또는 지식을 가진 인간은 훌륭하지만 그렇지 못한 인간은 훌륭하지 않다는 생각이 숨어 있다. 학교교육에 있어서 선발은 단순한 학업상의 선발에 그치는 것이 아니라 거기에 바람직하지 못한 점이 수반된다는 점이 문제인 것이다. 엘리트와 비엘리트로 선발되고 분화되는 교육과정의 형태가 문제로 되고 있는 것이다.

학교문화는 다른 많은 부분 문화와는 달리 의도적이거나 또는 대립적으로도 만들어질 수 있다. 다른 사회와 구별하기 위한 문화의 고급화와 이념화가 촉진되어 문화적 괴리를 넓힌다. 여기에 학교문화의 엘리트 문화화의 요인이 있는 것이다. 그러나 그 문화에 살아남을 수 있는 것은 일부의 엘리트 뿐이다. 기타의 많은 대중들은 그것으로부터 탈락되어 열등감이라는 굴절된 감정을 갖고 살아간다. 그러한 그들의 생활방법을 엘리트문화 지향의 학교교육은 거의 제시하여 주지 못하고 있다. 비진학 근로자를 위한 철학은 등한시되고 있다.

(3) 일제지도 지향에 의한 기능장애

입시위주의 교육은 사람들의 인생관뿐만 아니라 교육내용이나 교육방법도 규정하여 버린다. 예를 들어, 문제처리 기술을 묻는 수업의 전개를 들 수 있다. 오늘날의 중 · 고등학교 교육내용을 검토해 보면 다분히 점수 따기 쉬운 부분이 이상하게 중요시되고 있는 경향이 있다. 또한 학교는 성적 순위를 위해 싸우는 장소로 되고 있으며, 타인에 대한 동정심이나 연대감 및 협동의식을 기르는 집단으로서의 일은 거의 하지 않는다. 실제로 학교교육은 인간형성에 있어서 그 일부분과의 관계만 있을 뿐이다. 그럼에도 불구하고 그 인간평가관은 사회의 학교화에 의하여 일반 사회에도 적용되고 있다. 이를 더욱 강화하고 있는 것이 바로 일제지도형 수업지향, 권위적 관리주의, 전통적 집단주의 지향 등이다. 여기에서는 일제지도형 지향을 중심으로 살펴보고자 한다.

일제지도형 수업의 특징은 첫째, 대부분 교사로부터 학생에게로 일방적 커뮤니케이션의 형태를 취하고, 둘째, 수업과정에 있어서 학습자는 수동적인 입장에 놓이게 된다. 일제지도형 교육은 또한 우리 사회에서 능력이란 본래 존재하지 않고 노력에 달렸다고 하는 능력평가주의를 낳았다. 다른 말로 바꿔 말하면 무평가 사회라 할 수 있다. 무평가 사회에서는 오로지 학교만이 능력경쟁이라는 면에서 정당한 지위를 확보할 수 있게 된다. 이른바 학력사회의 출현이다. 그래서 학교는 다양하고 고유한 능력 혹은 절대적 존재로서의 인격을 인정하는 평가는 하기 어렵에 되었다. 학교는 단일 척도로써 그 도달도를 상대적으로 평가하기 쉬운 일제지도형 수업으로 기울어졌다고 할 수 있다. 이러한 일제지도형적인 정태적 지식관이나 수동적 지식능력관이 능력의 동질성을 강조하고 개성을 경시하는 능력평등주의나 또는 획일주의적 능력 평가관을 만들어 내고 있다고도 볼 수 있을 것이다.

3) 교육의 구조적 병리

(1) 사회적 부적응의 병리

외부사회 혹은 전체의 사회구조와의 상호관계에서 교육병리란 도대체 어떻게 출현하는 것일까? 그 관점으로서 교육과 사회의 세력 우위에 따라 첫째, 사회적 부적응(사회 우위), 둘째, 갈등(교육, 사회 동), 셋째, 사회해체(교육 우위)의 세 가지를 설정할 수 있을 것이다.

사회변동에 대해 교육사회도 그 내부구조를 조금씩 변화시키면서 전체로서는 어떤 균형점을 향하여 제도적으로 유지되어 왔다. 교육사회가 폐쇄된 사회체제가 아닌 이상 그것은 당연한 일이다. 그러나 사회변동에 대하여 교육사회가 항상 적응하여 간다고는 단언할 수 없다. 교육과 사회가 조직화나 제도적 가치의 발전과정에 있어서 같은 속도로 변화하지 않기 때문에 부조화나 또는 모순을 유발하는 수가 있다. 이러한 사회적 부적응(social maladjustment)의 교육병리 형태를 W. F. Ogburn은 문화지체(cultural lag)라고 불렀고 또 R. G. Corwin은 교육지체(educational lag)라고 불렀다. 말하자면 교육이 전체 사회보다 늦게 나아가는 경향이 있다는 것이다.

그들은 교육지체를 또 문화적 지체와 구조적 지체로 나누었다. 전자는 외부사회의 문화적 가치관과 같은 비율로 변화하지 않기 때문에 일어나는 모순현상이고, 후자는 외부 사회의 제도적 조직화와 같도록 교육의 조직화가 진행되지 않는 경우에 생기는 불일치 현상이다.

평생교육을 부르짖고 있는 가운데 오히려 학교가 학교개방에 비협력적이다. 사회는 정보화 시대로 접어들고 있는데 학교는 시청각기기를 받아들이려고 하지 않는다. 또 민간기업에서는 업적주의로 전환하려고 하고 있는데 교육계에서는 학교졸업장에 구애되는 학력주의를 고치려고 하지 않는다. 원래는 혁명적이어야 할 학교교육이 이렇게 지체라고 하는 부적응 병리를 일으키고 있는 것이다.

(2) 사회해체의 병리

사회해체의 병리란 사회조직의 붕괴, 사회집단의 불통합, 사회활동의 분열 등의 과정에 의하여 교육제도가 조화와 질서 그리고 안정을 잃어버리는 상태를 말한다.

사회해체는 다른 사회의 해체가 학교교육에 침입하여 들어오기 때문에 교육의 해체가 일어나는 경우와 그리고 학교교육 자체의 해체가 사회불안의 구조 이상이나 해체현상을 초래하는 경우의 두 측면을 도식적으로 생각할 수 있다. 전자에 관해서는 비록 학교교육 자체가 사회에 있어서 건전한 기능을 다했다 하더라도 그것을 받아들일 사회적 조건에 문제가 있어서 학교교육의 해체 및 아노미 현상이 생기게 된다. 그것은 사회와 가정의 해체 과정에서 생기는 학교교육의 제 문제의 형태로 볼 수 있다. 가정이나 지역사회는 교육 주제는 아니지만 학교교육에 있어서 어린이의 성장의 기반이며 양식이다. 그러나 오늘날의 가정이나 지역사회는 사회화기관으로서의 실체를 차츰 상실해 가고 있다. 교육에 있어서 지역의 상실 또는 지역의 교육력 상실은 인격형성의 발달을 저해한다는 점에서 교육병리로 볼 수 있다.

원초적 형태로서의 학교교육은 생활과 결부되어 유기적인 인간관계를 기반으로 했던 것이었으나 학교가 공교육으로서 정비되어 가는 과정에서 정책적으로 생활과 유리된 관념적, 지식중심적인 것으로 되어 가고 있다.

(3) 갈등의 병리

갈등(conflict)은 교육병리를 아주 상징적으로 또 집약적으로 나타내고 있다. 교육위기라고 불리는 사회의 구조적 전환으로부터 생기는 부적응이나 사회해체의 병리도 결과적으로 교사의 심리적 갈등으로 나타나게 된다. 교내폭력이나 또는 강제취학 같은 것도 일반적으로 병리로 인식되고 있는 것은 그것이 갈등이라는 병리국면을 거치면서 생기는 경우가 많기 때문이다. 그만큼 갈등의 병리는 학교교육에 미치는 구속력과 규정력이 강하다.

그러면 왜 교육사회에 있어서 광범하게 갈등현상이 존재하고 있을까? 분명히 교육사회학은 아직 크게 발달하지 못하였기 때문에 이론이 혼돈되고 또 내부조직과 집단이 복잡하게 얽혀 있다는 점도 있을 것이다. 정상/이상의 판정 기준도 정해지지 않았다. 그러나 그 이유는 이 뿐만이 아니라 사회의 구조적 특성에서도 찾을 수 있을 것이다.

첫째, 어떻게 생활에 쓸모가 있는가 하는 기능적 가치뿐만 아니라 도를 닦는다고 하는 것과 같은 부가적인 것까지 생각하는 상징적 가치도 중요시하는 전통이 존재하고 있다는 점을 들 수 있다. 교육은 문화적 가치와 이념을 매개로 하는 활동이다. 거기에서 가치기준을 둘러싸고 갈등이 빈발하는데 우리나라는 특히 근대국가 건설의 이념적 상징으로서 학교에 상징적 가치를 부여하여 왔다. 그만큼 보수-혁신, 권력-반 권력의 어느 쪽이나 다 교육을 정치적 가치 갈등의 대상으로 보는 경향이 강하다.

둘째, 제도적 자율성의 문제를 들 수 있다. 일반사회에 대해 확실한 방어수단이나 제재수단을 갖지 못한 교육사회는 제도적 자율성을 유지하지 않으면 안 된다. 더구나 어떤 사회에서도 자율성이 강조되고 있다는 것에서도 그 곤란성을 알 수 있다. 그 경우 교육사회를 제도화하는 특정의 가치체계의 확립이 매우 유효한 수단이다.

셋째, 이상과 현실의 이중구조의 문제를 들 수 있다. 교육사회는 다른 외부사회와 많은 접촉을 하면서도 이상적으로는 어떤 사회도 발을 들여놓을 수 없는 성역이기를 바라고 있다. 외부사회와의 상호 허용의 폭이나 또는 양보의 경계선을 어디에 그을까를 조성하는(이상의 논리) 한편, 형식적으로는 이념적 컨센서스를 구할 때마다 거기에 대응하지 않으면 안 된다(형식의 논리). 이상과 형식의 이중구조가 형성되어 이념과 현실이 동떨어지고 또 교육자와 학생, 학부모 상호간에 불신감이 생긴다. 총론적인 것은 찬성하면서도 각론은 반대하는 교육계의 풍토도 바로 여기에서 생기는 것이다.

이와 같이 교육사회에 있어서 갈등은 보편적 현상이고 자기활동에서도 존재한다. 갈등 그 자체를 병리라고는 말할 수 없는 것이다. 여기에서 다루었던 병리적 교육은 병리를 만들어 내는 사회적 조건이고 그것만으로 바로 병리라고는 할 수 없다. 우리들은 교육사회의 구조적 모순과 기타 사회병리와 관련된 각종 병리현상이 통일적인 구조 하에서 규명될 필요를 느낀다.

4) 학교교육 병리의 유형

학교교육 병리와 관련된 주요 내용을 권이종(2002, 126-133)은 다음과 같이 제시하고 있다.

(1) 공부기피 현상

공부기피 현상은 우리 교육환경에서 가장 많이 발생하며 문제시되는 심각한 유형 중에 하나이다. 모든 학교 모든 교실에서 전체 학생의 1/5 내지 2/5는 우수학생이고 나머지 학생들은 우수하지 못한 학생이다. 우리 학교교육은 학업성적에 의하여 좋은 학생과 나쁜 학생, 문제 학생과 모범 학생으로 구분하고 있다. 따라서 성적이 우수한 학생은 우월감 속에서 자랑하며 생활하고, 성적이 나쁜 학생은 열등감 속에서 불행한 생활이 이어져 학교공부에 관한 흥미를 잃고 마지못해 모든 생활이 기계적 · 수동적으로 이어진다. 그리하여 공부기피 현상은 점점 더 두드러진다.

(2) 등교거부

등교거부는 학교공포증 또는 시험불안 등의 요인에 의하여 발생하는 경우가 많다. 물론 등교거부는 정신병적 이유인 정신분열증, 조울증, 자폐증 등 때문으로 인한 등교거부가 많이 있으나 여기서는 이렇게 심한 정신질환자를 찾아볼 수 없는 상태에서 등교거부를 하는 것을 의미한다.

학교 등교거부는 다음 세 가지 유형으로 나누어 볼 수 있다.

첫째, 격리 불안 또는 분리 불안에서 오는 등교거부이다. 대부분 유치원이나 초등학교 저학년에서 많이 발생하는 등교거부이다. 이 형태는 과잉보호 속에서 자란 어린이들에게 더욱 두드러지게 많이 나타난다. 또는 유치원이나 학교의 긴장된 장소, 건물로부터 도피하고자 하는 원인에서 나타나는 등교거부이다.

둘째, 사회 정서적 미성숙에 의한 등교거부이다. 이러한 현상은 초등학교 고학년과 중학생 사이에 많이 발생한다.

셋째, 흔히 청소년들에게 많이 발생하는 심리적 독립의 좌절에 의한 등교거부이다. 등교거부는 공부도 잘하며 지적으로도 높은 중·고등 학생에게 많이 나타난다. 사춘기가 되면 모든 청소년들은 자아가 성숙되어 부모 또는 기성세대로부터의 독립을 원하게 되는데, 현실적으로 자아가 약하기 때문에, 즉 의존과 독립의 갈등과 결과로 등교거부가 발생하게 된다.

(3) 태학

긴장된 장소로부터 교육병리의 도피가 등교거부라면 현실 도피로가 태학이다. 공부기피와 태학은 성적이 낮은 학생들이 대부분이다. 등교거부 학생들은 학교를 가지 않으면 안 된다고 생각하면서 학교가지 못하고 고민하고 있는 학생이고, 후자의 태학을 하는 학생들은 학교에 가고 싶지 않다고 생각하는 청소년들이다.

(4) 비행

비행을 여러 분야로 개념화할 수 있지만 어느 면에서는 비행이란 공동생활에서 소외당한 데 대한 즉각적 반항 행위이다. 현대사회에서 청소년 비행의 특징은 다음과 같이 대변할 수 있다.

첫째, 청소년 비행이 저연령화 추세에 있다는 것이다.

그 연령층을 알아보면 16-18세 청소년들은 급격히 줄어들고 15세 미만의 청소년들이 증가하고 있다.

둘째, 학생비행이 증가하고 있다는 것이다.

학부모들은 빗나간 교육관과 입시위주의 교육병리 현상으로 학생들은 심한 정신적 압박을 받아 대부분의 중 3이나 고 3 학생들이 소화불량, 노이로제 등의 질병을 앓고 있고 성적 부진을 비관하면서 학교, 가정을 뛰쳐나가 본드, 부탄가스 등을 마시며 범죄의 길로 들어가고 있다.

셋째, 여성비행이 증가하고 있다는 점이다.

특히 많은 유형은 재산범 및 직접, 간접적으로 성과 관련된 비행, 즉 불건전한 이성교제나 성교, 매춘 등의 성 비행으로 나타나는 소녀들이 증가하고 있다는 점이다.

학교의 지식 중심의 교육, 체벌, 통제중심의 학생지도에 대한 반발이 교사폭력의 가장 큰 원인이 되고 있다. 특히 영, 수, 국 등의 교과목에 자신이 없는 학생에게 있어 더욱 많다. 이들은 공부에 적응을 못하고 자신들에게 열등감을 안겨 주어 직접적으로 사물이나 인물에게 공격하여 욕구불만을 해소하려고 한다.

(5) 자살

젊은이들이 스스로 목숨을 끊는 행위이다. 일반적으로 유럽이나 공산국가의 자살행위는 나이가 많은 사람이 많은 것으로 나타나고 청소년들은 대단히 적다. 즉, 다른 국가와 비교해 보면 우리나라는 청소년 자살이 상당히 높은 비율을 차지하고 있다.

사춘기가 시작되면 초등학생들은 감수성이 예민한 반응으로 사소한 일에서 생기지만 중등학생들은 학교 공부의 부진, 진로 문제, 부모와의 나쁜 인간관계 등을 자살 동기로 보았다.

현대사회의 고학력 지향의 반영, 자녀들의 과잉보호, 부모들의 지나친 기대, 진학 경쟁의 모둘, 사소한 욕구불만의 문제해결 능력부족 등이 자살동기가 되기도 한다. 일본의 경우 학생 자살시기가 4월, 12월, 9월이라는 점을 감안할 때 청소년들의 자살행위가 학교교육과 밀접한 관계가 있음을 알 수 있다. 청소년들의 자살행위는 약 70-80%가 예고하는 증세가 있다고 한다. 부모나 교사 및 기성세대들이 이 예고 징후를 발견하지 못하면 그들을 구제할 수 없다.

5) 교육병리의 원인

한국에서 병리적 교육의 원인에 대하여 권이종(2002, 111-125)은 다음과 같이 제시하고 있다.

(1) 시험체제의 병리

현대는 고학력 시대가 계속 이어지고 있다. 지금은 지역을 초월해서 중학교, 고등학교 진학률이 높아졌고 대학의 진학률도 높아지고 있다. 진학률이 높아져서 국민들의 지식수준이 높아졌고 사회가 발전된 것은 바람직한 일이다. 그러나 고학력 사회는 개인적 부유와 성공만을 희구하게 되고 이기주의적인 학력주의 풍조가 오히려 개인적 행복을 저해하고 병리적 교육현상을 발생시키고 있다.

시험체제 중심의 교육에서는 취업하고자 하는 학생들은 소외되어 있다. 학교교육이 시험준비하는 한쪽 방향의 교육을 강요하고 있기 때문에 중학교는 고등학교 진학을 목표로 하는 준비교육이고 고등학교는 대학진학을 목표로 하는 준비교육에 불과하다. 따라서 진학을 하지 못하는 학생들은 더불어 묻혀서 생활하며 완전히 들러리 학생이 되고 만다. 그들은 학교에서 소외당하게 된다. 진학중심의 수업, 진학중심의 진로지도에 불만을 가지게 되며 열등감을 갖는 것은 당연한 것이다. 이러한 진학, 입시체제에서 가출, 장기결석, 퇴학, 청소년 비행이 나타난 것이 사실이다.

시험준비 때문에 학생에게 가해지는 학교에서의 기대, 교사로서의 기대, 부모로서의 기대는 잔혹하며 폭력적이다. 청소년기는 심신의 균형과 발전, 단련을 필요로 하는데, 현대 우리 교육은 기억중심, 암기중심, 지식중심의 교육으로 인격은 왜곡될 대로 왜곡된다.

인간은 누구나 특히 청소년들은 긴 시간 긴장이 계속되면 인격도 심리도 신체도 붕괴되지 않을 수 없다. 청소년들은 의식적 · 무의식적으로 이 긴장에서 도피하여 자기의 생활을 갖고자 한다. 그것이 저학력에서는 등교거부나 체육 기타 공부시간에 두드러기가 나는 등의 심신의 장애가 되고 있다. 고학력일수록 현실에서의 도피현상으로 가출, 장기결석 등의 증세가 나타난다.

현행 우리나라의 교육제도 하에서의 시험체제에서는 친구도 동료도 있을 수 없다. 발달과업의 시기로 보아 가장 중요하게 동료, 우정관계를 가져야 할 시기에 아는 급우는 많으나 진정한 친구가 없이 학교생활을 한다.

(2) 교과서 중심의 교육의 병리

고학력 위주의 교육, 입시, 진학중심의 종합적인 교육관에 짜 맞추어진 교육과 교과서 중심 교육은 학생 교육에 적지 않은 장해 요인이 되고 있다.

학교에서 청소년 교육은 인간의 전인교육에 도움이 되는 교육활동이어야 하는데 오늘날 우리의 학교교육은 일방적이고 일사불란한 수업과 시간표에 따른 지식축적과 교육에 치중하고 있다.

학생을 평가하는 데도 지식중심의 평가가 이루어져서 지식에 의하여 훌륭한 학생, 문제 학생으로 평가하기 쉽다. 입시과목에 공부 잘하는 학생은 훌륭하고 문제없는 학생이고 공부 못하는 학생들은 문제 있는, 낙인이 찍힌 학생이 되고 만다. 교육이란 개인의 능력을 찾아서 그 능력을 개발, 신장하여 자신감을 가지고 살아갈 수 있도록 도와주어야 한다.

지식량 중심의 평가는 입시와 관련된 중요 과목에서 점수 나쁜 학생들을 열등감에 빠지게 해서 드디어는 본인이 잘하는 다른 능력 분야 교과목까지 흥미를 잃게 되고 그들은 입시과목에서 얻게 되는 열등감, 좌절감에서 능력발휘의 포기와 부적응만 생기는 것이 아니라 전체 과목과 자기가 잘하는 과목까지 문제가 연쇄적으로 일어난다는 것이다.

또 한 가지 학교에서 교육내용의 병리현상으로 학생들이 현행 교육내용을 소화하지 못하여 공부에서 소외되는 학생들이 많다는 것이다. 청소년들의 발달은 개인차가 있다. 그러므로 고도의 지식 내용을 소화하지 못하여 적응도 못하고 소외되는 학생이 의외로 많다.

(3) 인간관계에서 오는 병리

입시체제 문제, 교육과정 문제, 과대 과밀학급에 대한 문제는 학교 내에서 교사와 학생 간의 신뢰관계가 결여되어 있다는 점을 나타내 주고 있다. 현재 중 3, 고 3 학생들이 교사에 대한 불신이 대단히 많은 것으로 나타나 있다. 그 가장 큰 이유는 한 학급 내 학생 수가 많고 교사들의 과중한 수업량과 업무량 때문에 교사와 학생 간의 진정한 인격적인 만남을 기대할 수 없기 때문이다.

더욱이 교사와 학생 간의 친근감은 전혀 기대할 수 없다. 초등학교 고학년으로부터 사춘기가 시작되고 모든 문제를 부모, 동료, 교사 순서로 풀어가야 하는데 부모와도 입시, 공부 때문에 대화통로가 막혀 있어 인간관계가 나쁘며 교육체제 때문에 관계가 나쁘다. 가장 대화 상담을 필요로 하며 가능한 심적 갈등을 해소해 주고 도와주어야 할 시기에 꽉 막혀 있으니 청소년들을 얼마나 잘못 지도하고 있는지를 알 수 있다.

교사들은 교사 나름대로 어려운 딜레마에 빠져 있다. 좋은 교사, 훌륭한 교사가 되고자 부푼 꿈을 가지고 현직에 간 새 교사들은 시험체제와 지식 중심의 학교교육 때문에 모든 개인적으로 생각했던 이상적인 교사상은 버리고 입시체제에 알맞은 교사로 탈바꿈해야 훌륭한 교사, 모범적인 교사가 될 수 있다.

학교교육에서 인간관계를 해치는 다음 요인으로는 교사 자신의 언어와 행동에도 문제가 있다는 것이다. 한국적인 어려운 교육여건에서도 많은 수의 교사가 투철한 교육관을 가지고 교육에 전념하고 있는가 하면 제자들에게 거친 표현을 하고 구타까지 심하게 하는 교사 또한 대단히 많다. 교사의 역할 기대

정도의 차이나 분별없는 언행 때문에 학생의 학교 기피현상을 재촉하고 퇴학과 비행의 원인이 되기도 한다.

인간관계에서 오는 교육병리 현상을 교사간의 대립과 갈등적인 측면에서 생각하여 본다. 교직 사회에서 생길 수 있는 대립 갈등은 몇몇 교사들의 유형, 즉 출세지향 또는 보직 중심적인 교사, 무기력한 교사, 교육을 열심히 하는 교사 사이의 대립현상 때문에 생기게 된다.

(4) 시험불안

우리나라 교육환경의 특수한 상황 때문에 교육병리 유형에서 제외될 수 없는 분야가 바로 시험불안이다. 시험불안이란 시험이라는 상황 때문에 나타나는 불안의 한 형태로서 이해되고 있다. 시험불안은 개인의 특성, 환경과 사람과의 상호작용에 따라서 발생되는데 여기서는 가정, 학교, 사회의 기대수준과 시험결과에 따른 복합적인 환경요인으로 작용하고 있다.

자녀 및 청소년들의 시험불안 요인은 원초집단인 가족관계에서 특히 부모-자녀간의 공동생활 등 집단생활, 애정생활, 정서적 얽힘 등과 관련이 있다. 그러므로 사회화, 자아실현, 사회적 행동발달과도 깊은 연관성이 있다. 특히 자녀들의 능력, 소질, 적성을 고려하지 않고 높은 학업기대, 좋은 성적, 항상 우수한 사회적 인정을 기대할 경우, 능력 이상의 요구로 인해 자녀의 시험불안은 더욱 높아지며, 이러한 결과가 자녀의 장래 및 학교진로를 해치는 경우가 대단히 많다. 그러므로 자녀들의 능력과 잠재력을 올바로 이해하여 자녀의 수준에 알맞은 학업, 진로지도를 하는 것이 바람직하다.

참고 문헌

권이종(2002). 청소년과 교육병리. 서울: 학술종합정보.

방운형(1998). "학교와 교육병리현상의 이해". 서울: 한국청소년 복지학회 추계 학술대회 세미나 자료.

석태종(1999). 학교교육론. 경기: 교육과학사.

성용구(2008). 새로운 교육학. 서울: 태영출판사.

윤정일(2001). "학교붕괴에 관한 대책방안". 한미일 국제 교육정책 세미나 자료집.

이득기(2000). "중등학교 교실붕괴의 원인과 해결대안 탐색". 강남대학교 논문집 제36집.

이종각(2000). 21세기 학교와 교실, 어떻게 달라져야 하는가?.

이종태(1998). "대안학교의 가능성과 한계". 한국교육연구 제5권 제1호, 한국교육연구소.

정창현(2002). 〈교실밖 칼럼〉 현직교사 입장에서 본 교실붕괴 현상.

최 영(1999). "학교를 거부하는 청소년". 전남대학교 의과대학.

한인명 외(1999). 학교와 사회복지. 서울: 학문사.

http://www.reportworld.co.kr

http://reportworld.co.kr

http://maeul.welfare.net/news/9908/431.html

http://home.hanmir.com/~gil486/jabmun/학교야:html

http://webtour.shinbiro.com

제6장

교육과정 사회학

1. 전통적인 교육내용관
2. 교육내용을 논하는 학문적 배경
3. 교육내용의 사회성
4. 우리나라에서 교육내용의 운영관리

우리 교사들은 학교교육을 논하면서 세 가지 중요한 문제를 고민한다. 첫째, 왜 가르치는가? 둘째, 무엇을 가르칠 것인가? 셋째, 어떻게 가르칠 것인가의 질문이다. 이 장에서는 학교의 교육내용과 관련하여 "무엇을 가르칠 것인가?"의 문제에 대하여 고찰하고자 한다(성용구, 2008, 87-115).

학교교육을 논할 때 "무엇을 가르칠 것인가?"의 문제는 주로 교육과정 영역에서 많이 다루어지게 되는 문제이다. 그동안 교육과정론자들은 학생들에게 무엇을 가르칠 것인가의 문제에 대하여 많은 연구를 해 왔다.

교육사회학 분야에서 연구하는 사람들은 무엇을 가르칠 것인가의 문제와 관련하여, 그동안 교육과정론자들을 중심으로 전개되어진 연구결과들에 대하여 회의적으로 생각한다. 그동안 수행된 교육과정론자들의 연구들은 무엇을 가르칠 것인가에 대한 본질적인 문제들을 만족할 만하게 다루지 않았으며, 교육내용에 대한 근본적인 검토와 재해석에 있어서 중요한 문제들을 간과하고 있다고 보았다. 즉, 교육과정에 대한 그동안의 연구에서는 학교의 교육내용에 대하여 이미 주어진 것으로 간주하여 사회학적인 검토 없이 그대로 받아들이는 입장을 취해 왔다. 우리는 특별히 교육내용에 대한 사회학적 관심을 가지고 연구하는 학문분야를 교육과정 사회학이라 칭하는데, 교육과정사회학자들은 주로 다음과 같은 문제의식을 가지고 있다.

학교에서 가르치는 교육내용은 도대체 누구를 위한 것이냐? 학생을 위한 것이냐, 교사를 위한 것이냐? 아동에게 유익한 것이냐, 사회에 유익한 것이냐? 아동에게 필요한 것이냐, 성인에게 필요한 것이냐? 또한 교육내용이 실제로 누구의 요구와 이익과 필요에 부합되어 있는지에 대한 검토가 철저하게 이루어지고 문제 제기를 심각하게 해 보았는가에 대한 문제를 제기하고 있다. 혹시 교육내용이 진정 아동보다는 성인에게, 학생보다는 국가와 사회의 필요에 더 기인한 것은 아닌지? 그리고 학생들에게 유익하기보다는 사회체제 유지와 정치적 필요에 의하여 요구되는 것이 아닌지? 아동의 요구와는 무관하게 국가의 정치적 이데올로기가 스며있는 교육내용이 강요되는 것은 아닌지?의 문제를 제기한다.

교육과정사회학자들은 이러한 물음에 대한 답을 얻기 위하여 교육이 실제로 이루어지고 있는 교육현장을 중심으로 접근을 한다. 그리하여 교과서의 내용 및 편찬과정 분석, 교실 수업상황 분석, 교사와 학생과의 심층면접 등을 통하여 미시적인 접근을 시도한다.

19-20세기의 유명한 교육과정론자들의 중요한 연구업적을 들추어서 사회학적으로 여러 가지 문제를 제기해 보는 일이 필요하다. 20세기에 학문중심 교육과정에서 지식의 구조를 강조했던 J. S. Bruner는 학생에게 가르쳐야 할 것으로 학문의 기저를 이루고 있는 일반적인 원리, 즉 핵심적 아이디어를 꼽고 있다. 학교 교육내용으로 삼아야 할 이 지식의 구조는 경제성과 생성력이 있어서 가르칠 가치가 있다고 보았던 것이다. Bruner는 또한 지식의 구조를 가르치는 방식에 있어서도 아동의 발달단계에 맞추어 가르치기를 요구한다. 그것이 곧 표현방식인데 아동의 발달단계에 따라 작동적, 영상적, 상징적인 표현방식을 사용함으로써 가르칠 수 있으며 결국 초보지식과 고등지식간의 거리를 좁힐 수 있다는 매우 확신에 찬 이론을 건설하였다.

그러나 Bruner는 학생에게 가르쳐야 할 지식에 관하여 그 구조와 표현방식에 주로 관심을 가질 뿐 그 지식이 아동을 위한 것인지, 아동에게 유익한 것인지, 과연 누구에게 필요하고 합당한 것인지에 대한 사회학적 논의는 하지 않은 채 지식에 대하여 이미 주어진 것으로 간주하고 있다. 그는 지식에 대하여 매우 합리적인 것으로 믿고 그냥 받아들이고 지식의 본질에 대한 질문은 생략한 채, 무엇이 지식의 구조인가? 어떻게 지식을 표현할 것인가에 더 많은 관심을 가졌던 것이다. Bruner는 이렇게 교육과정의 본질적 검토를 하지 않고 있으며, 교육내용의 본질을 묻는 사회학적 질문에 대하여는 전혀 말해 주지 못하고 있다.

교육목표 분류학의 연구로 이름이 널리 알려진 B. S. Bloom의 연구를 살펴보자. Bloom은 학생들에게 가르쳐 질 교육내용에 대하여 교육목표를 중심으로 설명하고 있는데, 교육목표는 구체적으로 진술되어야 하며, 인지적, 정의적, 행동기능적인 영역으로 분류가 가능하며, 각 영역은 지식, 이해, 적용, 분석,

종합, 평가력의 수준과 같은 여러 수준으로 표현할 수 있다고 주장하였다. 이렇게 Bloom도 교육목표의 진술방식과 표현방식에 대하여 영역과 수준으로 논의했을 뿐 교육목표나 내용에 대한 본질적인 논의는 간과하고 있다.

다시 말해서 그도 교육내용이 어떠한 성격을 지니고 있는가에 대한 어떠한 사회학적 검토나 재해석이 없이 이미 주어진 것으로 그냥 받아들이고 있으며, 교육내용에 대한 어떠한 본질적인 문제도 제기하지 않은 채 영역과 수준의 개념을 가지고 교육목표 분류학을 논했다는 비판이다.

학교 교육내용에 대하여 학습위계(learning hirechy)의 개념을 가지고 설명한 R. M. Gagné도 학생들에게 가르쳐 질 학습과제는 과제의 성격상 먼저 가르쳐야 할 것이 있고 나중에 가르쳐야 할 것이 있다고 설명하면서 학습과제에 대한 위계 분석을 제안하였다. 학습내용에 대한 Gagné의 주장들은 학습과제가 학생들에게 이미 주어진 것을 전제로 한 것이며, 학습과제로서의 위계, 제시 순서 이야기는 학생에게 제시되는 학습과제가 과연 학생을 위한 것인지, 그 속에 지배집단의 정치적 이데올로기가 침투되어 있지는 않은지에 대한 문제의식은 갖고 있지 않은 것이다. 이렇게 볼 때 그도 교육내용의 본질에 대한 보다 근본적인 검토는 하지 않았다고 말할 수 있다.

이들과는 비교적 새로운 다른 각도에서 교육내용에 대하여 접근한 R. S. Peters의 교육내용에 대한 연구를 검토해 보자. Peters는 학생들에게 가르쳐야 할 지식으로 모종의 가치 있는 것들(something values)이라고 제시하고 있다. 그는 특히 수업에 대하여는 모종의 가치 있는 것을 도덕적으로 온당한 방법으로 가르칠 것을 강조하였는데, 도덕적으로 온당한 방법이란 학생들에게 억지로 주입(교화 : indoctrinate)하지 아니하고 학생의 지능을 많이 활용하여 스스로 이해하도록 하는 수업(교수 : teaching)의 방법을 사용하라는 의미이다. 이렇게 Peters도 교육내용에 대해서 모종의 가치 있는 것이라고 말할 뿐 그것이 학생의 필요, 국가의 정치적 이념 등과 관련하여 어떻게 교육내용으로서의 가치가 있는지에 대한 사회학적 검토를 하지 않고 있음을 발견할 수 있다.

그 외의 이름 있는 교육과정론자들의 학설이나 주장도 무엇을 가르칠 것인가에 대한 본질적인 문제를 사회학적으로 논의하기에는 매우 부족했던 것으로 생각된다. Tyler의 목표모형이나, 교육과정에 대한 Broudy와 Phenix의 이론과 주장도 학생들에게 무엇을 가르칠 것인가?에 대한 가장 본질적인 문제에 대하여 적어도 사회학적으로 검토하지 않고 있다. 교육과정사회학자들은 교육과정론자들의 교육내용에 대한 그동안의 연구결과들에 대하여 위와 같은 비판을 가하면서 교육내용이 결정되는 과정에 대하여 철저한 검토를 요구하고 사회학적 해석을 시도하고 있다.

1. 전통적인 교육내용관

학교에서 무엇을 가르칠 것인가에 대하여 전통주의적 관점에서는 어떠한 태도를 취하고 있는가? 전통주의적 관점을 지지해 주는 기능주의적 교육론의 시각과, 이 시각에서 본 학교에서의 교육내용과 지식의 성격, 그리고 지식에 대한 교사의 수용태도에 대하여 고찰해 보자.

1) 학교 교육내용으로서의 지식에 대한 전통적 관점

전통적 시각에서 볼 때 학교에서 가르치는 교육내용으로는 실제로 어떠한 것들로 구성되어 있는가? 실제 학교 교육내용을 구성하고 있는 지식의 성격에 대하여 전통적 관점에서는 다음과 같이 네 가지로 보고 있다.

첫째, 학교에서 가르치는 지식은 학생들에게 그 시대의 문화를 전달해 주는 내용이다.

전통적 시각에서 볼 때 한 사회 속에서 개인들이 원만한 사회화를 하기 위하여 통용되고 있는 문화내용을 잘 익히고 배우는 일이 중요하다. 따라서 학교의 교육내용은 현존문화를 학생들에게 충실히 전달해 주는 내용이 되어야 할 것이다.

둘째, 학교에서 가르치는 지식은 학생들에게 다가올 미래사회를 준비하는 내용이다.

사회의 구성원 개인들로 하여금 현존 사회의 유형을 계속 지속시키고, 변화하는 사회에 원만히 적응하기 위해서는 앞으로 다가올 미래사회의 실상을 예견하고 미래사회에 부응하기 위한 준비를 하여야 한다. 따라서 학교에서는 미래사회를 충실히 준비할 수 있는 내용으로 교육을 하여야 할 것이다.

셋째, 학교에서 가르치는 지식은 구성원들의 직업을 준비하는 내용이다.

사회 구성원들은 복잡한 사회 속에서 살아남기 위하여 각자 자신의 과업을 성취하고 각자의 일을 하여야 한다. 그러기 위하여 각자가 자기의 직업 능력을 가져야 하는데, 학교는 개인들이 사회 속에서 자기의 역할을 바람직하게 수행하면서 적응하기 위하여 구성원들에게 직업 능력을 길러 주고 직업교육을 실시하여야 할 것이다.

넷째, 학교에서 가르치는 지식은 체제 유지에 필요한 내용이다. 전통적 시각에서 볼 때 현존 사회체제가 그대로 유지되기 위하여 체제를 수호하고 질서를 유지시키는 내용을 구성원들에게 전달, 주입할 필요가 있다. 따라서 학교에서는 체제유지에 필요한 정치적 이념과 사고를 학생들에게 내면화하여 정치사회화의 기능을 하게 될 것이다.

이상에서 살펴본 바와 같이 학교 교육내용에 관한 전통적인 시각은 그 시대의 문화를 전달해 주는 내용, 미래사회를 준비하는 내용, 장래 직업을 준비하는 내용, 체제 유지에 필요한 내용들을 매우 중시하고 있다.

2) 교육내용에 대한 전통적인 태도

전통적 시각에서는 학교에서 아동들에게 가르칠 지식 혹은 교육내용에 대하여 어떠한 태도를 취할 수 있는가? 그동안 전통주의적 교육자들은 학교에서 가르치는 지식에 대하여 매우 합리적인 것으로 받아들여 왔으며, 교과서에 제시된 교육내용에 대하여 별다른 문제를 제시하지 않은 채 거의 무비판적으로 수용해 왔다. 따라서 교사들도 교과내용에 대하여 교사 나름대로의 방식으로 재해석을 시도하거나 사회학적인 검토를 하기보다는 대체로 다음과 같은 태도를 취해 왔다.

첫째, 학교 교육내용에 대하여 이미 주어진 것으로 간주해 버린다. 학교에서 가르칠 교육내용은 교과서에 실리게 된다. 교과서에 실리는 교육내용은 교육부의 엄밀한 편찬과정을 통하여 선정된 것이다. 교육부에서 결정한 교육내용은 국가, 사회, 아동들에게 꼭 필요한 것들로 매우 적절하게 구성되었다고 믿는다. 따라서 이미 결정되어 교과서에 실린 내용에 대하여는 문제를 제기하지 않고 거의 무비판적으로 받아들인다.

둘째, 학교 교육내용에 대하여 가장 합리적인 것으로 믿는다. 적어도 교과서에 실려서 학생들에게 가르쳐 지려면 수많은 현존 지식과 이론 중에서 가장 합리적인 것으로 선정되어 합리적인 방법으로 조직되었을 것이라고 가정할 수 있다. 전통적 교육론에서는 이러한 가정을 받아들이기 때문에 학교 교육내용에 대하여 가장 합리적인 것으로 믿고 있다.

셋째, 학교 교육내용에 대하여 진리에 가까운 것으로 본다. 교사들은 미성년자인 아동들에게 가르치는 학교의 교육내용에 대하여 거기에는 적어도 오류가 없으며, 사실에 입각하여 진실성이 확보된 지식들이라고 본다. 따라서 전통적 교육관에서는 학교 교육내용을 진리에 가까운 것으로 보게 된다.

넷째, 학교 교육내용에 대하여 거의 절대적인 것으로 취급한다. 학교에서 가르쳐야 할 교육내용은 학생용 교과서와 교사용 지침서에 안내되어 있으며, 교사가 그 내용에 대하여 가감하거나 임의로 재해석하는 일은 매우 위험한 것으로 생각한다. 따라서 상부에서 일단 결정해 준 교육내용에 대하여는 거의 절대적인 것으로 취급된다.

다섯째, 학교 교육내용에 대하여 보편타당한 것을 해석한다. 국가에서 국민을 대상으로 교육시키는 교육내용은 특히, 국정교과서의 경우 어떤 특정인이 아니라 대한민국 국민이라면 누구에게나 똑같이 적용되는 내용으로 취급한다. 따라서 이러한 시각을 가진 교사들은 학교 교육내용에 대하여 대체로 보편타당한 것으로 해석을 한다.

이상의 내용을 요약하면 학교 교육내용에 대하여 전통적으로는 이미 주어진 것으로 간주하고, 가장 합리적이며, 진리에 가까운 것으로 보며, 절대적인 것으로 취급하고, 보편타당한 것으로 해석하려는 경향이 있다. 이렇게 볼 때 전통적 교육내용의 관점은 교육내용에 대하여 너무 단순하게 생각했으며 문제를 비판적으로 제기하지 않았던 경향이 있다.

이제 모든 상황에 적용될 수 있는 절대적이고 보편적인 진리나 지식은 있을 수 없고, 상황에 따라 진리는 달라질 수 있다는 문화적 상대주의(cultural relativism)가 팽배해지고 있다. 이러한 주장에 따라 학교는 획일적인 도덕적 규범과 가치를 강요할 수 있겠는가의 문제에 직면하게 되었다. 학교가 가르치는 교육과정은 중류계층의 가치를 반영하는 것이며 중류계층이 하류계층을 지배하기 위한 도구가 아닌가 하는 문제도 제기된다.

지금까지의 교육과정은 그것이 결정되는 데 영향을 주는 집단이나 그 같은 결정과정 및 내용에 대한 사회적 의미를 분석하지 않은 채 학교는 지식을 보편적이고 정당화된 신념으로 받아들이고 모든 학생들에게 강요할 가치로 여겼다. 이렇게 지식은 이미 주어진 것으로 간주하며, 그것에 대한 가치는 이미 확립된 것으로 보고, 그 같은 지식을 어떻게 전달할 것인가의 처방에만 몰두하게 했다. 그리하여 그러한 지식을 어떻게 합리적으로 조직하고 평가하는가에 역점을 두었다. 즉, 그동안의 교육과정은 학문의 기본적 내용 · 구조 · 탐구방법에 집착하였다(김억환, 1987, 271-274).

2. 교육내용을 논하는 학문적 배경

학교에서 무엇을 가르칠 것인가의 문제를 교육사회학적으로 생각해 볼 때 최근에는 그 사고의 기초를 주로 지식사회학에 두고 있다.

학교의 교육내용에 대하여 교육사회학적으로 연구하는 작업 영역을 교육과정 사회학이라고 부르는데, 어떤 학자는 교육과정 사회학은 지식사회학에서 그 관점을 주로 빌려 왔고 여기에 현상학, 상징적 상호작용론, 민속방법론 등에 의하여 그 관점을 더욱 발전시켜 왔다(김신일, 1986, 234)고 한다. 왜냐하면 지식사회학의 대두로 말미암아 전통적인 교육관에 변화를 가져왔고, 기존 교육과정 연구 경향과 교육과정론자들에게 대한 커다란 회의와 비판을 일게 했기 때문이다.

여기서는 교육과정 사회학의 주요 학문적 배경이 될 수 있는 지식사회학적 관점과 지식사회학적 관점에서 본 학교 교육내용에 대하여 살펴볼 것이다(강상철, 1992, 156-164).

1) 지식사회학의 시각과 학문적 특징

지식사회학은 어떤 성격의 학문인가? 지식사회학이란 지식이라고 부를 수 있는 모든 종류의 사고체계와 의식 활동에 대하여 탐구하는 학문(김신일, 1986, 234)이다. 지식사회학의 초기 발전과정에서는 선험적 지식이론을 반박하고 지식을 왜곡하는 편견으로부터 해방할 것을 주장하였으며, 신학적 세계관의 기만성을 폭로하고 이데올로기에 대한 관심을 갖기 시작하였다.

지식사회학의 학문적 특징을 지식의 사회적 제약성이나 구속성을 주장함으로써 체계화시킨 학자들을 위주로 보다 상세히 알아보면 다음과 같다(강상철, 1992, 158-162; 김병성, 1990, 112-117; 성용구, 1988, 91-96).

(1) K. Marx

Marx는 계몽주의 철학을 발전시켜 인간의 사회적 존재와 경제적 요인이 정신활동을 결정한다는 식의 지식의 존재결정론을 주장하였다. 그는 계급적 · 사회적 위치와 물질적 기초에 의해 계급의식이 결정되고, 지배층의 이데올로기가 그 사회의 지식을 포함한 정신활동을 지배함으로써 피지배층은 자신의 현실과 다른 허위의식을 가진다고 하여 존재와 사고의 일방적 영향관계를 규정하였다.

Marx의 사회분석에 의하면 지식의 정의, 분배, 평가를 통하여 지배계급에 의해 사회는 결정되어진다는 것이다. 즉, 사회는 지배계급의 경제체제를 통하여 형성된다는 것이다. Marx의 중심주제는 상황은 주어진 것이 아니라, 근로자 계급 문화의 정체성과 통치계급 문화의 혁신적 도전을 통하여 새로운 평등주의 문화가 번창할 수 있다는 것을 강조한다. Marx에 의하여 지배계층이 점유하고 있는 현실은 궁극적으로 노동자 계급의 문화나 세계관에 의하여 전복될 것이라고 주장한다.

Marx에 의하면 지식도 경제적인 생산관계에 의하여 제약된다고 한다. 그러나 Marx는 토대에 의해 제약되는 지식이나 관념에 있어서 자연과학은 제외시킨다. 그는 인간의 지식이나 관념 중에서 자연과학적인 것은 예외로 하고 사회과학적 지식, 철학적, 종교적 관념, 문화, 예술 등을 상부구조에 포함시키고 있다. 이렇게 되면 Marx 자신의 주장도 자신의 계급적 이해의 관념에 지나지 않는 것으로 논리의 보편성과 타당성이 결여되어 있음을 알 수 있다.

이상에서 살펴본 바와 같이 Marx는 지배계층이 지식의 정의, 분배, 평가를 통하여 그리고 경제체제를 통하여, 사회구조를 결정하고 세계를 지배한다는 것이다. 이러한 Marx의 세계관과 경제관은 지식의 성격에 대하여 연구한 지식사회학의 발전에 중요한 시사를 하고 있다.

(2) K. Mannheim

Mannheim의 견해는 Marx의 견해보다 덜 혁신적이고 비혁명적이며 좀 더 객관적이다. 그는 지식사회학의 관심은 국민들을 현혹시키기 위해 계획적으로 왜곡하는 것을 파헤치고 각기 다른 사회적 사태에 따라 제시하는 다양한 방법에 관심을 두고 있다. 따라서 정신적 구조는 사회적 상황과 역사적 상황에서 각각 다르게 설명될 수밖에 없다는 것이다.

Mannheim은 인간들은 각기 독특한 시각과 지각을 가지고 있는 사회적 배경으로 인하여 각 집단은 각 집단끼리 서로 다른 특색이 있다고 주장한다. Mannheim은 그러한 상대적 시각으로 인간 지식의 많은 부분에 대해 설명하고 있으나 그의 연구에서 수학교과와 몇몇 과학교과는 제외시켰다. Mannheim은 또한 개인들이 실제에 대한 자신의 견해를 바꿀 수 있다고 믿었다. 개인들은 의식적인 노력이나 적절한 지도를 통하여 수많은 다른 시각으로부터 실제를 지각하고 설명하고 있으며, 그들 본래의 시각에 집착할 필요가 없게 된다. Mannheim은 이러한 고정적 시각을 갖게 하는 것은 모든 계층의 사회참여를 방해하는 것으로 보았고 모든 억압으로 설명하고 있다. 그러나 Mannheim도 극단적 상대주의 관점은 피하였다(성용구, 1988, 92-93).

Mannheim은 지배, 피지배 두 집단은 근본적으로 서로 다른 방식으로 사회화되어 있고 서로 다른 기술체계와 서로 다른 종류의 지식을 획득하고 있기 때문에 이 세상을 서로 다르게 지각한다고 본다. 그래서 사유의 속성을 사회적 상황 혹은 집단적 특수상황으로부터 영향을 받는다고 할 뿐만 아니라 知의 과정도 존재적 요인에 의해 영향을 받는다고 한다.

그러나 Mannheim은 어떠한 지식형태가 사회통제의 기본 준거가 되어야 하는지 그 내용까지는 밝히지 못하고 있다. 다만 엘리뜨 집단의 역할을 강조하고 기대를 걸고 있다. 지식을 생산할 주체를 Marx는 프롤레타리아 계급에게, Mannheim은 지식인 집단에게 특별한 의무를 부과하고 있다. Mannheim에 따르면 지식인 집단은 그렇기 때문에 상대적으로 계급적 이해로부터 자유롭다. 그래서 그들은 편견으로부터 자유로운 집단이라 한다.

Mannheim의 사상을 Marx와 비교해서 간단히 요약해 보면 Marx가 인간의 지식에 대하여 존재결정론을 주장하고 있어 그 의미의 강도가 강한 반면에, Mannheim은 존재 구속성의 개념을 제시하고 있어 Marx보다는 약하며 상당히 융통성이 있다. 또 Mannheim은 이데올로기 개념을 수정 · 확대하여 모든 이데올로기를 허위의식으로 봄으로써 Marx가 절대성을 상정한 프롤레타리아 계급의식도 하나의 이데올로기라고 하였다(김신일, 1986, 235).

(3) P. L. Berger와 T. Luckman

Berger와 Luckman은 Mannheim보다 한 단계 더 진전한 사상을 전개하였다. 그들은 '모든 사회적 상황에서 지각된 것은 실체가 아닌 인공물'이라는 주장을 한다. 왜냐하면 어떤 사회적 상황에 참여한 모든 구성원들에게 사회적 실재가 상황에 따라 재정의되어 변하게 되기 때문이다. 특정한 사회적 상황에 참여한 참여자들은 그가 속해 있는 상황을 변화시키기도 하며 재정의하고 행동을 바꾸기도 할 것이라는 것이다.

Berger와 Luckman은 지식은 그 지식을 획득하고 있는 사람들의 문화를 통하여 해석되고 여과된다고 주장한다. 즉, 지식은 사회적으로 구성된다는 것이다. 사실 적어도 지식이 되려면 사회적이어야 하는데, 그 뜻은 다른 사람들, 즉 사회 구성원들에게 공유되어야 한다는 뜻이다. 그들은 지식은 서로 다른 집단에 의하여 상이하게 해석되고 상이하게 통용되어진다고 믿는다.

Berger와 Luckman은 지식은 전체적으로 보아 사회적으로 구성된 것으로 보고 학문적인 것뿐만 아니라 상식적인 것도 포함하고 있어야 한다고 주장한다. 그들은 또한 지식사회학은 지식의 학문적인 형태보다 상식적인 견해에서 출발해야 한다고 주장하면서 Mannheim과 같은 초기의 지식사회학자들이 일상적인 상식적 지식과 같은 중요한 문제를 소홀히 취급했다고 비판하기도 한다. Berger와 Luckman은 그들의 지식사회학적 관점을 교육적인 문제와 직접 관련시키지는 않았지만 학생들에게 가르칠 교육내용의 문제와 관련시켜 볼 때 매우 중요한 시사점을 제시해 주고 있다(김병성, 1990, 116).

(4) M. F. D. Young

Young은 그동안의 교육학은 통념적인 접근시각에 의해 지배되었기 때문에 교육문제에 대하여 도전하는 자세를 취하지 아니하고 그냥 주어진 것으로 받아들이는 경향이 강했음을 지적한다. Young은 『지식과 통제』라는 그의 저서에서 지식사회학으로부터 도출된 근본적인 사회학적 문제들을 교육문제에 적용시켜 보았고 지식사회학 이전의 연구들에 대하여 급진적인 비판도 하였다. Young은 해석적 패러다임에서 많은 재귀적 시각의 내용을 제시했으며 이것을 통념적 · 규범적 접근에 대한 도전으로 활용하였다.

Young은 사회적 통제가 계속되는 상황 하에서 비실체적이고 왜곡된 교육내용을 강요하는 종전의 교육과정에 대한 사회학적 접근에 대해 도전하였다. Young은 통념적 · 규범적인 교육과정의 본질과 실천에 대해 전반적으로 강한 의문을 제기했으며 해석적 패러다임의 정당성을 옹호 · 제공하였다.

Young과 그의 동료 G. M. Esland는 학교 교육과정 속에 아직도 통념적 시각이 강세를 보이고 있고 지식의 정의, 분배, 평가에 있어서도 엘리뜨 중심적 경향이 지속되고 있는 것에 대하여 의문을 제기하고 강하게 비판하였다. 그들은 학교에서 지식으로 가르치려면 그것을 당연한 것으로 받아들이지 말고 신중한 사회학적 검토와 분석이 선행되어야 한다고 주장한다. Young은 지식의 통제가 이루어지고 있는 범위에 대하여 분명히 하였다. Young은 모든 지식은 사회적으로 구성되며 변화하게 된다고 분명히 밝히고 있다.

지금까지 살펴본 K. Marx, K. Mannheim, P. L. Berger와 T. Luckman, M. F. D. Young의 지식사회학적 견해들을 비교하여 정리하면 다음과 같다.

Marx는 지배계층이 지식의 정의, 분배, 평가를 통하여 그리고 경제체제를 통하여 사회구조를 결정하고 세계를 지배한다고 보았으며, Mannheim은 지식의 존재구속성을 제시하면서 이데올로기 개념을 수정 · 확대하여 모든 이데올로기를 허위의식으로 보았다. 또한 Berger와 Luckman은 지식을 전체적으로 보아 사회적으로 구성된 것으로 보았고 지식은 서로 다른 집단에 의하여 상이하게 해석되어진다고 믿고 있다. 지식사회학적 시각을 교육내용에 직접 적용하여 Young은 학교 교육내용이 엘리뜨 중심적이라는 비판을 하면서 학교에서 가르치는 지식에 대하여 사회학적 검토와 분석이 진행되어야 한다고 주장하였다.

2) 지식의 일반적 특성에 대한 지식사회학적 견해

지식사회학에서는 학교에서 가르치는 지식은 영원불변하고 보편타당한 진리라고 믿는 전통적 지식관을 비판하며, 지식은 사회적 상황에 의해 제약을 받는 하나의 이데올로기일 수 있기에 학교에서는 왜곡된 지식체계인 지배 이데올로기를 전수하기도 한다고 주장한다. 지식사회학에서는 학교에서 가르쳐야 할 지식관에 대하여 이와 같이 비판하면서 지식이 가지고 있는 일반적 특성에 대하여 다음과 같은 새로운 입장을 취한다. 지식사회학에서 견지하고 있는 지식의 일반적 특성을 지식의 상대성과 가변성으로 설명할 수 있다.

(1) 지식의 상대성

일반적으로 지식은 과연 언제 어디서나 누구에게나 절대적으로 적용되는가? 아니면 상대적으로 적용되는가? 어떠한 지식이 모든 사회에서 모든 사람들에게 동등한 가치를 지니고 공통적으로 통용되는 것일까? 아니면 그렇지 않을까? 이러한 문제를 풀기 위하여 지식에 대하여 몇 가지 예를 들어 생각을 해 보자.

도시에서의 지식이 농촌에서의 지식으로 가치 있게 통용될 수 있을까? 가진 자의 지식이 갖지 못한 자에게도 그대로 필요할 것인가? 남성에게 알맞은 지식이 여성에게도 동등하게 가치가 있는가? 자본주의 사회에서의 미덕이 사회주의 사회에서도 미덕이 될 수 있는가? 선진 문명국에서의 문화가 후진국에도 통용되는가? 또한 그 역이 가능한가?

자연과학, 수학적인 지식 중에는 시공을 초월한 절대적인 지식이 존재할 수 있지만 우리가 접하는 많은 지식에 있어서는 절대적이기보다는 상대적인 지식들의 경우가 더 많다. 최근에 국가 간에 교과서의 내용에 대한 시비가 일어나고 있다. 과거 국가 간에 일어났던 역사적 사건들은 각국의 입장에서 볼 때 각기 다른 지식으로 해석되기 때문이다. 예컨대, 8·15 해방이 우리에게는 주권을 되찾는 커다란 민족적 쾌거인데 반하여 일본에게는 쓰라린 국가적 패배였다고 해석된다.

농촌의 가난한 사람들이 가지고 있는 문화가 도시 부자 사람들에게는 별 소용이 없으며, 지배계층의 통제 이념을 그대로 피지배 계층에게 강요한다는 데는 문제가 있다. 인간에게 필요한 많은 사회과학적 지식이 그 사회의 여건, 사회적 배경, 상황에 따라 해석이 달리되기 때문에 지식의 절대성을 주장하고 강요하기란 매우 어려운 일이다.

지식은 그 사회의 사회적 산물로서 상대적 특징을 가지고 있다고 보는 것이 지식사회학자들의 견해이다. 따라서 상대적 가치가 있는 지식을 어떤 집단에 일방적으로 강요한다거나, 다른 집단의 지식을 가치 없다고 무시하는 일은 정당하지 못한 것이다.

(2) 지식의 가변성

우리가 우리 사회에서 통용하고 있는 지식은 일단 한번 인정되면 계속해서 불변하는 진리로 간주되는가? 아니면 일단 "진"으로 판명되어 보편적으로 통용되고 있는 지식도 그것이 다른 지식으로 대체되거나 다시 "위"로 판명되어 폐기되고 변화할 수 있는가? 우리 사회는 계속해서 새로운 지식들을 개발, 모색해 나가고 있지만 일단 "진"으로 받아들여진 지식은 결코 번복하지 않으려는 속성을 가지고 있다. 그리하여 한번 통용된 지식은 계속해서 그대로 통용되며 학교에서도 교과서에 일단 제시되고 실린 지식에 대해서는 가변적이기보다는 불변하는 지식으로 간주하는 경향이 있다.

우리는 지난날 아리스토텔레스의 지식이 통용되던 시절에 갈릴레이가 새로운 지식을 대안으로 주장할 때 많은 물리학자들에 의하여 거부되었던 역사적 사실을 생각해 본다. 즉, 갈릴레오 갈릴레이가 새로운 낙하의 법칙을 제시한 기존의 아리스토텔레스의 지식을 믿는 물리학자들에게 거센 반박을 받아 피사의 사탑에서 여러 번 실험을 보이면서 증명했건만 받아들여지지 않아서 결국 대학을 떠나는 신세가 되었다.

그러나 지금은 갈릴레이의 학설이 "진"으로 받아들여진지 오래이다. 가변적인 지식이 불변하는 것으로 잘못 받아들여져서 영원한 진리인 양 잘못 통용되는 경우는 자연과학이나 사회과학에서 얼마든지 찾아볼 수 있다. 지식사회학에서는 지식은 사회적 산물이고 역사적 산물이기 때문에 얼마든지 변할 수 있는 것이고, 영원히 불면하는 진리나 지식은 존재하지 않는다고 본다.

구성주의적 관점에서 볼 때 객관적 지식은 성립하지 않으며, 절대적인 지식도 존재하지 않는다. 모든 지식은 개인의 경험에 의하여 개인적으로 구성되는 것이다.

3. 교육내용의 사회성

오늘날 교육과정 결정은 중요한 정치적 결정의 하나로 인식되고 있다(곽병선, 1975, 15). 교육을 수단시하는 정책결정자는 상징적 이념체계를 교화하고자 제도교육을 합리적으로 이용하여 왔다. 특히 우리나라와 같이 교육과정을 교육부 장관이 정하도록 되어 있는 중앙집중식 교육과정을 채택한 나라에서는 교육과정 운영의 경직성, 학교 현상의 자발성과 창의성이 쉽게 침해당하는 위험성에 빠지기 쉽다. 교육과정과 교과서에 나타나는 학교 지식은 사회적 상징체계이다. 따라서 학교에서 취급하는 지식의 내용은 정치적 현실과 이념을 반영하게 된다. 특히 권력구조가 비민주적이거나 정통성이 결여되어 억압적인 때는 교과서의 지식구성은 특정한 통치체제의 이데올로기가 지배하는 형태를 가지게 된다(정환규, 1984, 450). 그러므로 교육내용은 주어진 것이라는 종래의 전통적 생각에서 교육에 관한 국가의 개입과 간섭이라는 현상을 분석할 수 있는 안목이 필요하다. 최근의 연구에 의하면 점차 국가의 기능과 역할에 대하여 관심이 고조되며 실증적 분석이 행해지고 있다(Apple, 1982; 김병성, 2002, 241-242).

그동안의 교육사회학에서는 통념적으로 교육자들이 교육내용을 주어진 것으로 보았으며, 지식의 본질에 가변성을 고려하지 않았으며, 아동의 능력이나 사회적 배경에 관한 도전적인 사고를 하지 않았다. 따라서 종래의 교육자들은 각기 다른 사회적 배경을 가진 아동들에게 동등한 교육과정을 부여한다는데 대한 도전적인 사고도 못했으며, 현재의 상황에 그저 수용해 왔다. 그러나 새로운 교육사회학의 해석적 패러다임에서는 종래의 통념적 교육과정에 도전을 하여 교육내용에 대한 사회학적 접근과 해석을 시도하였다.

김병성(1990, 176)은 학교에서 가르치는 지식은 누구의 지식이며, 누가 지식을 선택하는가, 왜 지식이 그런식으로 조직되어지며, 또 그런식으로 가르쳐지는가에 대한 질문을 제기하였다. 교육내용은 하나의 중요한 의사결정과정으로 우연히 선정, 조직되는 것이 아니라, 숨겨진 의도에 따라서 계획되기 때문에 학교의 교육내용은 무엇이며 각 교과목들의 위계적 위치를 분석하는 것이 교육사회학에서 중요한 문제라고 하였다(강상철, 2002, 164-165). 지식이나 행위는 선택되어 강조되고, 어떤 지식이나 행위는 의도적으로 배제되거나 무시된다고 하는데, 어떤 의미들은 재해석되기도 하고 훼손되기도 하며, 지배문화체제 내에서 변모되기도 한다.

이렇게 볼 때 많은 지식이나 행위들 중에서 어떤 특정 지식을 선정하여 가르치는 행위는 매우 중요한 일인데, 그러한 지식의 결정 작업, 즉 교육내용의 결정 작업에 대하여 면밀하게 고찰할 필요가 있다. 곽병선(1975, 15)은 "오늘날 교육과정 결정은 중요한 정치적 결정의 하나"임을 지적하면서, 교육을 수단시하는 정책결정자는 상징적 이념체제를 교화하고자 제도교육을 합리적으로 이용하여 왔다고 역설한다.

학교에서 가르칠 교육내용을 선택, 결정, 조직하는 일을 담당하고 있는 교육부의 기능에 대하여 관심을 가지면서 문제를 제기하고 보다 심층적인 분석을 하여야 한다. 김기석(1987, 55-56)은 제도교육이란 곧 국가에 의해서 제공되는 공교육 제도이며, 이 공교육을 담당하는 사람은 실상은 국가에 고용된 공무원이라고 한다. 뿐만 아니라, 교육정책 자체가 정권을 담당한 권력층이 국민의 지지를 획득할 수 있는 주요 소재이며, 동시에 정치권력의 정통성을 부여해 주는 소재라고 본다. 이렇게 볼 때, 국가에 고용된 국가공무원들이 국가의 정통성을 부여하면서 국민의 권력층을 지지하도록 하기 위하여 어떤 교육내용을 선정할 것인가?는 불 보듯 뻔한 일이며, 이에 대한 사회학적 검토가 필요하다는 것은 지극히 당연한 일이다.

학교에서 가르치는 지식에 대한 사회학적 논의는 문화상대론의 입장에서도 생각해 볼 수 있다. 문화 상대론자들은 특정지역의 문화적 산물인 지식은 절대가치를 상실하고 있으며 상대적이고 모순투성이 일 수밖에 없다고 본다. 이렇게 지식의 절대가치에 대한 상실을 주장하는 견해는 모든 지식이 사회적 산물이라고 보는 Mannheim의 주장과도 일치한다. 또한 지식의 절대가치를 부정하고 상대가치를 주장하는 견해는 지식이 특정 시기의 역사적 산물에 불과하다고 보는 역사철학자들의 이론에 의해서도 지지되고 있다.

4. 우리나라에서 교육내용의 운영관리

우리나라에서는 "학생들에게 무엇을 가르칠 것인가?"의 문제와 관련하여 어떠한 노력을 기울여 왔는가? 그동안 학생들에게 가르쳐야 할 교육내용의 문제를 둘러싸고 우리나라에서는 주로 다음과 같은 다섯 가지 일들을 해 왔다고 말할 수 있다.

첫째, 학교에서 가르칠 교육내용이 학교교육과정 속으로 담겨지기 위한 교육과정의 개발 노력이다.

둘째, 교육내용이 구체적인 형태로 나타난 교육과정에 대한 이론 전개나 이론적으로 비판한 작업들이다.

셋째, 학교에서 가르쳐지는 지식, 즉 교육내용들을 사회학적으로 분석해 보는 일이다.

넷째, 초·중·고 각급 학교급별로 편성된 교육과정에 대한 교육내용을 분석해 보는 일이다.

다섯째, 학생들에게 교육내용이 담겨져 제시되는 교과서에 대한 분석 작업이다.

우리나라에서 교육내용의 운영관리 현황을 보다 자세하게 알아보기 위하여 위의 다섯 가지 측면에 대하여 각각 구체적으로 살펴보면 다음과 같다(강상철, 2002, 175-178).

1) 교육과정 개발을 위한 노력

(1) 교육과정 개발 모형의 제시

그동안 교육과정 개발을 위한 연구에서는 학교에서 학생들에게 부과되는 교육과정을 우리의 실정에 맞도록 개발하기 위하여 교육과정 모형을 제시하고 교육과정 개발의 방향을 마련하고자 하였다.

그리하여, 교육과정 개발을 위하여 체제적 접근 방법을 활용하려 하였는데 이러한 시도는 교육과정이 학생과 사회, 지식의 요구에 부응할 수 있기 위하여는 체제적 접근의 거시적 시각을 통하여 개발되어야 한다고 보았기 때문이다. 체제적 접근에 입각한 교육과정의 개발은 ① 상황-교육목적 설정, ② 투입-교육 목표 설정, ③ 변형-학습경험 선정 조직, ④ 산출-교육과정 시행, ⑤ 피드백-교육과정 평가의 절차를 거치게 되는데 교육과정을 정적으로 보지 않고 역동적 유기체로 보았다(박순경, 1985).

반면에, 교육과정 전략들을 고찰하여 봄으로써 교육과정의 개발 방향을 제시한 연구(황희숙, 1987)에서는 우리나라 제4차 교육과정 개정을 분석하였는데, 교육과정 개발을 종합적, 체계적, 역동적 과정으로 간주하고 우리나라 4차 교육과정 개정은 교육과정 개발의 주도 준거에 의하면 행정모형과 연구개발 모형의 혼합형(일선 개발 모형이 아님)이며, 중앙집중식 모형의 성격을 띠고 있음을 지적하고 교육과정 개발은 협동적 의사결정 과정이어야 함과 개발과정에서 교사의 역할의 중요성을 강조하고 있다.

(2) 교육과정 결정 절차의 문제

교육과정을 개발하는데 있어서 본질적인 문제는 교육과정의 결정 절차에 관한 문제이며 교육과정을 계획하고 결정하는 문제는 무엇을 가르칠 것인가의 문제에서 매우 핵심적인 문제이다. 교육과정 지식을 결정하는데 참여하는 사람들의 집단은 교육과정을 보는 시각에 따라 약간씩 다르다.

즉, 통념적 시각과 재귀적 시각에 따라 참여자들의 범위가 상반되는데 J. Eggleston은 교육과정 지식의 분배, 평가, 결정과정에 대하여 [그림 6-1]과 같은 도식으로 설명한다(김종석 외, 1989, 73).

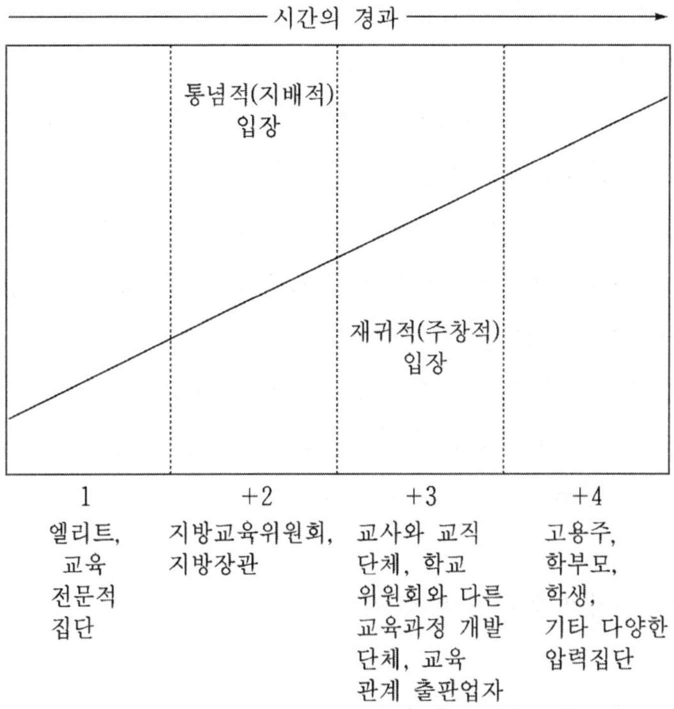

[그림 6-1] 교육과정 지식의 분배, 평가, 정의에 대한 의사결정

우리나라에서 교육과정을 계획, 결정하는 단계에 대하여 미학적으로 그리고 해석학적으로 접근한 연구가 있다. 미학적 연구에서는 학생에게 지시되는 학습경험을 미학의 입장에서 보아 관심과 흥미, 만족감이 있는 학습경험이어야 한다고 본다(한명희, 1981, 23).

반면에 현상학적 연구에서는 그동안 우리나라 교육과정의 이론과 실천을 지배하는 Tyler식 모형에 대하여 교육과정의 결정과정에 참여하는 주체에 문제가 있음을 지적하였다. 한명희(1988, 122-131)는 우리나라 교육과정 개정에서 지식의 결정 주체와 관련된 문제를 다음과 같이 세 가지로 지적하고 있다.

첫째, 교육과정 결정에서 결정적 역할을 하는 사람은 교육적 생활세계에 일차적 경험이 있어야 현장에 맞는 교육과정 결정을 할 수 있을 텐데, 우리나라의 경우 이 일을 담당하는 교육학자들이 그렇지 못하여 그들에 의하여 개발된 교육과정은 교사나 학생의 일인칭적 실재나 이인칭적 실재가 되지 못하고 삼인칭적 실재에 의해 지배하게 된다.

둘째, 교육과정 자문위원회나 심의회의 구성도 문교부 관리에 의하여 결정되기 때문에 회의 자체가 주체가 되지 못하고 단순히 의견을 모아주는 기능을 하게 되며, 다양한 의견과 갈등을 종합, 수렴, 결정하지 못한다.

셋째, 교육과정 결정에 교육적 생활 세계의 주역인 교사와 학생, 학부모가 참여하지 못하고 배제된다는 것이다.

이렇게 중요한 지식의 결정 과정에 대한 문제점을 지적하면서 교육과정 계획 시 교육과정의 중요한 최종 운영자인 일선학교와 교사를 위하여 개발의 여지를 남겨 두는 것이 중요하다고 하였다.

2) 교육과정에 대한 이론적 검토

(1) 교육과정 이론에 대한 탐색과 비판

학생들에게 가르쳐야 할 내용과 관련하여 우리나라 교육과정 결정자들은 여러 가지 사고를 했어야 했다. 이들이 교육내용을 결정하는데 영향을 준 것이 교육과정 이론들일 것이다. 우리나라 교육과정을 보면, 교육내용 결정 과정에 많은 작용을 한 이론으로 Tyler의 목표 모형, Bruner의 지식의 구조 혹은 학문중심 교육과정 이론, 그리고 Peters와 Hirst의 성년식 모형을 꼽을 수가 있다. 사실 우리나라의 학교교육 내용 결정에는 이러한 외국의 이론적인 틀과 체제가 많이 작용해 왔다. 그러나 이러한 이론들이 가지고 있는 이론적 한계점과 약점으로 인하여 우리나라 교육과정에 부정적인 영향도 미쳤을 것이다. 이들 이론에 대한 비판적 검토를 함으로써 우리의 교육내용 결정과정과 성격의 이해에 좋은 시사를 받을 수 있을 것이다.

Tyler의 교육과정은 목표를 우위에 두고 나머지 내용과 방법을 수단의 위치로 끌어 내렸으므로 교육과정의 내용 선정과 조직 뒤에 깔려 있는 복잡한 사회, 경제 관계를 은폐하고 있으며, 교육과정의 계획과 개정을 둘러싸고 일어나는 여러 이해집단 간의 갈등을 해소하지 못하고 특정 지식이나 신념을 교육내용으로 표준화함으로써 생기는 문제를 경시한다(안미자, 1986)는 비판을 받고 있다. 그리하여 Tyler의 교육과정 이론을 비판하고 그 대안으로 제기된 Burner의 교육과정 이론이 그 수용방식에 있어서 타당한지를 따져 보았다(서지혜, 1987). 그녀는 Burner의 교육과정 모형이 Tyler의 검은 상자 모형을 과연 투명상자화하였는가를 따져 보았다. 또한 Tyler 모형에 비해 Burner 모형이 비교우위를 정당화시키는 증명방식이 그 타당성을 보장받을 수 없다고 하면서 Burner 모형 자체에 대한 문제점을 지적하고 있다.

반면에, 최근 우리나라의 교육내용 결정에 시사를 주고 있는 교육과정 이론이 Peters와 Hirst의 교육과정 이론인데 Peters와 Hirst가 제시한 가치 있는 교육내용으로서의 지식이 형식, 지식의 형식과 교육방법상의 원리적 관계에 대하여 분석해 볼 수 있다(조인진, 1986). 여기서는 이들의 이론을 빌려서 학교에서 가르쳐야 할 지식은 단편적인 정보나 기술, 실제적인 놀이에 그칠 것이 아니라, 지속적인 정신적 성취를 위한 지적 안목을 갖추고 있어야 할 것을 요구하고 있다.

(2) 교육과정의 적합성 평가

학교에서 학생들에게 제시되는 교육과정이 과연 우리의 교육현실에 적합한가를 평가해 보아야 한다. 교육과정의 적합성에 대하여 전통주의(경험주의)와 재개념주의의 입장에서 비교·분석해 볼 수 있다.

김정임(1985)에 의하면 개인적 적합성의 차원에서 전통주의는 학습자의 유의성, 즉 의미추구, 역사적 지혜, 권리 증진에 초점을 두고 있다고 한다. 사회적 적합성의 차원에서 전통주의는 기능적 유용성과 문화적 일치성에, 재개념주의는 하위 문화의 적합성에 강조를 둔다. 또한 학문적 적합성의 차원에서 전통주의는 지식을 객관적이고 정당화된 신념들의 총합체로 파악하여 학문의 구조에, 재개념주의는 지식이 사회적 맥락에 따라 구성되는 산물로 파악하여 교과의 통합에 적합성의 준거를 둔다고 한다.

학교 교육과정은 종합적으로 평가될 수 있는데, 목표평가 · 계획평가 · 시행평가 · 종합평가 등의 절차를 거칠 수 있다(유은선, 1986). 이 교육과정 평가의 종합모형에 의하면 교육과정 내용 선정과 조직, 학습자에게 전달되는 수업내용, 예기치 않은 학습경험 등에 대하여 종합적으로 평가할 수 있다.

3) 학교 교육내용에 대한 사회적 분석

(1) 교육내용에 대한 이데올로기적 분석

학교에서 가르치고 있는 교육내용에 대하여 지식사회학에서는 이데올로기적 관점에서 분석한다. 즉, 학교교육 내용은 지배계급의 가치를 정당화시켜 내면화하고 억압적 사회구조를 유지하도록 하며, 이를 위한 노력이 학교 내에서 계속되고 있다고 본다. 학교 교육내용에 대한 이데올로기와 사회적 통제를 분석하기 위하여 학교 교육과정에 사회의 가치체계나 이데올로기가 반영되어 있음을 검토(김효중, 1987)한다. 김효중에 의하면 지배집단의 의도대로 교육내용이 결정될 수 있는데 학교는 암암리에 특정한 지식을 차별적으로 분배함으로써 사회의 불평등을 유지하는 등 재생산기능을 하고 있다고 한다. 그는 학교교육의 내용은 이데올로기적이고 문화적 자원에 따라 결정되어지며, 학교는 권력과 자원분배에 있어서 구조적 불평등을 창출하는 강력한 힘을 가지고 있는데, 교육내용을 통해서 이를 강화하고 재생산한다고 분석하였다.

Eisner는 학교에 작용하는 이데올로기를 매우 세부적으로 분류하고 설명했기 때문에 이것들을 이해하면 한국의 학교에서 작용하는 이데올로기를 탐색하는 데 도움이 될 수 있다. 이데올로기들이 한국 교육현장에 모두 작용하고 있지는 않지만 적용될 수 있는 가능성은 충분하다. 여섯 가지 이데올로기들을 하나씩 살펴보자.

첫째, 종교적 정통주의 이데올로기들은 공통적으로 신의 존재에 대해 확신하고 교육실천의 내용, 목적, 조건을 규정하는 데 신의 메시지가 적용된다. Eisner는 종교적 교리를 적용하지 않지만 정치적 신념 구조가 종교적 독단처럼 작용하는 경우도 이 분류에 포함시키고 있다. 그는 일본 정부에 의해 시행되는 경영이익(business interests) 논리 그리고 권위와 지위에 대한 전통적 신뢰를 그 사례로 제시하였다. 이 이데올로기는 한국사회에서도 종교재단이 설립한 일부 학교들과 열성 신도 교사들에 의해 학급 단위에서 적용되고 있다.

둘째, 합리적 인본주의는 플라톤과 계몽주의 사상에 뿌리를 두고 있다. 이 이데올로기는 Adler(1982)의 저서와 1930년대에서 1950년대까지 Hutchins와 Adler에 의해 널리 퍼뜨려진 고전 읽기 운동(The Great Books Program)을 통해서 교육현장에 적용되고 있다. 이 이데올로기는 우주는 질서 잡혀 있고 그 질서는 인간의 합리적 지성에 의해 발견되어진다고 확신한다. 그리고 이 이데올로기는 인간성, 특히 인간의 지능이 그 자신의 미래를 안내하고 통제할 수 있다고 주장한다.

셋째, 진보주의 이데올로기는 Dewey와 그의 사상을 추종하는 학자들에 의해 주장되어 왔다. 진보주의는 한편에서는 인간 경험의 본질과 지능의 발달을, 그리고 다른 한편에서는 사회개혁(social reform)을 강조한다. 경험을 강조한 진보주의 이데올로기는 Rugg과 Shumacher(1928)에 의해 정리되고 Neil(1960)의 Summerhill 운동에 영향을 미쳤으며 최근에는 재개념주의 학자들(Grumet, 1988; Pinar, 1988)로 이어지고 있다. 한편, 사회개혁을 지향한 진보주의 이데올로기는 Counts(1932)에 의해 부각되었으며 최근에는 Apple(1982), Nozaki와 Apple(2002), Giroux와 McLaren(1989) 등에 의해서 주도되고 있는 비판적 이론에서 나타나고 있다. Dewey는 인간을 환경에 적응하는 유기체(growing organism)로 보았다.

넷째, 비판이론은 교육 정책이나 실천의 근저에 있는 전략적 가치들의 진면목을 폭로하는 데 치중하고 있다. 비판이론가들은 교육의 목적, 내용, 방법에 관한 짜임새 있는 공식 성명서를 개발하지 않고 있다. 이들은 숨겨진 교과과정이 지배집단의 이익을 반영하므로 피지배집단의 종속과 복종을 유도한다고 주장하며 이러한 현상이 지속되는 이유가 자본주의 경제구조에 있다고 설명한다.

다섯째, 재개념주의는 1970년대 초부터 등장했으며 하나의 교의(教義 : dogma)나 독단적 주장이기보다는 성향(orientation)에 가깝다. 재개념주의의 아이디어는 Heubner(1963)와 MacDonald(1975)의 글에서 등장했으며 Pinar(1975)에 의해 강조되었다. 재개념주의자들은 미국 학교가 개인적 목적, 생생한 경험, 상상력 있는 생활, 분석과 측정으로 포착되지 않은 이해의 중요성을 간과하고 있다고 주장하고 있다.

여섯째, 인지적 다원주의는 Aristoteles의 세 가지 유형의 지식(이론적, 실천적, 생산적 지식)에 근원을 두고 있으나 지식과 인지의 다원적 개념이 교육계에 본격적으로 등장한 시기는 다른 이데올로기에 비해서 오히려 늦었다. 인지적 다원주의는 인간의 독특한 특성 가운데 하나로서 상징을 만들고 조작할 수 있는 능력을 강조한다. 교과과정 영역에서 이 이데올로기는 영국의 Peters와 Hirst, 그리고 미국의 Phenix와 Eisner에 의해서 주도되었다. 이들은 지식의 다원성과 다양한 인지적 유형들의 독특한 기능들을 강조하였다. 인지적 다원주의는 심리학자 Gardner(1993)에 의해서 다중지능이론으로 발전하였다.

인지적 다원주의는 인간의 인지 유형이 종족과 문화에 따라 차이가 있고 지능이 여러 가지 요인들에 의해 구성됨을 주장한다. 이러한 주장을 받아들일 경우, 교과과정은 여러 가지 내용으로 구성되고 수업과 평가는 학생들의 문화적 배경을 세심하게 배려하여 수행된다. 결과적으로, 인지적 다원주의 이데올로기는 학급에서의 교육적 공평성(educational equity)을 확대시키는 데 기여하게 된다. 다시 말해서, 인지적 다원주의에 의해 교과과정이 구성되고 수업이 진행되면 다양한 내용을 여러 가지 유형으로 배울 수 있고 적합한 방법에 의해 평가를 받을 수 있다(오욱환, 2002, 313-316).

(2) 학교 교육내용으로서의 지식에 대한 분석

학교 교육내용을 사회학적으로 규명해 보는 일은 중요한 일이다. 한만길(1984)은 교육내용으로 강조되고 있는 교육 가치는 일관성이 없으며, 시기적으로 각기 다르며 사회적 조건에 따라 다르며, 합의된 것이 아니고 일관성이 없다고 보고하였다.

학교 교육내용으로 대중문화를 제시한 최돈민(1984)은 대중문화도 문화의 한 양상이므로 교육내용의 대상으로 선택될 수 있다고 보았으나, 학교교육에서는 고급문화를 그 대상으로 구성하면서 대중문화는 고려하지 않고 있다고 지적한다. 그러나 대중문화는 고급문화를 타락시키지 않고 나름대로의 심미적 가치를 지니고 있으며, 대부분의 사회 구성원들이 향유하고 있는 문화적 의의가 있기 때문에 학교교육에서 학생들에게 대중문화를 가르쳐야 한다고 주장하였다.

한편, 개인 의식이 교육내용에 정당화된다고 주장하는 연구(황규호, 1986)도 있고, 교육내용이 인간화되어져야 한다는 연구(고재호, 1985)도 있다. 고재호는 인간주의 교육을 주장하면서 해방적 인간화의 시각을 도입하여 교육내용의 사회적 성격을 밝혔는데, 개인의 내면적 각성과 더불어 인간 해방의 교육을 동시에 고려하고 있다. 교육과정 지식의 기초로서 의식과 생활 세계를 다룬 연구(지은영, 1987)에서는 교육과정 지식에 대한 인간학적 의미의 회복을 위해 의식과 생활 세계를 교육과정의 주요 지식으로 삼아야 한다고 주장하고 있다.

참고 문헌

강상철(1997). 교육사회. 서울: 동문사.

고재호(1985). “교육내용과 인간화에 대한 고찰”. 고려대학교 대학원 석사학위 논문.

김민환(1989). “교육과정에 관한 사회학적 접근의 본질과 비판에 관한 재음미”. 교육과정연구 제8권 제1호.

김병성(2002). 교육사회학 이론 신강. 서울: 학지사.

김억환(1987). 신교육사회학입문. 서울: 박영사.

김정임(1985). “교육과정 적합성에 대한 이론적 접근”. 이화여자대학교 대학원 석사학위 논문.

김혜원(1987). “학교지식의 성격에 대한 주지주의와 교육과정 사회학적 관점의 비교”. 이화여자대학교 대학원 석사학위 논문.

김효중(1987). “교육내용에 관한 이데올로기 분석”. 전남대학교 대학원 석사학위 논문.

박순경(1984). “교육과정 개발에 대한 체계적 접근”. 이화여자대학교 대학원 석사학위 논문.

서미혜(1987). “Tyler 교육과정 이론 비판에 대한 고찰”. 성균관대학교 대학원 석사학위 논문.

성용구(2008). 새로운 교육사회학. 서울: 태영출판사.

신세호(1981). 유, 초, 중등 교육과정 개정안. KEDI.

———(1979). 교육과정의 방향 탐색. KEDI.

안미자(1986). “R. W. Tyler 교육과정 이론의 비판적 연구”. 부산대학교 대학원 석사학위 논문.

오욱환(2003). 교육사회학의 이해와 탐구. 경기: 교육과학사.

유은선(1986). “교육과정 평가의 종합모형”. 이화여자대학교 대학원 석사학위 논문.

이영덕(1978). “교육과정 개발의 원리”. KEDI.

이혜원(1987). “교육과정 실행에 있어서 교사의 자율성”. 이화여자대학교 대학원 석사학위 논문.

조인진(1986). “R. S. Peters와 P. H. Hirst의 교육과정관”. 성균관대학교 대학원 석사학위 논문.

최돈만(1984). "교육내용으로서의 대중문화에 대한 지식사회학적 고찰". 한양대학교 대학원 석사학위 논문.

한만길(1984). "교육내용의 사회학적 분석". 서울대학교 대학원 석사학위논문.

한명희(1988). "교육과정 계획에 대한 현상학적 접근 연구". 교육학연구 제26호 제2호, 한국교육학회.

황경련(1986). "교육사회학적 측면에서 본 교육내용 편성에 관한 연구". 숙명여자대학교 대학원 석사학위 논문.

황희숙(1987). "교육과정 개발의 접근모형 및 전략에 관한 연구". 연세대학교 대학원 석사학위 논문.

제7장

신자유주의와 포스트모더니즘 교육

1. 신자유주의란 무엇인가?

2. 시장논리, 학교의 장에 적합한가?

3. 신자유주의 교육개혁의 타파

4. 포스트모더니즘 : 교육의 다양화와 특수성

5. 포스트모더니즘의 교육적 시사

우리나라 뿐만 아니라 세계 주요국들이 최근까지 공교육개혁의 이념으로 삼았던 신자유주의의 시장원리를 교육의 장에 적용하는 것이 과연 적절한지를 검토해 보고, 한국교육의 신자유주의화는 어떤 성격과 의미를 갖는 것인지를 파악해 보고자 한다(김천기, 2013, 261-300).

1. 신자유주의란 무엇인가?

1) 국가개입 철회와 시장 자율

신자유주의가 무엇인가에 대해서는 여러 각도에서 논의할 수 있지만, 여기서는 신자유주의의 핵심인 국가개입과 시장자율성의 문제에 초점으로 두고자 한다.

신자유주의는 하이에크의 사상에서 비롯되었으며, 시카고 대학교의 프리드먼에 의해 경제학적으로 정당화되었고, 대처와 레이건의 정치적으로 실행했던 일단의 시장지향적 이념이다. 그 이후 구체적인 정책패키지로 발전하게 되었던 것이다. 신자유주의는 기본적으로 다음 세 가지로 특징지을 수 있다. 첫째, 자원배분 기제로서 시장의 효율성에 대한 절대적인 믿음이다. 둘째, 모든 경제관계에서 시장원리의 확대, 즉 대외개방과 자유화, 탈규제가 요청되며, 공공영역에서도 시장논리와 경쟁원리가 강조된다. 셋째, 경제정책에서 균형재정을 지향하는 긴축위주의 재정통화정책, 소득재분배보다는 자본축적을 위한 감세위주의 조세정책이 강조된다. 현실 세계에서 신자유주의로의 이행은 시대별로, 국가별로 다양하게 나타나고 있기 때문에 대처의 영국이나 레이건의 미국을 표준으로 신자유주의 여부를 정태적으로 판단해서는 안 된다(윤상우, 2009). 신자유주의는 국가의 개입을 완전히 부정하는 것도 아니며, 신자유주의 하에서도 사회안정망과 기타 환경문제 등 산업화로 인하여 생기는 새로운 문제들을 국가적 과제로 인식한다. 이런 주장은 국가가 제공하는 사회복지 기능을 배격한다는 교조적 신자유주의와는 다른 것이다.

앞서 지적한 바와 같이 신자유주의는 국가철회를 주장하지만, 그것은 어디까지나 특수한 사회부문에 한정된 것이며 오히려 광범위하게 국가가 개입하고 있으며, 단지 개입의 형태만 달라졌을 뿐이다. 서구사회에서 신자유주의가 시장에 대한 국가개입에 반대한다고 했을 때 그것은 복지국가를 타켓으로 삼은 것이지, 기업의 자본의 축적을 위한 국가의 역할을 부정하는 것은 아니었다. 신자유주의 국가는 사회복지, 완전고용과 사회 인프라투자, 산업투자에 대한 조정과 규제로부터 물러났지만 국내적 · 국제적으로 투자자의 소유권을 보호하고 거래의 자유를 보장하기 위해 법적 · 제도적 틀을 마련하고 지속적으로 사회에 개입하였다. 그리고 신자유주의 국가는 기업의 국제경쟁력을 높인다는 명목으로 산업혁신정책을 실현하고 노동의 유연성을 시행하는 한편, 사회적 약자에 대해서는 '철퇴'를 휘둘렀던 것이다(Jessop, 2002; Harvey, 2007). 따라서 국가개입은 무조건 신자유주의적이지 않다고 판단하는 것은 오류를 범할 가능성이 높다.

2) 신자유주의의 자율적 통치성

신자유주의에서 국가개입의 억제 또는 후퇴는 개인의 자유와 자율성이 신장이라는 측면에서 정당화되는데, 이때 자율성의 성격이 무엇인가를 살펴볼 필요가 있다. 신자유주의는 자신의 주장의 설득력을 높이기 위해 이항대립적 구조를 사용하는데, 국가의 규제, 간섭은 부정적인 항인데 반해 자유와 자율성은 긍정적인 대립항으로 위치지어진다. 따라서 만일 우리가 국가의 시장개입을 지지한다면, 그 순간 우리는 개인의 자유와 자율성을 부정하고 하이에크의 이른바 '노예의 길'을 택하는 것이 되게 된다.

하이에크가 복지국가를 반대하는 것도 결국 개인이 자유를 상실하고 노예의 길로 들어서게 되기 때문이라는 판단 때문이다. 복직국가 정책을 시행하기 위해서는 민주적 합의가 이루어져야 하는데, 그가 보기에 민주적 합의는 불가능하며 이로 인해 강제가 필요해진다는 것이다. 하이에크의 이 단순화된 주장은 Hirschman(2010)의 이른바 '위험명제', 즉 '복지국가 정책은 자유를 위태롭게 한다.'는 명제에 입각해 있다. 그러나 그 위험명제를 그대로 사용하자면, 그는 복지국가 폐지로 인해 발생될 사회양극화의 위험은 간과했다는 비판을 받을 여지가 있다.

시장에서 국가의 개입이 축소되면 개인의 자율성이 신장된다는 하이에크의 주장은 형식논리상 맞는 것 같이 보인다. 특히나 권위주의적 정치체제를 경험한 한국인의 입장에서는 더욱더 설득력 있는 말이다. '국가의 간섭이나 규제를 받지 않고 개인이 자율적으로 판단하고 행동한다.' 얼마나 달콤한 말인가? 칸트가 설파했던 '자율적 인간'을 주창하는 것처럼 들린다. 하지만 신자유주의가 말하는 개인의 자율성은 칸트가 말하는 개인의 자율성과는 그 의미하는 바가 근본적으로 다르다. 신자유주의에서 말하는 개인의 자율성은 Foucault의 언어로 표현한다면, 국가의 통치성 대신 신자유주의의 통치성(governmentality)에 의거하는 것이다(Foucault, 2008).

푸코가 말하는 신자유주의 통치성은 난해한 개념이기는 하지만, 신자유주의 통치성을 극단적으로 가장 잘 표현해 주는 말이 Moore의 다큐멘터리 영화 〈볼링 포 콜럼바인〉에서 총을 든 시민들이 하는 말이다. "자신과 가족의 안전은 내가 지킨다." 국가와 경찰이 지켜주는 것이 아니라 내가 총으로 무장하여 외부의 위험으로부터 가족을 지키는 것이 자율적 존재인 나의 책임인 것이다. 개인의 안전도, 의료비도, 교육비도 국가가 책임지지 않고, 개인이 자율적으로 해결해야 하는 것이다. 이것이 신자유주의가 말하는 자율성의 의미다.

신자유주의 통치성이란 삶의 모든 문제해결의 책임은 국가가 아니라 개인에게 있으며, 개인이 자율적으로 해결할 수 있는 자립능력을 키워야 한다는 것이다. 이것은 개인주의적 관념으로 보면 지극히 당연한 주장이라는 생각을 갖기 쉬운데, 그 언설의 맥락 속에서 보아야 그 의미가 제대로 파악된다. 신자유주의 통치성은 사회적 삶의 모든 문제와 공공적인 위험을 관리하고 해결해야 할 책임이 바로 자기 자신에게 있다고 생각하는 자율적 개인의 육성에 있다. 모든 사회적 삶의 어려움은 개인적 결정에 따른 것이며, 모든 사회문제는 개인의 사적인 해법으로 환원된다.

신자유주의 통치성은 사회적 리스크를 국가에서 개인으로 이전시킴으로써 문제에 대한 책임을 국가에서 개인의 자율적 능력의 문제로 환원시킨다(Lemke, 2002). 사회양극화, 가난과 질병의 문제, 생태계 파괴, 먹거리 문제, 자연재해도 개인이 해결해야 할 생존의 문제일 뿐이다. 삶의 위험을 관리할 책임이 국가에서 개인에게로 재분배된다. 즉 '위험의 개별화'가 일어난다.

신자유주의의 자율적 통치성의 관점에서 보면, 입시경쟁교육의 문제도 국가가 책임져야 할 문제가 아니다. 각 개인 각자가 알아서 해결해야 할 문제이고, 학교가 알아서 관리해야 할 문제다. 우열반 편성, 방과후학교 운영, 0교시, 보충수업 문제도 학교나 학부모가 알아서 선택해야 할 문제이고 해결해야 할 문제일 뿐이다. 그것을 국가가 규제할 필요가 없다. 이런 기조에서 나온 것이 이명박 정부의 '4 · 15 학교자율화' 조치다. 국가의 규제라 하면 그것이 지닌 부정적인 뉘앙스 때문에 규제를 푼다는 말이 무조건 긍정적인 조치로 인식되기 쉽지만, 규제를 무작정 푸는 것만이 선은 아니다. 특히나 우리나라처럼 과열된 입시교육으로 국민이 고통받는 현실에서 입시교육의 과열과 병폐를 금지하는 규제를 푸는 것이 자율화라고 한다면, 그것은 자율화의 의미를 심각하게 오용하는 것이다. 입시교육 규제완화를 '자율화' 조치라고 명명한 것은 국민들로 하여금 정부 정책에 호의적이도록 만드는 '설득적 정의' 효과를 의도한 것이라고 볼 수밖에 없다.

2. 시장논리, 학교의 장에 적합한가?

1) 학교의 장의 성격과 교사의 아비투스

신자유주의는 교육을 아예 시장경제 영역으로 옮겨 놓자는 것이다. 그리하여 교육을 시장의 논리에 따르도록 한다는 것이다. 하지만 시장영역에서는 시민이 교육의 평등화를 요구하거나, 시민이 자신의 삶에 영향을 끼치는 중대한 교육에 관한 결정에서 평등한 발언권을 가질 수가 없다. 우리 공동체 교육의 목적과 수단에 대한 공적인 논의 자체가 어렵다.

그리고 교육이 시장영역으로 이동하면, 학교도 시장경쟁 논리에 따라야 하고, 교사는 시장의 상인들처럼 서로 자기 물건을 팔기 위해 경쟁해야 한다. 상인들은 돈을 벌기 위해 시장에서 얼마나 애쓰는가! 그런데 교사들은 무사안일하기 그지없다. 가만히 있어도 고객이 주어지고, 고객이 무엇을 요구하든 상관없이 구태의연하게 자기들 식으로 교육하고 있으니 말이다. 이런 '나태'한 교사들에게 강한 자극을 주기 위해서는 교사들을 '시장판'으로 끌어들여야 한다. 학생들에게 장사를 잘해서 돈을 벌어들이지 못하면 시장에서 '퇴출'시켜야 한다. 이것이 바로 신자유주의 시장경쟁 논리다. 그러나 과연 교원의 동기를 '당근'과 '채찍'으로 불러일으킬 수 있을까? 이는 인간의 하위욕구(생존과 안전욕구)를 중시하는 맥그리거(McGregor)의 X이론과 비슷하다. 아이들의 인지적, 도덕적, 사회적 성장에 관한 책임을 맡은 교사들에게 시장경쟁이 교육적 동기를 불러일으키기는 어렵다. 실제 시장경쟁을 통해 '교육의 질'이 향상된다는 실증적 근거도 부족하다. 물론 사립학교가 SAT성적이 높지만, 그것이 주로 사립학교의 교육효과성에 기인한 것인지, 아니면 학생의 사회경제적 배경의 영향에 기인한 것인지 분명하게 말할 수 없다.

그리고 현실적으로 교사와 학생의 관계를 시장에서의 상품 거래관계로 규정한다는 자체가 학교의 장에서의 교사 행위의 특수성을 간과하고 있는 것이다. 이것은 무슨 뜻인가?

우선 학교의 장(field)은 일반 경제의 장과 다르다는 점이 지적되어야 한다. 현대사회의 소세계들은 역사적으로 자율화 과정이 다 다르고, 다른 것으로 환원될 수 없는 근본법칙을 지닌 세계들, 이익/관심의 특수한 형태들의 장소인 세계들을 형성하고 있다(Bourdieu, 2005). 따라서 경제적 장의 이익의 법칙과는 다른 법칙, 또는 이익의 법칙을 부정하거나 거부하는 법칙에 토대를 둔 자율적인 장들(문화의 장, 예술의 장 등)이 존재한다. 학교의 장은 '장사는 장사다.'라는 경제 장의 이익의 법칙이 아니라 교육의 법칙, 즉 '교육은 교육이다.' '교사의 행동은 교육적이어야 한다'('교사의 행동은 상업적이어야 한다.'는 법칙은 학교에서 절대 통용될 수 없다)라고 하는 장의 법칙을 가지고 있다. 학교의 장은 헌신, 봉사, 교육애에 기초를 두고 있다. 교육의 장에서 행위자들인 교원들은 아이를 교육하는 일의 속성상 '이해관계에 얽매이지 않는다.'는 사실을 전제한다. 말하자면 교원들은 아이의 '신성한 교육'을 담당하는 스승으로서 타산적인 이익을 밝혀서는 안 되며, 무사무욕적인 태도를 가지고 있어야 한다는 기능논리를 가지고 있다. 그렇다면 현실적으로 교사들의 행동은 학교의 장의 법칙에 따르는가? 하는 의문이 들 수 있다. 교사들의 행위는 이해관계를 따르지 않는가? 부르디외가 사용하는 아비투스 개념을 사용한다면 교사들은 자본주의적 아비투스를 가지고 있지 않은가? 그렇다는 주장은 부르디외가 비판하는 환원주의적 입장에 해당된다. 말하자면 모든 것을 다 공리주의적 이해관계로만 설명하려는 입장이다. 이러한 설명이 맞는 것인가? 부르디외는 장에서의 행동을 설명하는 데 아비투스 개념을 사용한다. 부르디외에 따르면, 각 장은 동일한 아비투스를 갖춘 행위자들을 통해 그 성격이 표현된다. 예를 들어, 학문의 장은 정치적 장에 포함되어 있는 정치인들의 아비투스와는 다른 학구적 아비투스를 지닌 행위자들의 삶을 전제한다.

2) 교육에 대한 교사들의 이해관계의 특수성

학교의 장에서 교사들이 가르치는 일에서 갖는 이해관계는 경제의 장에서 표출되는 이해관계와는 성격이 매우 다른 것이다.

교육에서 교사들의 이해관계는 학교의 장에 소속되어 있고, 교육이란 유희에 참여하는 데서 생기는 이해관계로, 학교의 장에서 이루어지는 교육목적이 지닌 가치에 대한 믿음과 열정을 만들어 낸다. 또한, 학교의 장에서 교사들은 타산적 이해관계를 초월한 행동을 함으로써 '이해관계를 초월한 이해관계', 상징적 이익을 획득할 수 있게 된다.

여기서 얻을 수 있는 하나의 시사점은 학교의 장이 그 안에서 이루어지는 유희를 통해 교사들에게 존재감을 제공해 준다는 점이다. 교사들은, 신자유주의자들이 주장하듯, 단지 임금 보상과 같은 이익만을 얻고자 가르치는 것은 아니다. 파스칼이 말했듯이, 사냥에서는 노획물도 중요하지만 사냥, 그 자체가 사냥꾼에게는 큰 행복을 안겨 준다. 교사들에게는 임금이나 보상의 차원을 넘어서서 교육한다는 행복이 있다는 것이다. Bourdieu(2001)의 표현을 빌리자면, 이렇게 말할 수 있다. 교사의 행복이란, 자신이 사람들의 무관심에서 벗어나서 학생들의 관심을 받으며 가르치는 일에 몰두하고 목적을 향해 전념하고 있다는 사실에 있으며, 또한 객관적으로나 주관적으로 사회적 사명을 부여받았다고 느낀다는 사실에 있다.

그리고 또 하나의 시사점은 많은 교사들은 학생과 학부모, 동료교사와의 관계에서 타산적 이해에 집착하는 모습으로 비추어지기를 원치 않으며, 매사에 공평하고 무사무욕적인 존재로 인정받기를 원한다는 사실이다. 교사들은 사실 타산적 이해관계를 초월한 행동을 함으로써 '이해관계를 초월한 이해관계', 즉 상징적 이익을 획득할 수 있다. 단순히 타산적 이해관계만 존재하는 것이 아니라 오히려 타산적 이해관계를 초월할 때 결과적으로 생기는 이해관계가 존재한다는 사실이다. 교사들에게는 이것이 매우 종요하다.

신자유주의 경쟁논리가 공론장의 소통에서 유일하게 확립되고 보장된 지배

담론이 되면서부터는 이런 교사들의 행복, 사회적 실존으로서 갖는 의미와 중요감, 상징적 이익은 아예 존재하지 않는 것처럼 무시되고 있다. 신자유주의가 끼친 부정적 영향 가운데 가장 큰 것은 학교의 장에서 갖는 교사들의 존재의 의미를 통째로 허물어뜨리고 있다는 사실이다. 신자유주의 개혁의 주대상이라 할 수 있는 이 '해이한' 교사들을 경쟁구조 속에 몰아넣는다고 해서 교육에 대한 열정이 살아날까?

그리고 무엇보다 중요한 것은 생존과 경쟁의 가치를 중시하는 신자유주의 개혁으로 교사들이 가지고 있던 교육적 아비투스마저 더욱 변모되는 현상이 나타나고 있다는 것이다. 학교의 장에서 성공하기 위해서 이해관계에 대한 '사심'이 없는 놀이가 아니라 그와는 반대로 사심이 있는 놀이를 해야 하는 현실이라면, 교사들이 교육적 아비투스는 모순, 분열 상태를 겪을 것이다. 신자유주의의 개혁이 추구하는 것처럼 학교의 장이 경제의 장처럼 변화되어 교육적 아비투스를 인정하지 않으면, 교사들의 아비투스는 현실적 상황과 모순되어 변모될 가능성이 높아진다. 신자유주의 개혁의 와중에서 학교의 장의 아비투스는 교육적이라는 집단적(사회적) 지지가 점점 와해되어 가고 있고, 자신의 존재 이유를 상징적 이익(교사라는 명예, 소명감)에서 찾을 수 없기에 교육적 아비투스보다 자본주의적 아비투스를 구축해 가는 교사들이 점차 늘어 가고 있다.

3. 신자유주의 교육개혁의 타파

신자유주의 핵심의제는 공교육에 국가역할을 재설정하는 것이라 할 수 있다. "새로운 학교형태를 도입하여 학교 간의 경쟁을 강화시키고, 학생을 더 많이 모집하는 학교에 재정적 인센티브를 부여하는 것 그리고 학교선택 및 학교관리와 관련하여 학부모의 권력을 증대시키는 것"(김용일, 1999)이다. 즉,

관료적 통제에서 탈피하여 '시장지향적인' 교육정책을 도입하자는 것이다.

서구의 신자유주의 교육개혁의 진행과정을 보면, 영국에서는 1988년과 1993년의 교육법을 통해 학교에서 선택과 다양성이 강조되기 시작했다. 특히, 1993년 교육법은 공교육에 대한 지방교육청(LEAs)의 독점적인 권한을 억제하고 국가교육과정(national curriculum)과 전국적인 평가체제를 통해 교육내용에 대한 중앙정부의 통제를 강화시키는 계기가 되었다. 이 조치들은 학부모의 선택과 학교의 다양성 확보라는 취지에서 추진되었다. 의사시장(quasi-market) 속에서 이루어진 학교체제의 변화로는 학교선택의 자유(학군 개방제, open enrollment), 학교의 지역관리(local management of school), 국고보조학교(grant-management of school), 도시기술전문학교(city technology college) 등을 들 수 있다. 이러한 체제변화는 단위학교에 자율성과 책무성을 이양하고 학부모에게 학교선택권을 부여하여 공립학교간의 학생 유치 경쟁을 유도하기 위한 것이다.

미국에서도 1980년대 이후 시장경쟁 원리에 따라 공교육체제를 개혁하려는 노력이 이루어져 왔다. 레이건 대통령은 학교선택과 지방교육 자치단체의 자율성을 강화하였고, 부시 대통령은 건전한 시장원리에 따라 공교육체제를 재조직하려 노력하였다. 특히 학부모의 선택권 강화, 자율적인 협약학교(charter school), 영국의 CTCs와 같은 취지의 '새로운 미국 학교프로그램(New American School Program)'을 도입하였다. 여기에서는 단위학교 책임경영이 학부모 및 지역사회의 참여가 함께 강조되었다. 이와 같이 미국의 신자유주의 교육개혁도 학부모의 선택권을 강화하고 단위학교에로의 권한 이양을 통해 교육의 질적 수월성을 추구하려는 노력이었다. 이외에도 바우처스쿨(voucher school), 마그넷스쿨(magnet school), 협약학교 등은 공교육에 경쟁을 유도하고 새로운 형태의 학교를 도입하여 공교육의 변화를 유도하려는 제도다.

미국의 경우 신자유주의에 의거한 공교육개혁의 방향은 다음과 같다(Ravitch, 2010).

- 학생들의 학업성취도(읽기 · 쓰기)를 평가하고 그 결과에 대해 학교와 교사가 책임지게 하라.

- 학생과 학부모에게 학교 선택을 할 수 있는 자유를 허용해 주어라.
- 슈퍼스타 교사로 학교를 채워라.
- 문제학생은 학교에서 쫓아 내라.

위에서 말한 방안들은 그야말로 간단명료하고, 장밋빛 미래를 약속해 주는 것처럼 보인다. 하지만 신자유주의 개혁의 결과 미국에서는 과연 이상적이고, 바람직한 공교육이 재탄생되었는가? 한때 열렬한 신자유주의 교육개혁의 전도사였던 교육사학자 래비치(Ravitch, 2010, 17-18)는 이렇게 반성적으로 회고하고 있다.

나 역시 다른 사람들과 마찬가지로 최근에 등장한 만병통치약과 기적의 묘책에 속아 어려운 문제를 바로 잡을 수 있다고 약속하는 묘역에 흠뻑 취해 책무성 부고와 인센티브, 시장의 힘을 숭상하는 축제의 행렬에 동참했다는 것이다. 눈이 멀고 마음을 빼앗긴 것으로 치자면 나 역시 예외가 아니었다. 시간이 지나면서, 최근의 개혁 정책이 그 약속을 실현해 주지 못한다는 증거만 늘어 가자, 나는 결국 설복될 수밖에 없었다. 더 많은 증거가 등장할수록 내 신념도 서서히 사그라졌다.

한 마디로, 미국의 신자유주의적 공교육 개혁의 결과는 공교육의 파탄을 가져왔다는 비판을 피하기 어렵게 되었다. 선택제를 보장하기 위해 도입된 협약학교, 바우처스쿨 등은 그 자체의 효과도 의심스러울 뿐만 아니라 무엇보다 공립학교를 황폐화시켰으며, 교육당국은 시험이 갖는 한계를 무시하고 오로지 시험점수의 결과로 교사를 해고하고, 공립학교를 폐쇄시킴으로써 공립학교를 와해시키는 지경에 이르렀다. 학교 간 경쟁이 치열해질수록 공립학교는 전혀 개선되지 않고 오히려 더욱 몰락하는 결과를 보이고 있다(Ravitch, 2010). 이러한 신자유주의 개혁의 결과에 직면하면서 Ravitch(2010)는 공교육의 희망이 이제 신자유주의 교육개혁을 타파하는 데 있음을 역설한다. 그는 다음과 같이 개혁방향을 제시하고 있다.

- 본질적인 교육목표를 무시하고 교육의 구조와 관리체계만 계속 바꾼다면 학교는 개선되지 못할 것이다. 미국 공교육의 문제는 교육적 비전의 결여에서 발생한 것이다. 우리가 개탄해야 할 대상은 학교의 구조가 아니라 건전한 교육적 가치의 부재다.
- 정부관료들이 교육학적 영역에 개입하면서 전문교육자가 적절히 내려야 할 결정을 대신 내린다면 학교는 발전하지 못한다.
- 좋은 교육의 본질을 이루는 여타 과목을 등한시하고 계속 읽기와 수학에만 치중한다면 학교는 발전할 수 없다.
- 시험이 측정하는 대상에만 가치를 두어서는 학교가 개선될 수 없다. 시험은 학업향상도에 대해서는 유용한 정보를 제공할지 몰라도 정작 교육에서 가장 중요한 것은 측정하지 못한다.
- 오로지 시험에 의존해서 학생, 교사, 학교장, 학교의 운명을 결정한다면 학교는 발전할 수 없다.
- 개혁이란 이름으로 계속 지역 학교의 문을 닫는다면 학교는 개선되지 못한다.
- 시장의 마법에 학교를 맡긴다면 학교는 결코 발전할 수 없다. 협약학교가 가난한 지역의 일반 공립학교에서 학습동기가 가장 높은 학생과 그 가족을 빼내 간다면 학교는 성장하지 못한다.
- 학교가 이익을 추구하는 민간기업처럼 작동하기를 기대해도 학교는 발전할 수 없다. 학교는 성공과 실패에 대한 정보를 즉각 공유하면서 서로에게서 배움을 얻어야지, 생존을 위한 싸움에서 라이벌이 돼서는 안 된다.
- 시험성적 데이터만 맹신해서는 학교는 절대 발전할 수 없다. 데이터는 숫자로 된 측정결과일 뿐이며, 어디까지나 보조역할을 수행하는 데 그쳐야 한다.
- 학교교육에서 돈이 중요하지 않다고 말하는 사람들의 손으로는 학교가 개선될 수 없다. 풍부한 자원이 성공을 보장하지는 않지만, 풍부한 자원이 없이 학교가 성공하기는 무척 어렵다. 진정으로 학업성취도 격차를 줄이

고자 한다면 가장 가난한 아이들이, 제대로 교육받은 교사와 소규모 학급, 멋진 시설, 풍부한 예술 및 과학 교육과정이 마련된 학교에 다닐 수 있도록 해야 한다.

- 빈곤한 가정환경처럼 사회적으로 불리한 여건을 무시해서는 학교가 발전할 수 없다.
- 좋지 못한 경제 상황이나 가난, 가족의 붕괴, 시민의식 저해 등을 학교교육 탓으로 돌리며 학교를 우리 사회의 다목적 샌드백으로 사용하는 한 학교는 개선될 수 없다. 학교는 여타 제도나 기구와 더불어 운영돼야 할 기관이지, 이들 기구를 대체할 수 있는 기관이 아니다.

요컨대, 신자유주의 교육개혁의 핵심적 논리, 즉 ① 공립학교를 민간 기업처럼 경영하고, ② 학교들이 생존경쟁을 하도록 해야 학교를 개선할 수 있다는 환상을 버려야 한다는 것이다. 교육의 진정한 목적과 비전을 확고하게 하고, 신자유주의 교육개혁에서 도외시하는 빈곤한 가정환경, 열악하고 위험한 지역환경, 불평등한 교육환경 등을 개선할 때에 학교교육이 비로소 개선될 수 있다.

4. 포스트모더니즘 : 교육의 다양화와 특수성

포스트모던 교육학자들은 합리성과 보편성에 기초를 둔 공교육의 해체를 주장한다. 학교에서 가르쳐지는 지식에 권력이 내포되어 있기 때문에 제도화된 공교육은 파편화되고 해체되어야 한다고 주장한다. 이들은 현재의 획일적 공교육체제를 다양성과 차이가 인정되는 다양한 교육체제로 재구성할 것을 제안한다.

포스트모더니즘도 신자유주의와 비슷하게 공교육의 획일주의와 권위주의에 대해 비판을 하고 있다. 획일주의의 예라 할 수 있는 경직된 학교운영, 국정 또는 검인정교과서, 주입식 입시위주교육, 획일화된 평가 그리고 교육행정가와 교사의 권위주의는 바람직한 의사소통을 불가능하게 하고, 교육내용에 담겨 있는 지배이데올로기와 함께 학습자를 억압, 통제하여 체제 순응적인 인간으로 사회화시킨다.

이러한 관점에서 보면, 그동안 한국 학교교육은 권력의 감시 하에 동일한 교육과정과 동일한 평가체제를 통해 인간을 능력별로 구분해 왔고, 일방적이고 권위적인 주입식교육은 인간의 자연스러운 성장보다는 산업발전과 국가발전에 순응적인 인간으로 길들였다. 포스트모더니즘의 공교육에 대한 비판은 한국교육을 통제해 온 관료주의의 획일성과 권위주의의 문제점을 지적하는데 적절하다.

포스트모더니즘적 대안에서 보면, 획일적이고 권위주의적인 공교육은 파편화되고 해체되어야 마땅하다. 해체주의는 보편적인 교육목적의 거부, 정전화된 교과서의 거부, 획일화된 강의식 교육방법의 해체, 교사와 학생들의 권위적인 수직관계의 해체, 제도화된 학교교육 중심의 교육해체를 주장한다. 이러한 해체는 다양한 교육목적, 다양한 교육내용, 불일치와 차이(difference)의 교육방법, 타자성을 인정하는 교육적 관계 그리고 열린 학습체제와 평생교육으로의 변화를 요청한다. 그러나 이러한 해체의 논리 속에는 해체주의자들이 현실을 타파할 수 있는 대안적인 프로그램을 제시할 수 없다는 한계가 있다(안병환, 2010).

5. 포스트모더니즘의 교육적 시사

안병환(2010, 239-250)은 포스트모더니즘으로부터 다음과 같은 교육적 시사를 제시하고 있다.

해체(deconstruction)와 해석(interpretation)은 포스트모더니스트들의 도구이다. 그들의 목적은 모든 구조를 해체하는 것이다. 그 어떠한 한 가지의 해석보다는 오히려 다양한 해석을 허용한다. 포스트모더니스트들에게 있어서 세계는 다원적 실재로 이루어져 있다. 따라서 포스트모더니스트들의 주요 목적은 현대 사회과학적 지식을 해체하는 것이다.

비록 해체는 처음에 얼핏 보면 추상적이고 복잡하며 우연히 일어난 것처럼 보일 수도 있으나, 일단 그것의 기본 원리와 전략이 정리되면 결코 복잡하게 뒤얽힌 것이 아니다. 해체적 방법의 핵심은 다음과 같다(Hoy & Miskel, 1996 재인용).

첫째, 텍스트에서의 일반화에 대한 예외를 찾아서 그 예외를 강조함으로써, 예외를 활용하여 일반화를 해체할 것

둘째, 텍스트의 내용을 해석할 것

셋째, 텍스트를 해석할 때 절대성을 피할 것

넷째, 가장 많은 해석을 허용하도록 써라. 모호성과 혼란은 피하지 않고 계발되도록 할 것

또한 포스트모던적 교육은 지식에 대한 코페르니쿠스적인 전환을 요구하고 있다. 즉, 지식의 다양성, 지역성, 특수성, 우연성의 강조가 그것이다. 가령, 지엽적인 지식(local knowledge)이었던 것이 중심 지식의 위치도 자치할 수도 있게 됨을 의미한다. 그리하여 교사와 학생 간의 관계도 위계적이었던 관계가 평등한 관계로 변화하게 된다. 즉, 교사는 항상 가르치는 입장이었고 그들이 가르치는 지식은 절대적이고 보편적이었으나 포스트모던 교육에서는 학생의 지식 역시 의미있는 것이고 교사의 지식은 지엽적인 것으로 전환될 수 있다. 컴퓨터로 대표되는 전자혁명, 매스미디어와 정보기술의 발달은 이러한 지식관을 더욱 부채질하고 있다. 전자혁명에 의한 뉴미디어는 언제, 어디서나 누구나 정보의 거대한 데이터베이스에 접근할 수 있었던 지식관, 교사-학생 간의 관계, 학교관 등에 대한 새로운 관점을 낳았다. 이런 점에서 전자커뮤니케이션을

통한 평생교육은 포스트모던적 교육의 구체화라 할 수 있다(고형일, 1996).

이러한 포스트모더니즘이 교육에 시사하는 점을 보면 다음과 같다(윤종건, 1998).

첫째, 교육은 학생들에게 특정의 가치나 순수 객관적인 진리를 가르치려 하지 말고 보다 개방적, 허용적이고 비판적인 사고를 할 수 있는 능력을 길러야 한다.

둘째, 학교는 학생들로 하여금 그들의 능동적이며, 주체적인 존재로서 지식과 신념 그리고 가치체계를 창조해 나간다는 점을 깨닫게 해야 한다.

셋째, 비판적 사고능력과 주체성 함양을 위한 교육은 사회 문화적 배경과 전통의 중요성에 대한 올바른 인식에 통하여서만 가능하다. 따라서 교육은 마땅히 전통에 대한 올바른 인식과 그에 대한 비판능력 및 전통의 재창조 능력을 길러야 한다. 포스트모더니즘은 전통을 거부하거나 전통을 무시하는 것이 아니다. 다만, 전통의 절대성이나 신성불가침적인 사고를 거부하는 것이다.

넷째, 포스트모더니즘은 자유, 평등 그리고 민주적 가치를 기본 가정으로 한다. 포스트모더니즘은 부정의 철학이 아니다. 긍정적 사조며, 인본주의를 바탕으로 하고 열린사회를 지향하며 민주정신을 내포하고 있다. 지금까지의 학교는 자유와 평등과 민주를 가르치면서도 실제로는 획일성을 조장하고 비민주적 사고체계를 재생산해 왔다.

다섯째, 포스트모더니즘은 창의력 교육을 강조하는 사조다. 포스트모더니즘은 끝없는 변화를 모색하며, 새로운 것에 대한 문을 활짝 열어 놓고 있다.

다음으로 포스트모더니스트들은 교사교육에 대하여 다음과 같이 설명하고 있다(김성봉 등 역, 2007).

첫째, 교사는 모든 학생들의 문화적 배경을 충분히 다룰 필요가 있다. 또한 학생들의 개인적 이야기를 교육과정에 포함시키고, 지배집단의 지식만을 전달하는 형태를 피하라고 주장한다.

둘째, 포스트모던 학교의 교육과정은 개인과 집단의 정체성의 문제나 통제와 권력의 문제를 분석하고, 공동의 행동으로 나갈 수 있는 문화정치와 사회비판을 장려한다.

셋째, 포스트모더니스트들은 다양한 집단의견을 경청하는 것이 학교의 문화다양성, 다문화주의 논쟁과 중요한 상관이 있다고 주장한다.

넷째, 포스트모더니스트들과 구성주의(constructivism)자들은 우리가 경험을 통해 우리의 믿음과 지식을 구성한다고 주장한다. 따라서 학습자는 주변 환경과의 상호작용을 통해 지식에 대한 관점을 키워 나가는 것이다. 인간의 구상물인 지식은 일시적이고, 추상적이며, 학습자가 획득할수록 개선될 수 있는 것이다.

이상과 같은 포스트모더니즘은 오늘날 다양한 분야에 영향을 미쳐 현상에 대한 관점이나 사고의 변화를 요구하고 있다. 즉, 새로운 문제는 새로운 해결방식으로 접근해야 한다는 점에서 주목받고 있는 것도 사실이다. 그러나 아직은 다소 추상적이라는 비판을 받기도 하므로 앞으로 이론과 경험에 근거한 연구가 더 있어야 할 것이다.

참고 문헌

김천기(2013). 교육의 사회적 이해. 서울: 학지사.

고형일(1996). 근대화. 정보화 그리고 한국교육. 경기: 교육과학사.

김성봉 등 역(2007). 교육학개론. 서울: 아카데미프레스.

목영해(1995). 후 현대주의 교육학. 경기: 교육과학사.

안병환(2012). 교육사회학의 이해. 경기: 공동체.

유혜령(1997). 포스트모더니즘과 교육. 경기 : 교육과학사.

윤종건(2001). 포스트모던시대의 교육행정과 학교경영. 서울: 원미사.

Golembiewski, Robert T.(ed.)(1993). Handbook of Organizational Behavior. New York: Marcel Dekker, Inc.

Hoy, W K., & Miskel, C. G.(1996). Educational Administration : Theory, Research, and Practice. New York: McGraw-Hill, Inc.

____________________(2001). Educational Administration : Theory, Research, and Practice. New York: McGraw-Hill, Inc.

Inglehart, R.(1997). Modernization and Postmodernization : Cultural, Economic, and political Change in 43 Societies. Princeton, New Jersey: Princeton University Press.

Rust, V.(1991). "Postmodernism and is Comparative Education Implications". Comparative Education Review, 35(4), 610-626.

Sadovnik, A. R.(eds.). Education and Sociology. New York: Routledge Falmer.

제8장

우리나라의 교육개혁과 교육민주화

1. 교육개혁의 의의
2. 우리나라 교육개혁의 진행과정
3. 우리나라 역대정부의 교육개혁
4. 교육 민주화
5. 학생인권

1. 교육개혁의 의의

오늘날 많은 국가들이 교육개혁을 추진하고 있다. 이것은 국가발전에 교육이 중요한 위치를 차지하고 있음을 나타내는 것이다. 그러면 교육개혁이란 어떤 의미를 가지고 있는지에 대하여 안병환(2012)은 다음과 같이 설명한다.

교육개혁은 교육부문에 대한 국가자원의 분배, 교육통치 구조와 학교자치, 교육과정과 교육방법 및 평가, 학교제도와 학생선발과정, 교원의 전문성 관리, 평생교육제도와 기능, 학교와 기업 및 지역사회와의 관계와 같은 영역의 일부 또는 전체에 관련된 국가교육정책의 근본적 변화를 의미한다(서울대학교 교육연구소, 1998).

교육개혁은 과거로부터 지속되어 온 교육활동이 시대적인 요청에 부응하지 못하고 역기능적인 양상을 띠거나 앞으로 전개될 상황변화에 괴리가 예견될 때 이를 역기능적인 양상을 띠거나 앞으로 전개될 상황변화에 괴리가 예견될 때 이를 구조적으로 개선하고자 하는 종합적인 노력이라고 할 수 있다(신현석, 2000). 교육개혁은 좀더 광범한 변화를 의미할 뿐만 아니라 항상 권력이나 물질적인 자원의 재분배에 영향을 미치는 정치적 과정을 포함하는 경우가 대부분이다. 결국 교육개혁은 한 국가의 교육체제와 구조에 있어서 하나의 전반적인 변화를 꾀하는 정책의 변화이다(이종각, 1996).

정치적 목적을 달성하기 위하여 이루어진 교육개혁은 교사나 학생, 학부모 등의 교육적 요구 또는 교육의 고유한 본질 실현이라는 측면을 존중하기보다는 정치권력에 대한 국민의 지지를 이끌어 내는데 관심이 있다. 따라서 교육개혁 주도세력은 당장에 거시적인 변화를 보일 수 있는 충격적인 개혁안을 무리하게 추진하는 경향이 있다(김재웅, 2001). 이러한 개혁은 단기적으로는 성공하였을지 몰라도 장기적인 측면에서 교육의 진정한 의미실현이라는 측면에서는 실패할 수도 있다.

이상을 토대로 볼 때, 교육개혁이란 한 국가의 교육체제와 교육구조에 있어서의 전반적인 변화로 간주될 수 있는데, 이러한 개혁에는 단순히 교육 자체만이 아니라 여러 가지 요소가 상호 복합적으로 관련되어 있음을 알 수 있다. 따라서 교육개혁의 방향을 논의할 때에는 교육개혁에 영향을 미칠 수 있는 여러 가지 요인을 고려하여야 한다는 것을 시사하고 있다. 뿐만 아니라, 교육개혁은 정치, 경제 그리고 문화적 측면만이 아니라 구성원들의 의식구조 및 학교 현실 등 다양한 요소가 고려되어야 할 것이다.

실질적인 변화는 교육내용과 교육의 과정뿐만 아니라, 교육자들의 연구가 어떻게 개념화되고 조직화되고 이행되는가에 따라 일어날 수도 있다.

다음 〈표 8-1〉은 기능론과 갈등론의 교육개혁이론을 요약한 것이다.

표 8-1 교육개혁 이론들 간의 관계

교육개혁		교육개혁에 대한 가정, 가능성과 과정			
패러다임	이론들	교육개혁의 전제조건	교육개혁의 근거	교육개혁의 범위와 가정	주요결과
균형	구조 · 기능주의	· 달라진 구조 · 기능적 필요	· 외생적 위협	· 기존 제도의 점진적 적응	· 지속적 항상성 또는 점진적 평형 · 인간자본과 국가발전
갈등	마르크스주의	· 엘리트의 변화에 대한 필요 인식 · 사회주의 통치자와 교육개혁가에게 권력 이양	· 생산의 사회적 관계와 학교의 사회적 관계 사이의 상응성	· 마르크스주의자들의 지배하의 급진적 재구조화	· 노동자들의 통합형성 · 새로운 사회주의자
	신마르크스주의	· 정치권력의 증가와 억압된 집단의 정치적 인식	· 사회정의와 사회평등에 대한 요구	· '민주적' 제도와 과정을 통한 대규모의 전국적 개혁	· 교육의 특권과 엘리트의식 제거 · 보다 평등한 사회 창조

출처: 김억환(1987). 신교육사회학입문. 서울: 박영사 재인용.

2. 우리나라 교육개혁의 진행과정

지난 50년대 이후 우리나라 교육개혁이 진행되어 온 과정을 살펴보면 다음과 같다(성용구, 2008, 297-299).

1) 1950년대

광복 이후의 한국의 교육의 가장 큰 목표는 모든 교육활동의 방향을 지정해 줄 수 있는 교육이념을 찾는 것이었다. 광복 당시 미국의 영향으로 민주주의 민족교육 이념이 주된 이념으로 교육의 전반이 미군청의 주도로 짜여지게 되었다. 이후의 교육제도는 한국 교육학자들과 미국 관리들로 인해 미국식 민주교육이 모토였으나 한국전쟁 이후는 '전시하 교육 특별조치 요강'에 따르게 되었다. 국정 교과서의 발간과 교원양성의 확대 그리고 의무교육을 완성하였다. 교육에 대한 인위적 제한과 차별이 사라진 후 한국인의 폭발적 교육열이 나타나기 시작했고, 과다한 사교육비가 지출되기 시작했다. 1954년도에는 교과중심 교육과정이 시작되었다.

2) 1960년대

조국 근대화와 더불어 국가주의 교육이념이 강조되었다. 교육도 자립경제와 경제성장에 총력을 기울였으며 냉전체제에서 반공교육이 중시되었다. 1963년 생활중심 교육과정으로 전환하였으며, 1969년도에는 중학교 무시험제도가 처음으로 서울지역에서부터 실시하였다.

3) 1970년대

정치적인 비민주적 특성이 학교에 영향을 주었는데 국민정신 교육을 위한 국민교육헌장을 바탕으로 안보교육, 반공, 효도교육이 강조되었다. 실업교육, 과학교육을 중시하였으며, 경제성장을 위한 교육이 지속되었다. 1973년 학문중심 교육과정이 도입되었고, 1974년 고교평준화 시책이 단행되었다.

4) 1980년대

1980년 7·30 교육개혁이 발표되면서 대학교육의 기회가 대폭 확대되었다. 여학생의 대학 진학률이 급증하였고, 실업계 고교학생수가 줄어들어 기술인력 확보에 차질이 생겼다.

7·30 교육개혁은 대학 본고사의 폐지와 더불어 과외금지로 이어졌다. 망국적인 과외현상이 일시적으로 사라지게 되었다. 초등교원 양성을 담당한 교육대학이 4년제로 승격되었으며 대학교육의 양적 팽창을 가져왔다.

5) 1990년대

세계화, 국제화 교육이 강조되었고 민주시민교육, 통일교육이 중시되었다. 학교에서 전인교육을 실시하고 과학교육을 더욱 강화하기 시작하였다. 평생교육제가 도입되었고 열린교육 운동이 일어났다.

6) 2000년대

교육에 경제논리가 도입되면서 교사 명예 퇴직제도, 계약제, 성과급제 등 기업경영논리에 따르게 되었다. 학력 인플레가 고조되었고 농어촌 학교의 통폐합이 계속 이루어지는 등 신자유주의의 경쟁체제, 예산삭감 등의 정책이 나타나기 시작하였다. 개인과 집단이 대립적인 사회관계의 맥락 속에서 그들이 무엇을 지각하고 있는가에 따라 달라질 수도 있다.

3. 우리나라 역대정부의 교육개혁

그동안 우리나라는 교육개혁을 지속적으로 추진해 왔다. 특히 정권교체기마다 새로운 교육개혁정책을 제시해 왔다. 그러나 이러한 교육정책이 교육현장에 체계적으로 실현된 것도 있고 그렇지 못한 것도 있다. 성과가 미흡했던 경우는 국민과 교육계의 지지를 받지 못했을 뿐만 아니라 차기정권에 의한 새로운 개혁대상이 되기도 했다(안병환, 2012, 280-301).

1) 5공화국의 교육개혁

1980년도 교육계혁 주요 업무추진 상황은 국민정신교육의 강화, 취학전 아동교육의 확대, 학교교육의 정상화, 대학교육의 질적 향상, 평생교육체제 확립, 체육진흥, 국제교육의 방향정립 그리고 정화운동 추진 등이었다(정태수, 1995).

당시 교육문제가 교육의 울타리를 넘어서서 사회문제로까지 번진 병폐를 치유한다는 목표로 1980년 7월 30일에 정부는 교육정상화 및 과열과외 해소방안(7 · 30 교육개혁 조치)을 발표하게 되었다. 당시 교육개혁 관련자들은 이를 사회개혁적 교육개혁의 경향을 띠었다고 하였다. 이때 발표한 교육정상화 및 과열과외 해소방안의 주요 내용을 보면 다음과 같다(정태수, 1991).

1981학년도부터 대학입시 본고사를 폐지하고, 출신 고등학교의 내신성적과 예비고사 성적만으로 대학입학자를 선발한다. 이는 앞으로 내신성적을 점차 확대 반영하여 궁극적으로는 고교성적 위주로 대학이 정한 자율적 기준에 의하여 선발하게 하는 제도에 도달하기 위한 과도적 개혁이다.

초 · 중 · 고등학교의 교과서 수를 줄이고 난해한 것은 그 수준을 낮추어 교육과정을 조정하여 1982년부터 선별적으로 교과서 개편작업을 시작한다.

대학의 입학정원제를 졸업정원제로 전환하여 신입생은 일정 수를 더 입학시키되(1981학년도는 입학정원의 130%) 졸업은 정원 수만큼 시키며, 공부하는 대학으로 유도한다.

대학의 강의를 아침부터 저녁까지 개설하여 대학의 시설과 인력을 최대한 활용하는 전일 교수제를 시행한다.

대학진학의 문호를 넓히기 위하여 대학입학 인원을 연차적으로 대폭 확대하며, 1981년에는 최고 10만 5천 명까지 증원을 검토한다.

현행 TV가정고교방송 운영을 개선하여 방영시간과 대상과목을 넓히는 한편 1981년부터는 교육전용 방송을 실시한다.

방송통신대학을 2년제에서 5년제로 하고, 교육대학을 4년제로 하여 모두 학사과정화한다.

교육세 등 교육재정 확보, 대학시설의 확충과 교원의 처우 개선, 과열과외 해소를 위한 전 국민운동 전개 등이었다.

그러나 7 · 30 교육개혁은 고등교육 인구의 증가, 재수생의 감소, 과열과외 완화 등의 긍정적인 효과를 가져왔지만, 한편으로는 대학생 수의 급증에 따른 대학교육의 질 저하, 보충수업 및 자율학습에 따른 고교생의 수업부담 증가, 대졸자의 취업률 감소와 이에 따른 사회문제 대두 등의 부정적 결과를 초래하기도 하였다. 그리고 대학졸업정원제는 몇 년 못가 유명무실해짐으로써 대학생 수만 2배로 불려 놓은 결과를 가져왔으며, 과외금지 조치에도 불구하고 비밀과외가 성행했다는 점에서 실패한 정책으로 볼 수 있다(한국교원단체총연합회,

1997).

제5공화국의 교육개혁의 한계를 다음과 같이 지적하였다(이종각, 1994).

첫째, 제5공화국은 정권의 성격상 한계를 지니고 있기 때문에 국민의 관심을 교육문제라는 절박한 사안에 돌리게 하였다는 것이다.

둘째, 정권의 주도집단에 의하여 교육개혁이 추진되었기 때문에 공개적이고 민주적인 결정이 이루어지지 못하였다는 점이다.

셋째, 초헌법적인 기관에서 초헌법적인 방법으로 개혁이 이루어졌다는 점이다. 이것은 개혁정책 결정 과정에서 군사문화의 급진성을 보여주게 되었다고 한다.

넷째, 내용상으로 충분한 준비가 없었다는 점에서 졸속성을 드러냈을 뿐만 아니라 시행과정에서도 마구 밀고 나갔다는 점에서 억압성을 갖는다.

다섯째, 제5공화국의 교육개혁은 법적 · 제도적 · 형식적 뒷받침이 수반되지 못한 채 권력자의 의지와 행정부의 권위로 처리하는 경향을 보여주었다고 한다.

2) 문민정부의 교육개혁

5 · 31 신교육체제의 비전과 기본 특징은 다음과 같다(교육개혁위원회, 1995).

첫째, 학습자중심으로의 전환이다. 즉, 교육 프로그램의 다양화, 학교의 다양화, 특성화, 개인의 다양한 적성과 능력을 반영하는 대학입학 시험제도 등 교육내용, 방법, 학교모형 등 모든 면에서 교육공급자 편의 중심에서 교육수요자인 학생과 학부모의 교육선택을 최대한 확대 · 보장한다.

둘째, 교육의 다양화이다. 종래의 획일적이고 서열화된 교육에서 벗어나 학생 각자의 잠재능력, 창의력 및 인성이 최대한 개발되고 함양되도록 교육이 다양화된다.

셋째, 규제와 통제중심의 교육운영으로부터 벗어나 자율과 책무성에 바탕을 둔 개별 학교중심의 학교운영으로 전환된다.

넷째, 모든 사람이 자신의 능력을 최대한 개발할 수 있도록 함과 동시에 교육적으로 불리한 위치에 있는 사람에게는 불리함을 극복할 수 있게 해 준다. 즉, 자유와 평등이 조화된 교육체제이다.

다섯째, 21세기 세계화 · 정보화 시대를 맞이하여 교육의 정보화 · 첨단화를 구축하여 열린 교육이 실시된다.

여섯째, 엄정하고 객관적인 평가와 이에 따른 지원 등 질 높은 교육을 추구하는 체제이다.

신교육이 추구하는 구체적 목표를 교육관련자의 측면에서 살펴보면 다음과 같다.

첫째, 누구나, 언제, 어디서나 원하는 교육을 받을 수 있는 길이 활짝 열린 교육체제를 구축함으로써 모든 국민이 자아실현을 극대화할 수 있는 교육복지국가(Edutopia)를 만드는 것이다.

둘째, 초 · 중등교육에 있어서 학습자의 다양한 개성을 존중하고 인성 및 창의성을 최대한 신장시키는 교육체제를 갖춤으로써 모든 학습자의 잠재적 능력이 최대한 개발되도록 하는 것이다.

셋째, 고등교육에 있어서 대학운영을 자율화하고 연구 여건을 세계화하여 대학이 세계적인 학문과 과학기술 창조의 산실이 되며 사회 각 분야가 요구하는 최적의 자질과 능력을 갖춘 인재를 양성하도록 하는 것이다.

넷째, 교육평가와 지원체계를 종합적으로 재구축하고 교육재정을 획기적으로 확충하며, 각종 규제를 완화하여 교육의 질을 극대화하는 것이다.

이상과 같은 목표를 추구하기 위해 중점적으로 추진되어야 할 개혁방안은 다음과 같다.

첫째, 열린 교육사회, 평생학습사회 기반 구축

둘째, 대학의 다양화와 특성화

셋째, 초 · 중등교육의 자율적 운영을 위한 학교공동체 구축

넷째, 인성 및 창의성을 함양하는 교육과정
다섯째, 국민의 고통을 들어주는 대학입학제도
여섯째, 학습자의 다양한 개성을 존중하는 초·중등교육
일곱째, 교육공급자에 대한 평가 및 지원체제 구축
여덟째, 품위있고 유능한 교원육성

문민정부의 교육개혁에 대한 비판을 보면 다음과 같다(한국교원단체총연합회, 1997).

첫째, 교육개혁안의 논리전개 방식은 연역적이다. 당연하고 일반적인 원리와 원칙을 미리 정해 놓고 그 기준에 따라 현실을 개혁한다는 논리로서 우리나라 교육현장의 특수한 문제들을 정확하고 구체적으로 접근하지 못한다.

둘째, 개혁안에서 제도와 정책방안은 강조되고 있으나 학교교육 현장의 변화에 대해서는 고려가 부족하다. 개혁안은 변화시킬 교육현장의 모습을 너무 안이하게 예측하고 있으며, 개혁과정에서 파생될 문제점에 대한 예측과 대안이 미흡하다.

셋째, 개혁안에서 각계의 이해관계가 엇갈려 논란이 예상되는 과제는 뒤로 미루었다. 특히 상당규모의 재원이 투자되는 학급당 학생 수 축소, 교원처우 개선 등 가장 시급한 과제를 언급만 하고 목표를 제시하지 않았다.

넷째, 획기적인 교육개혁안을 마련하는 방법에서도 문제가 있었다. 교육개혁위원회의 구성의 지연, 임기 중반이 지난 시점에서 개혁안 발표, 너무 짧은 기간에 너무 많은 개혁방안의 제시로 철저한 검토 결여, 국민 각계각층의 참여 부족, 한국현실에 부적합한 외래방안의 도입 등이 문제다.

3) 국민의 정부의 교육개혁

국민의 정부는 문민정부 말에 일어난 IMF 금융위기를 맞으면서 출발하였다. 따라서 구조조정이라는 사회의 전반적 분위기는 교육에도 영향을 미쳤다. 이로 인하여 시장경제논리가 교육에도 영향을 미쳐 소위 신자유주의 교육이란 말이 강조되었다.

국민의 정부의 분야별 세부정책, 내용 그리고 정책목표를 보면 다음 〈표 8-2〉와 같다.

표 8-2
국민의 정부의 분야별 세부정책, 내용 그리고 정책목표

분야별 정책	내용	정책목표
교원정책분야	교원정년단축	교육예산 절감, 교직사회 활성화, 일반공무원과의 형평성 유지
	교원노조합법화	보편화된 제 노동기준 준수, 다양한 교직단체를 통한 교직사회의 활력제고
	교원성과상여금제	공직사회 경쟁력 도입, 생산성 제고
	교직발전종합방안	교원인력의 형성, 배분, 활용, 능력발전, 동기부여 등
학교정책분야	새학교문화창조	학생중심의 학습활동 실천으로 자율화, 다양화 특성화된 학교교육 및 지덕체의 조화로운 성장을 통한 학교공동체 실현
	제7차교육과정	수요자중심, 학습자중심, 다원적 문해력(literacy)을 강조하는 교육과정 제시
	학교유형의 다양화	학교교육의 다양화와 특성화를 통한 학교운영의 자율성 신장
	공교육내실화	국민기본교육 충실과 창의력 및 인성교육을 통한 학교교육의 신뢰제고
교육환경개선 분야	교육여건개선사업	교육여건을 구비함으로써 공교육의 활성화
	학교예산회계제도	단위학교 경영의 자율화, 재정운영의 투명성, 효율성 증대
교육행정조직 분야	교육개혁추진조직	학부모, 교원, 시민단체 및 지역사회인사 등의 참여를 통한 현장중심의 교육개혁 자문
	교육부조직개편	생산적 복지인프라 구축을 위한 효율적 정부조직 구성
고등교육분야	대학입시제도	입시전형을 다양화, 자율화하고 학교교육의 정상화를 통한 사교육비 경감
	두뇌한국(BK) 21	세계적 수준의 대학원 육성과 지역대학 특성화를 위한 고등인력양성체제 구축, 학사과정의 정원 감축과 대학문호 개방 등의 대학교육개혁을 통한 고등교육의 경쟁력 제고

출처: 한국교원단체총연합회(2002. 12). 국민의 정부 교육개혁평가와 한국교육의 변화전망, 27-43을 표로 재구성한 것임.

위의 〈표 10-2〉에 제시된 바와 같이, 국민의 정부의 교육개혁은 자율성과 참여공동체, 학생중심의 교육과정 운영, 학교 안팎의 학습활동, 다양한 능력의 신뢰성 있는 평가 그리고 전문성 제고를 위한 인사관리와 교원연수 등이 특징이라 하겠다. 이 중 일부는 문민정부의 교육개혁안과 맥을 같이 하는 부분도 있다.

한유경(2003)은 기존의 연구를 종합하여 다섯 가지 과제를 제시하였다.

첫째, 단위학교와 행정기관 사이의 제도적 관계가 새롭게 정립하여야 하고 단위학교가 현재보다 더 학교운영에 관한 자율성을 가지고 있어야 한다.

둘째, 학교자체를 강화해야 한다.

셋째, 학교운영위원회의 활성화가 요구된다.

넷째, 단위학교 운영주체들의 인식전환 및 전문성 신장이 요구된다.

다섯째, 단위학교 운영의 자율성을 확보하고, 학교교육 발전을 위해서는 우선적으로 충분하고 안정적인 교육재원의 확보와 이의 합리적인 배분과 운영이 이어져야 한다.

교원정년 단축에 대해서 송광용(2003)은 갑작스런 교원정년 단축이 미친 영향에 대해 다음과 같이 지적하였다. 교원정년 조정정책은 퇴직자 양산과 연금기금 고갈, 초등교원의 부족과 교원양성체계의 혼란, 교원의 사기저하, 기간제 등 정규교사의 과다충원에 따른 교육의 책무성 약화 등의 결과를 초래하였다.

국민의 정부의 교육개혁은 문민정부의 교육개혁방안과 일부 맥을 같이 하는 부분도 있다. 수요자 중심교육, 학생선택권 강화 및 단위학교 책임경영제 등과 교육과정의 탄력적 운영 및 수행평가 등 교육제도나 수업방법 면에서 많은 변화를 가져온 것도 사실이다. 확보되지 않은 시점에서의 수준별 교육과정 운영 등 사전 점검이 미흡한 채 정책이 시행된 점은 다소 문제점으로 남는다.

4) 참여정부의 교육개혁

참여정부의 교육정책의 성과와 문제점, 지속추진 교육개혁 과제를 개략적으로 몇 가지만 정리해 보면 다음과 같다(이명균, 2007. 11. 9).

(1) 성과

① 유아교육법 및 동법 시행령 제정 : 유아교육의 공교육화 기반 조성

② 교육복지정책 : 교육소외계층에 대한 행·재정 지원 등 교육적 배려

• 방과후학교 정책(2006년 전면 확대)

• 교육복지투자 우선지역 지원 사업

③ 각 시·도 교육위원 및 교육감 주민직선제 도입 : 지방교육자치제도 운영에 있어서 주민자치 원리 강화

④ 대학입학전형제도에 있어서 '고교 내신 비중 확대' : 고교 교육과정 내실화에 일정 부분 기여

⑤ 대학정보공시제 도입 : 대학 운영의 투명성 강화

(2) 문제점

가. 공교육 정상화 대책 및 사교육비 경감 대책 미흡

① 수능/내신/논술 과외 심화, 입시경쟁 과열

② 사교육에 대한 국민적 고통 심화, 교육양극화(계층 간·지역 간 교육 격차) 심화

• 2007년 현재, 사교육비 총량 규모가 약 30조(공교육비와 거의 비슷한 수준)

③ 조기 해외유학, 교육이민 증가

④ 전문계 고교(구 실업계 고교, 2012년 현재 특성화고교 중 한 유형), 특수교육, 영재교육 육성정책 미흡

나. 교육재정 부족(교육투자 미흡) 및 교육여건 부실

① 교육예산 GDP 6% 임기 내 확보 공약 미실현(2007년 현재, GDP 4.3% 수준에

불과)

② 지방교육재정 부채 증가 등 파탄 초래(2006-2009, 지방교육재정 부족액이 약 12조 원), 지방교육재정교부금법 개정(2004)의 문제점으로 교육재정 악화

③ 만 5세아 완전 무상교육 미실시

④ 초등학교와 중학교 무상의무교육 질적 수준 부족

다. 교육양극화 심화 및 교육안전망 구축 미흡

① 사교육비 지출 격차에 있어서, 소득수준 상위 20%와 하위 20% 집단간 격차가 약 10배 수준임

② 교육복지예산 투입의 실효성 부족

③ 학교폭력 증가 등 교육안 전망 장치 부족

라. 교육의 자율성 · 다양성 부족 및 교육구성원 간 갈등과 대립 심화

① 사립학교법 개악(개방형 이사제, 임원직무집행정지 제도 등) : 사학의 특수성 · 자주성 위축, 사학 규제 강화

② 고교평준화 정책의 유지 · 확대 : 교육의 획일화와 경직성 지속

③ 외국어고 등 특수목적고 신설 금지, 자립형 사립고 확대 중단 : 교육의 자주성, 전문성, 정치적 중립성(헌법 제31조 제4항) 위배, 위헌 소지

마. 교권 실추 및 교원의 사기 저하 등 교원정책 부실

① 무자격 교장공모제 도입 및 수석교사제 미실시 : 교원 자격증주의 위배, 교직의 전문성 저하, 학교현장의 갈등 및 정치장화, 교단교사 우대 미흡

② 교원 주당 표준 수업시수 법제화 미실현 : 노무현 당시 후보의 대선공약 미실현

③ 교원승진제도의 비합리적 변경 : 근무성적평정의 현실적 개정 부족

④ 교원능력개발평가의 비현실성 : 도입은 필요하나, 학생/학부모의 평가주

체화 및 교사통제 장치로의 악용 우려

⑤ 교원잡무 근절 대책 미흡

⑥ 공무원연금법 개악 : 교원 연금 불안정으로 교원의 노후보장책 미흡

바. 대학의 자율성 보장 및 경쟁력 제고 미흡

① 3불 정책 지속(3불 정책 재검토 필요) : 대학의 학생선발 자율권 저해

② 교·사대 통·폐합 정책 : 목적형 교원양성체제 근간 훼손, 인위적인 교원양성대학의 구조조정 시도

③ 국립대학 법인화 정책의 불합리 : 정부의 재정지원, 교직원 신분보장대책 미흡

④ '지방대학혁신역량강화 사업'(NURI) : 예산 실효성 부족 등으로 지방대학 육성 목표 달성 저조

5) 이명박 정부의 교육개혁

이명박 정부의 교육정책 기조는 '규제와 평등'에서 '자율과 경쟁', '다양성 및 수월성' 제고, 교육운영 권한의 '지방과 민간'으로 이양, 그리고 교육정책의 현장성과 실용성을 중시하였다. 그러나 이명박 정부의 교육정책을 평가하기에는 아직 이른 감이 있다.

(1) 학교의 자율화

① 1단계 : 수준별 이동수업 등 29개 지침 폐지

② 2단계 : 규제성 법령 13건 정비

③ 3단계 : 학교자율경영체제 지원, 학교규제 지침 일괄 정비(515개 교과부 지침 중 188개만 존치, 나머지는 08. 12. 정비)

(2) 고교 다양화 300 프로젝트

① 기숙형 공립고(150개) : 2008. 2. 6. 82개교, 2009년 68개교 선정
② 마이스터고(50개) : 10. 2. 9개교 선정
③ 자율형 사립고(100개) : 2009년 21개(개방형 자율고 9개 포함), 2010년 23개교

(3) 교육정보공시법 시행령 제정

① 초 · 중등학교 15개 항목, 39개 사항, 2008. 12부터 학교별 공시
② 2010년부터 국가수준 학업성취도평가 결과, 3등급 비율(보통학력 이상, 기초학력, 기초학력 미달) 공시

(4) 학생의 학력평가

① 초등학교 3 기초학력 진단평가 : 읽기/쓰기/기초수학 전수 실시
② 중학교 진단평가 중 성취도평가 : 국/영/수/사/과
③ 고등학교 학력평가 4회 실시(3, 4, 7, 10월) : 언/수/외/사/과
④ 국가수준 학업성취도평가 전수실시 : 국/영/수/사/과
⑤ 평가원, 교과부 : 국가수준 학업성취도평가 체제 개선(안) 검토 중

(5) 영어 공교육 강화

① 영어 교육과정(초등 영어 수업시수 확대), 평가방법 개선
② 영어교사 심화연수 확대, 원어민강사 채용/관리 체계화
③ 영어전용 교사를 '영어회화 전문강사'로 전환
④ 영어봉사 장학생 사업 추진, 영어전용(체험) 교실 구축

(6) 대입 자율화 등 대학의 경쟁력 제고

〈대입 3단계 자율화〉

① 1단계 : 2009학년도부터 수능, 내신 반영 비율 자율화

- 수능성적 표기 개선(등급제 → 등급, 표준점수, 백분위)
- 대입업무를 대학협의체로 이양

② 2단계 : 수능 응시과목 축소(현재 최대 8과목 → 4과목)

- 2013학년도(중 2)부터 영어를 수능에서 분리

③ 3단계 : 2012년 이후 완전 자율화

(7) 교원 정원 동결 문제 및 교장공모제

① 공무원(교원) 정원 동결 결정

② 교과부, 공모교장 제4차 시범 확대 계획 발표

6) 교육개혁 방향과 과제

이상의 논의들을 토대로 교육개혁 시 고려해야 할 점을 몇 가지 제시해 보고자 한다(이명균, 2012).

첫째, 미래지향적 교육체제 구축이다. 앞으로의 교육개혁은 종합적이고도 중·장기적인 연구를 통하여 이루어져야 할 것이다. 흔히 말하는 땜질식 교육개혁은 순간적인 위기는 돌파할지 몰라도 역시 많은 혼란과 부작용이 따르게 된다. 이러한 개혁은 끊임없는 악순환을 가져와 엄청난 시간적, 경제적 손실을 초래할 수 있다. 따라서 미래지향적인 교육체제는 학교체제, 입시제도, 교육법규 등의 종합적 검토 끝에 이루어져야 한다.

둘째, 초·중등교육법, 고등교육법 및 평생교육법의 교육 3법을 토대로 초·중등교육, 고등교육 그리고 평생교육의 연계성을 고려한 개혁이 요청된다.

즉, 앞으로의 교육개혁은 학교를 하나의 징검다리 기능을 충실하게 수행할 수 있도록 해야 한다. 다시 말하면, 몇 년 동안의 짧은 시간 내에 학교에서 모든 것을 다 해야겠다는 성급한 생각이 각 학교에 대한 과도한 개혁요구로 교사들의 업무를 폭증시켜 자칫 학교효과성을 저하시킬 우려가 있다.

셋째, 인성과 창의성이라는 두 축을 조화시킨 교육이다. 교육에서 이러한 두 축은 자칫 분리된 별개의 것으로 생각할 수도 있다. 또한 생산성 제고가 시급한 상황인데 학교가 이 두 가지를 동시에 추구할 수 있느냐고 의문을 제기할 지도 모른다. 그러나 기본이 되는 것을 정확하고도 충실하게 가르치고 배우는 것이 바로 규칙을 배우는 것이요, 옳고 그름을 배우는 과정일 뿐만 아니라 이러한 튼튼한 기초를 토대로 창의성이 계발되기 때문이다.

넷째, 교육운영 구조의 개편이다. 이는 기존의 성과와 결과중심의 관점에서 자율과 창조의 관점으로 변화되어야 한다. 이를 위해서 집권화와 집중화에서 분권화로 변화해야 할 것이다. 왜냐하면 자율성과 창조성이 보장되지 않는 교육운영 구조는 형식적이고 관료적인 굴레에서 벗어나기 어려울 것이다.

다섯째, 교육내용과 교육방법의 선진화이다. 학생들은 점차 다양화된 많은 정보나 지식을 요구하지만, 학생들이 필요로 하는 모든 정보나 지식을 학교가 모두 제공하기란 거의 불가능한 일이다. 따라서 학교는 학생들의 일반적인 발단단계에서 요구되는 지식을 오히려 학습 양은 줄이되 정확하고 철저하게 이해할 수 있도록 하는 학습방법이 요청된다. 다시 말하면, 학습자중심의 자기주도적 수업방법이다.

여섯째, 합리적인 교사양성제도의 정착 및 교사교육 방법의 변화이다. 특히, 교사의 연수기회와 내용 강화 및 연수에 참여하는 교원들에 대한 지원이 요청된다.

일곱째, 다문화사회에 대비하여 다문화교육 방법에 대한 구체적인 교육정책 개발이 시급하다.

여덟째, 사회구성원들의 가치관의 변화가 필요하다. 아무리 좋은 교육계획이 수립되더라도 만인을 만족시키기는 어려울 것이다.

4. 교육 민주화

(1) 교육 민주화의 의미

한국의 독특한 정치상황에서 전개된 교육 민주화의 의미와 특징을 오만록(2012, 415-418)은 다음과 같이 설명한다.

교육 민주화의 개념을 넓게 보면, 이는 학생을 포함한 국민(민중)에 해당하는 학습자 곧 시민이 교육의 주권자로 등장함을 뜻한다. 이제까지 오로지 교육의 객체로만 인식되어 오던 시민들이 교육의 주체로 등장한 것이다. 교육의 이러한 민주화는 인류역사가 끊임없이 성취해 온 민주화의 긴 여정의 완성을 의미한다(김신일, 2003). 따라서 교육상황에서의 사회의 민주화와 별개로 논의될 수 없다. 교육의 민주화는 사회의 민주화를 실현하기 위한 도구인 동시에, 사회의 민주화가 실현되지 않으면 교육의 민주화도 실현되기 어렵기 때문이다. 따라서 교육 민주화의 의미나 성격은 항상 사회의 민주화라는 틀 속에서 파악되어야 한다.

교육의 민주화란 교육활동이 곧 그 당사자들(교사, 학생, 학부모 및 시민단체)을 위해 존재하고, 그들의 요구와 생각을 충분히 반영하여 실천되는 것을 말하는 것으로, 여기에는 곧 ① 교육받을 권리를 의미하는 교육기회의 공정한 분배, ② 교육운영에 대한 당사자들의 참여, ③ 교육내용과 수업과정에 대한 당사자들의 실질적 참여 등이 포함된다.

교육을 민주화해야 한다는 주장에 이의를 제기하는 사람은 없을 것이다. 그러나 교육 민주화의 의미가 무엇이며, 또 이를 이루어 나가기 위해 필요한 조치가 구체적으로 무엇이냐에 대해서는 의견이 다양하다. 즉 교육 민주화에 대한 개념이 혼란스러울 정도로 다양하고, 이를 위해 어느 부문을 어떻게 고쳐야 하는지에 대한 의견이나 아이디어가 분분하여, 개인이나 집단들의 주관적 가치가 서로 충돌하고 있다. 교육 민주화와 관련해 볼 때 교육 민주화 자체와 교육행정 민주화, 지방자치와 교육자치, 교육자치와 교육행정자치, 교육 전문성의 강화와 교육 민주화의 실현 등에 관해 혼란이 존재하는 것도 사실이다.

교육 민주화는 인간존엄의 가치를 계속적으로 드높이고자 하는 교육의 본질에 보다 접근해 갈 수 있도록 교육체제 전반을 부단히 개혁하고 쇄신하여 교육의 질적 수준을 향상시켜 가는 과정이라고 볼 수 있다. 평등한 교육기회의 확대, 교육정책 결정에서의 관계당사자의 참여의 폭 확대, 자유 선택과 다양성의 증대, 지체부자유아와 저소득계층 자녀들에 대한 배려, 학력간 불균형한 임금구조의 재생 억제, 비진학 학생에 대한 진로교육체제 구축, 교육전문 단체의 자율성 보장 등이 교육 민주화의 구체적인 실례에 해당한다.

(2) 교육 민주화의 특징

교육 민주화가 갖는 특징들을 나열하면 다음과 같다(곽병선, 1990; 오만록, 2002).

첫째, 교육 민주화의 가장 대표적인 특징으로 열린 교육을 지향한다는 점을 들 수 있다. 닫힌 교육으로부터 탈피하여 학생들이 그들 자신의 주인으로 온전히 성장할 수 있도록 보장하는 교육제도를 마련하고, 교육의 목적 · 내용 · 방법 · 평가 등 교육체제 전반을 부단히 개혁해 가는 과정이 바로 교육 민주화이다. 열린 교육은 무엇보다도 교육목적에서 어느 특정한 입장을 획일적으로 고착화하여 강요하지 않는다.

둘째, 교육 민주화는 학생들이 인간적인 삶을 누릴 수 있는 조건을 갖추어 나가는 교육을 지향한다. 우리 학생들에게 구김살 없이 활달하게 성장할 수 있는 조건을 만들어 줄 때 민주화된 교육이 실현되었다고 볼 수 있다. 학생들에 대하여 신체적 · 정신적으로 비인간적인 억압과 굴레가 없는 교육과 그들에게 유해한 환경이 아닌 쾌적한 환경을 제공하는 교육이 요구된다. 밝고 즐거우며 늘 새로운 정신적 도전감을 불러일으키는 학교분위기와 풍토를 조성하는 것이 교육 민주화의 중요한 특징의 하나이다.

셋째, 교육 민주화는 교육활동이 그 당사자들에 의해서 결정되고 주도되도록 하는데 중점을 둔다. 교육의 기본방향을 설정하며 어떤 종류의 학교를 세우고 운영할 것인가 등의 교육지원체제에 관한 결정에서부터 어떤 방법으로 학습활동을 전개시키며 그 결과를 어떻게 평가할 것인가 등의 교육계획과 실천에 관한 결정에 이르기까지 여러 결정에 소수의 사람들만이 참여하는 것이 아니라, 교육 당사자 모두가 주체적인 소임을 다하도록 허용해야 한다.

넷째, 교육 민주화는 다양성 있는 교육을 지향한다. 물론 교육의 다양성을 추구하는 일차적인 대상은 학생이다. 가치 있는 교육목표 또는 가치 있는 인간됨이란 누구나 똑같이 추종해야 하는 동일한 표적이 아니라, 누구에게나 소중하게 인정되어야 할 고유한 삶의 목표가 있을 수 있다는 것을 전제한다. 개성이 강조되는 교육의 필요성이 바로 여기에 있다.

다섯째, 교육 민주화는 소외받는 학생과 교사 및 학교가 생기지 않도록 한다. 먼저, 학생들은 공부를 잘하든 못하든, 신체적 · 정신적 장애가 있든 없든, 가정형편이 부유하든 가난하든 간에 누구나 소중한 존재로 관심과 사랑을 받아야 한다. 특히 학습부진아 및 지진아, 장애아, 빈곤가정 아동들은 상대적으로 불리한 위치에 있기 때문에 이들에 대해서는 더 많은 배려를 하지 않으면 안 된다.

여섯째, 교육 민주화는 민주주의 원리 · 가치관 · 사고방식 · 생활방식 등을 적극적으로 가르치고 실천하도록 하는 교육, 즉 민주주의 교육을 실천하는데 중점을 둔다. 아동들이 인간존엄에 대한 신념과 자유 · 정의 · 평등의 가치 등의 기본원리와 참여 · 토의 · 관용 · 타협 등의 실천원리를 함께 깨닫도록 한다.

일곱째, 교육 민주화는 창의적인 인간의 육성을 지향한다. 진정한 교육은 기존 지식과 이론을 고정불변한 것으로 인정하고 암기하는 것이 아니라, 다양한 사례를 중심으로 학생들이 자신의 독특한 창의적 사고에 의해 보다 새로운 방법과 전략을 구사하여 주어진 문제들을 해결하도록 돕는다.

2) 교육 민주화의 주체

교육의 민주화는 바로 교육운동이라는 실천적 활동과 별개로 논의할 수 없다. 교육활동과 관련된 당사자들 모두가 교육의 비민주적인 요소를 제거하기 위하여 벌이는 활동이 바로 교육운동이다. 이러한 맥락에서 볼 때 교육 민주화 운동의 주체는 교사, 학생, 학부모 및 시민단체 등이라고 할 수 있으며, 이들에 의한 교육운동은 곧 교육의 민주화를 실현하기 위한 핵심적인 수단의 하나로 간주될 수 있다(오만록, 2010, 419-433).

(1) 교사의 교육운동

우리나라에서 교사들에 의한 교육운동의 출발점은 1915년 3월의 '조선산직장려계'의 조직에서부터 찾을 수 있다. 1920년대의 물산장려 운동과 그 목적이나 취지면에서 궤를 같이 하는 이 운동에 교사들이 주도적으로 참여함으로써 교사들의 교육운동은 조직적인 형태로 나타나기 시작하였다. 교사들에 의한 교육운동은 3 · 1 운동을 거치면서 산업진흥운동과 더불어 교육진흥운동의 형태로 나타나게 되었는데, 그 결과 1920년대에 접어들면서부터는 '조선교육협회', '조선교육개선회'와 같은 단체 활동을 통한 교육개혁운동, 민립대학설립운동, 문맹타파운동 등을 전개하였다.

그리고 1930년 12월 초순의 '교육노동조합사건', 1933년 5월의 '교육자협의회사건', 같은 해 10월의 '교육노동조합사건' 등은 민족교육운동으로서 일제식민지교육의 본질에 대한 근본적인 문제를 제기하였고, 교육문제를 민족문제와 계급문제로 파악함으로써 사회변혁을 통해 그것을 해결하려고 하였다.

1945년 해방과 함께 교육운동은 민족교육운동에서 민주교육운동으로 방향을 전환하게 되었는데, 이 때부터 4 · 19혁명 이전까지의 교육운동은 일제잔재적 교육의 청산과 민족의 발전을 지향하는 새로운 자주민주교육을 지향하게 되었다.

1958년 일부 교원들에 의해 '교원노동조합'을 조직하려는 움직임이 표면화되기 시작하였고, 본격적인 결성은 4 · 19혁명 이후인 1960년 5월 22일에 결성된 '한국교원노조연합회'라고 할 수 있으며, 이후 전국적으로 20여 개의 교원노조가 활동하였으며, 당시 전국의 8만 교원 중 4만여 명이 '대한교육연합회'를 탈퇴하여 조합원으로 가입하게 되었다. 이는 교육의 민주화와 자주화를 실현하기 위해 평교사들이 주체가 되어 전개한 한국역사상 최초의 교육실천운동이라고 할 수 있다.

한편, 1970년대 말까지 독재정권의 조직적인 탄압 하에서 소모임을 통한 개별적이고 고립적인 형태로 이루어진 교육운동의 무기력함을 자각한 교사들과 야학활동의 경험을 가진 교사들의 등장은 교육운동의 전환점을 마련하게 됨으로써 개별적인 형태가 아닌 집단적인 움직임으로 교육 민주화를 실천하려는 운동이 일어나게 되었다. 이 때의 주요내용은 학교교육의 모순을 해결하기 위한 초보적인 요구로서, 교육의 정치적 중립, 교사의 교육권 및 시민권 보장, 교육행정의 자율화와 교육자치제 실시, 자주적 교원단체의 결성과 활동의 자유 보장, 교사의 잡무 경감, 보충 · 야간학습 폐지 등이었다.

이 때의 운동은 크게 공개적인 소모임의 형태로서 합법적인 단체의 산하단체로서의 움직임과, 비공개적인 형태로서의 지역별 · 교과별 · 집단별 소모임의 움직임으로 전개되었다. 1986년 5월 10일 서울, 부산, 광주, 춘천의 교사들은 Y교협 주체로 제1회 '교사의 날' 집회를 갖고, '교육민주화선언'을 발표하였다. 1985년 「민중교육」 관련 교사들에 대한 탄압은 교육을 정치문제화시킴으로써 교육의 문제가 국민 대중에 전면적으로 폭로되어, 이후 교육 민주화의 요구가 범국민적인 요구로 발전되는 가교역할을 하였다. 1987년 9월 27일에는 '민주교육 추진 전국교사협의회(이하 전교협)'가 결성되었다. 민족 · 민주 · 인간화 교육의 이념을 표방하고, 교사 대중의 자주적 단결을 주장하고 나선 전교협은 1989년 4월까지 15개 시 · 도 교협과 130여 개의 시 · 군 · 구 교협, 그리고 600여 개 단위학교의 평교사회, 3만여 명의 회원이 가입한 조직으로 발전하였다. 그리고 '전국교사신문'을 비롯해 11개 시 · 도 및 시 · 군 · 구 교협신문을 발행하여 수만 명의 교사에 대한 선전력을 확보하였다.

1989년 2월 전교협 제2차 정기 대의원대회에서 교원노조에 대한 필요성이 만장일치로 결의되어, 1989년 5월 28일 연세대에서 '전국교직원노동조합(이하 전교조)'이 결성됨으로써 우리나라의 교육운동은 새로운 국면을 맞게 되었다. 이때 전교조는 ① 교육의 자주성 · 전문성 확립과 교육 민주화 실천, ② 교직원의 사회 경제적 지위향상과 민주적 권리획득 및 교육여건 개선, ③ 민족 · 민주 · 인간화교육의 실천, ④ 국내 민주단체 및 세계교원단체와의 연대 등을 강령으로 채택하였다.

전교조는 교사가 주체가 되어, 심화된 교육문제를 해결하기 위한 목적으로 태동하였다. 해방 이후 한국교육은 자주성과 정치적 중립성 그리고 전문성을 보장받지 못하고, 단지 강압적인 국가통제 아래에서 지배집단의 유지와 사회문화적 재생산의 도구에 불과하였다. 이러한 상황 속에서 교사는 단지 단순한 지식의 전달자이자, 교육행정조직 속의 말단관료로 전락하여 지배집단의 이익에 봉사할 뿐이었다. 따라서 교사들은 그들 스스로 주체가 되어 교육모순을 해결하지 않고는 교육문제가 본질적으로 해결될 수 없다는 인식을 갖기에 이르렀다. 그리하여 1980년대 초 제5공화국 군부정권의 강압적인 통제에도 불구하고 일련의 교사교육운동이 이어지는 가운데 1989년에 드디어 자주적인 교원단체인 전교조가 결성된 것이다.

교육은 궁극적으로 학생들이 이상적인 삶을 영위해 나갈 수 있도록 도와주는 활동으로 전개되어야 하지만, 현실적으로는 사회의 구체적인 상황과 적절한 관련을 맺으면서 실천되어야 한다. 그러므로 교사들을 대변하는 교원단체들은 그들의 생활권 향상과 복지증진 및 합리적인 교권의 신장 등을 위해 노력해야 하겠지만, 교직의 전문성을 제고하고 학생들의 행복한 삶과 국가 · 사회의 발전에 보다 공헌하기 위하여 현대사회의 특성과 당면문제들을 직시하고, 그 교육적 요구가 무엇인지를 냉철히 인식하여, 이를 바탕으로 하는 교육운동을 펼쳐 나가야 할 것이다.

(2) 학생의 교육운동

우리나라에서의 학생에 의한 교육운동은 1910년대에 식민지라는 암울한 상황으로부터 출발하였다. 학생들의 활동은 3 · 1운동을 거치면서 점차 조직화되기 시작하였는데, 일제의 탄압으로 무력화되자 1923년 2월 9일에는 전문학교 학생들을 주축으로 한 '조선학생회'를 창립하게 되었다.

그리고 1924년에는 '조선학생총연합회'가 결성되어 실천적 투쟁을 전개하였다.

1925년 5월에는 '공학회'가 조직되어 독자적인 학생운동을 선언하고, 사회과학의 연구와 민중본위의 교육을 가치로 내세웠다.

1926년 11월에는 민족해방원리 탐구모임인 '성진회'가 결성되었으나, 이는 광주지역의 학생들을 결집시키는 데 큰 역할을 하였다.

해방 이후 학생운동은 '학도대'라는 학생조직에 의해서 치안 및 질서유지를 목적으로 전개되기 시작하였다. 1948년 10월 '대한민국 학도호국단'이라는 조직으로 개편됨으로써 찬미반공노선을 더욱 강화시키는 계기가 되었다.

한편, 1950년대 후반에 들어서면서 학생들 사이에서는 관제 반공이데올로기에 대한 저항의식이 싹트기 시작했는데, '여명회', '신진회', '협진회' 등과 같은 조직이 이를 위한 이론적 학습과 토론을 주도하였다.

그리고 1960년대에 접어들면서 학생운동은 사회적 참여를 위한 보다 발전된 형태로 나타나게 되었다.

또한, 1970년대 들어서면서 학생운동은 경제개발의 가속화 속에서 파생되는 소외계층에 대한 관심으로부터 출발하여 민중문제에 주목하기 시작하였다.

한편, 1979년 10 · 26 사태와 함께 유신체제가 붕괴되고 12 · 12 사태를 통한 새로운 권력집단의 대두를 기점으로 학생운동은 새로운 국면을 맞게 되었다.

특히, 1980년 5 · 18 민주화운동에 있어서 미국의 역할에 대한 규명과 더불어 본격적인 반미운동이 전개되기 시작하였다.

그러나 1983년 학원자율화의 조치가 단행되면서 학생운동의 지도부는 학내의 일상문제를 해결하고자 하는 '학원자율화 추진위원회'를 결성하고, 학원의 완전한 자율화를 이루기 위해 대중적인 학생운동을 펼치고자 노력하였다. 반면, 정치투쟁의 우선성을 주장하는 학생조직이 1984년 말에 구축되었는데, 그것이 '민주화투쟁위원회'이다. 이후 1995년 5기에 이르기까지 '전대협'은 학생운동의 결집체로서 막강한 위용을 떨쳤으나, 1993년에 '한국대학생총학생회연합(이하 한총련)'으로 새롭게 출범하게 되었다. '전대협'이 전국대학 총학생회장의 협의체인데 반해, '한총련'은 대의원에 각 단과대학 학생회장까지를 포괄하여 더 많은 학생들의 의견을 수렴하는 조직으로 발전하게 되었다.

한편, 고등학교 학생들의 교육 민주화운동도 1989년 '전국교직원노동조합(이하 전교조)'의 출범을 전후하여 조직화되었는데, 특히 1989년 결성된 '고등학교 대표자회의'는 전교조를 지원하였다. 이로써 자주적인 학생운동을 전개하려는 고등학생들의 교육 민주화운동도 조직적으로 펼쳐질 수 있음을 보여주게 되었다.

(3) 학부모 및 시민단체의 교육운동

학부모 및 시민단체에 의한 교육운동은 가장 짧은 역사를 가지고 있다. 물론, 시민단체에 의한 교육운동은 일제 하에서 표출된 적이 있지만, 오늘날과 같이 조직적이고 체계적인 학부모 및 시민단체의 참여가 있었던 것은 아니었다.

학부모들의 교육에 대한 참여는 해방 이후 '후원회'→'사친회'→'기성회'→'육성회' 등의 단계를 거치면서 발전해 왔다.

1989년 9월에는 '참교육 학부모회'가 결성되었는데 학부모 역시 교육의 주체라는 인식에서 출발하여 교육의 자주성, 교육의 민주화, 교육의 인간화의 실현을 목적으로 설정하였다. 참교육 학부모회는 교육의 올바른 방향설정을 위한 역할을 모색하는 데 많은 공헌을 하고 있다.

또한, 1990년 4월에는 '인간교육 실현 학부모 연대'가 결성되었는데, 학부모들의 건전한 교육참여를 유도하며, 인간교육을 실현하기 위한 운동을 전개하고 있다.

1995년 5·31 교육개혁을 통해 각급 학교에 '학교운영위원회'가 설치·운영되게 되었는데, 이는 우리나라 교육역사상 처음으로 학부모가 주체적으로 학교운영 전반에 참여할 수 있는 제도적 장치라는 점에 그 의의가 있다. 학교운영위원회는 학교운영에 관한 의사결정권한이 교장에게 집중되어 있던 닫힌 의사결정체제로의 전환이 가능함으로써 단위학교에서의 민주화와 효율화가 실현될 수 있게 하였다.

학교운영위원회는 단위학교 차원의 교육자치기구로서, 학교 내외의 구성원이 함께하는 학교공동체인데, 이는 공급자 위주로 획일화된 교육체제를 수요자중심의 다양한 교육체제로 바꾸려는 교육개혁방안에 따라 교육자치의 기본단위로 출범하였다.

학교운영위원회는 학교의 구성주체이면서도 이제까지 학교운영으로부터 소외되어 왔던 교사와 학부모, 지역사회 인사들에게 참여의 기회를 제공한다.

학교운영위원회는 개성 있고 다양한 교육을 꽃피울 수 있는 제도적 장치로서, 개별 학교가 처해 있는 실정과 특색에 맞게 다양하고 창의적인 교육을 실현할 수 있는 터전을 제공한다. 학부모위원과 교원위원, 지역위원 등은 각자 교육에 대한 지식과 이해의 정도가 다르고, 학교 운영에 대한 관점이 다를 수 있기 때문에 의견 차이나 갈등이 생길 수도 있으나 위원 모두가 서로를 존중하고 열린 마음으로 상대방의 의견을 받아들이려고 노력한다면 학교운영위원회는 그 취지를 충분히 살릴 수 있을 것이다.

학교운영위원회의 위원의 정수는 학생 수가 200명 미만일 경우 5-8명, 200명 이상 1,000명 미만인 경우 9-12명, 1,000명 이상일 경우 13-15명이다. 그리고 위원의 구성비율은 일반학교인 경우 학부모위원은 40-50%, 교원위원은 30-40%, 지역위원은 10-30%이다.

먼저, 학부모위원의 선출은 직접선출 방식으로 이루어지나, 곤란한 사유가 있을 경우 간접선출 방식을 적용하기도 한다. 직접선출은 학부모 중에서 민주적 대의절차에 따라 학부모 전체회의에서 직접 선출한다. 한편, 학부모위원은 학부모 전체회의에서 직접선출하기 곤란한 사유가 있는 경우 학급별 대표로 구성된 학부모대표회의에서 선출할 수 있다.

이어, 교원위원의 선출은 먼저 국·공립학교인 경우는 당연직 교원위원(교장)을 제외한 교원위원은 교직원 전체회의에서 무기명 투표로 선출된다. 그리고 사립학교인 경우는 장관이 정한 절차에 따라 교직원 전체회의에서 추천한자 중에서 학교의 장이 위촉한다. 그리고 지역위원의 선출은 선출된 학부모위원 또는 교원위원의 추천을 받아 학부모위원 및 교원위원이 무기명 투표로 선출한다.

그리고 학교운영위원회의 산하에는 소위원회가 설치되는데, 소위원회란 안건에 대한 사전조사, 자료수집, 검토 등을 통하여 학교운영위원회의 안건 심사의 전문성과 효율성을 제고하기 위해 운영위원회의 위원들로 구성되는 소규모 위원회로서 학교운영위원회 본회의에 대비되는 조직이다. 소위원회는 심의사항별로 다양한 종류를 설치할 수 있다.

한편, 학교운영위원회는 학교단위의 교육자치를 활성화하는 데 기여하는데, 그 기능은 크게 세 가지로 구분할 수 있다. 첫째, 심의기능인데, 그 대상은 예산 및 결산, 선택교과 및 특별활동 프로그램 선정, 학교헌정 또는 규칙 제정 등이다. 둘째, 의결기능인데, 그 대상은 교장추천위원회와 교사추천위원회의 구성·운영, 학교발전기금의 조성 및 사용, 지역사회 기부금 징수 및 관리업무, 방과 후 교육활동의 실시여부와 비용결정 및 징수 등이다. 셋째, 자문기능인데, 그 대상은 교복선정, 방학시기의 결정, 도서선정, 교내연구, 급식내용, 운동회 실시일의 결정 등의 학교운영 제반 사항이다.

끝으로, 위원의 권한 및 의무는 학교운영 참여권, 중요사안 심의·자문권, 보고 요구권, 회의 참여의 의무, 지위남용 금지의 의무 등이다.

이상과 같은 성격을 가진 '학교운영위원회'는 그 제도적 장치만으로 학생들과 학부모들의 교육권리가 제대로 보장된다고 할 수 없다. 학교문화에 내재되어 있는 관료주의적 관습과 학교운영에 대한 학부모의 비전문성 및 학부모들의 대표성의 문제 등은 학교 내의 갈등을 오히려 심화시킬 수도 있다.

5. 학생인권

학생의 학습권이 강조되면서 학생인권에 대한 관심이 생기게 되었고 현장에서 학생인권이 점차 증대되고 있다(이은영, 2012, 161-165).

1) 인권 서사방식의 흐름들

한국 사회에서 통용되는 인권의 서사방식에는 크게 세 가지 흐름이 있다. 첫 번째 흐름은 인권에 대해 식견을 갖춘 인권운동가, 인권변호사, 국제인권전문가, 국가 인권위원회를 비롯한 인권 소관부처의 공직자, 그리고 인권학자들이 주도하고 있다. 이 흐름은 인권계에 고유한 용어와 동향에 정통하며 인권의 세계적 첨단 논의에 인식의 주파수가 맞춰져 있다.

두 번째 흐름에는 인권의 가치를 지지하지만 그것이 전문적 서사방식에는 속하지 않는, 하지만 한국의 정치와 한반도의 운명에 대해 예리한 비판의식을 견지하는 진보주의자, 급진 민주주의자, 민족주의자, 비판적 자유주의자들이 참여하고 있다. 인권과 정의의 관념을 동일시하며 인권의 윤리적, 정의적 해석을 강조한다. 그리고 인권을 노동자, 농민, 약자의 생존권과 같은 뜻으로 이해하고, 자기 결정권을 옹호하며, 강대국의 패권논리에 대항하는 제3세계 민중의 무기로서 인권의 개념을 지지한다.

세 번째 흐름은 전문적 인권운동에 속하지는 않지만 여러 부분에서 인권의 개념을 원용하려는 열의가 있는 활동가, 교육가, 정책전문가들이 구사하는 응용적 서사방식이다. 여성, 청소년, 보건의료, 복지, 교육, 장애, 언론·미디어, 지방자치 등 다양한 영역에서 인권을 중요한 개념적 자원으로 활용하려는 흐름이 그것이다. 이런 서사방식은 실용적이고 선별적이고 구체적인 결과를 추구하는 특징이 있다.

2) 인권의 딜레마

인권이란 말을 자세히 들여다 보면 서로 다른 눈높이, 관점, 방식으로 인권을 제각각 다르게 이해하고 있다. 모두가 인권을 서로 다르게 이해하면서도 그 차이점을 덮어 두고 추상적인 차원에서만 인권에 동의하는 기현상이 벌어지고 있다.

권리라는 개념 틀로 세상을 파악하려면 인권 개념이 처해있는 딜레마를 직시하면서 인권의 잠재력과 한계를 동시에 인식해야 한다.

첫째, 인권은 수단인가, 목적인가?

둘째, 인권은 이기적인가?

셋째, 인권이 법을 중심으로 이해되고 있다. 법적담론의 효과는 그 어떤 담론의 효과보다 강력하다.

넷째, 인권은 교조적이라는 비판이 제기되고 있다.

다섯째, 인권은 엘리트의 특권이라는 비판이 존재한다.

여섯째, 인권은 위선적이라는 비판이 있다.

3) 학생인권과 교육

인권은 존재의 고유한 존엄성을 인정받으며 인간답고 행복한 삶을 추구하기 위해 필요한 것을 자유롭게 요구하고, 이에 대해 책임 있는 답변을 들을 권리이다. 인권은 첫째, 존재론적 접근을 필요로 한다. 둘째, 인간을 바라보는 발달론적 관점을 버릴 필요가 있다. 셋째, 인권이 이상에 그치지 않으려면 의무주체의 노력이 중요하다.

학생인권에 적용해 볼 때 우리는 학생을 '학생'이라는 존재자가 아니라 하나의 고유하고 존엄한 존재로 인정해야 한다. 첫째, 학생은 학교 바깥의 공간이나 학교를 졸업한 이후의 시간이 아니라, 학교라는 공간과 현재의 시간 속에서 그들의 존엄성을 인정받고 행복을 누릴 수 있어야 한다. 둘째, 우리는 학생을 미숙하기 때문에 사람을 만들어야 하는 존재가 아니라 이미 사람인 존재로 존중해야 한다. 셋째, 그들이 이미 사람인 존재로서 존엄성을 인정받고 학교라는 공간에서 행복을 추구하기 위해 필요한 것들을 자유롭고 당당하게 요구할 수 있어야 한다.

교육다운 교육은 결코 인권과 배치되지 않는다. 첫째 교육은 모든 존재가 현재 자신의 있는 모습 그대로의 존재 가치를 인정받으며 평화롭게 함께 어울려 살아가야 한다는 것을 기초로 한다. 둘째, 교육은 완성을 지향하지 않는다. 삶은 본래 미성숙한 존재가 조금씩 성장해 나가는 과정일 뿐, 미성숙한 존재가 발달 과정을 거쳐 성숙한 존재로 완성되는 것은 아니다. 셋째, 교육은 삶과 분리되어서는 안 된다. 넷째, 문화가 횡적 상대성을 가지듯이 존재도 그 다양함만큼이나 넓은 스펙트럼 위에서 횡적 상대성을 가진다. 그러나 교육이 종적 상대성을 가지듯이 존재 방식에도 종적 상대성이 있다. 교육은 좀 더 나은 존재 방식, 즉 더 잘 사는 법을 배우는 것이다. 다섯째, 더 나은 존재방식이란 함께 동시대를 살아가는 모든 존재와 평화롭게 어울릴 수 있는 삶을 의미한다는 점에서 처음 이야기로 순환한다. 다양한 삶의 모습을 교육하는 것은 다양한 존재들과 어울려 살아가는 삶의 과정이다. 삶 속에서 이루어지는 교육이지, 삶과 따로 떨어져 이루어지는 무엇이 아니다.

참고 문헌

교육개혁위원회(1995). 신교육체제 수립을 위한 교육개혁방안.

______________(1998a). 한국교육개혁 백서 1994-1998. 서울: 교육개혁위원회.

교육부(1998. 12). 교육비전 2002 : 새학교문화창조.

김신복(1996). 교육개혁추진상의 영향요인과 저항. 한국사회과학 연구협의회학술심포지엄.

김영철 외(1996). 한국 교육비전 2020(I) : 세기의 대전환. 한국교육개발원연구보고. RR 96-4.

김재웅(2001). 정치로부터 자유로운 교육. 서울: 원미사.

백종억(2000). 주요국의 교육행정제도와 교육개혁동향. 경기: 교육과학사.

서울대학교교육연구소(1998). 교육학 대백과사전. 서울: 중앙교육심의회.

성용구(2008), 새로운 교육사회학. 서울: 태영출판사.

안병환(2012). 교육사회학의 이해. 경기: 공동체.

오만록2009). 교육사회학. 서울: 동문사.

오헌석(1997). 교육정보화 추진계획. 교육진흥, 10(1).

우종옥 · 권이종(2000). 2000년 교육 어떻게 할 것인가. 경기: 교육과학사.

유현숙 외(1999). 지식기반사회에서의 한국교육정책 방향과 과제. 한국교육개발원연구보고. RR 99-10.

윤정일 외 역(1996). 학교개혁론 : 쟁점과 과제. 서울: 원미사.

이명균(2007. 11. 9). 내부자료. (사)한국교육정책연구소.

_________(2010. 5). 이명박 정부의 교육정책. (사)한국교육정책연구소.

이용숙 외(1992). 한국 교육의 종합이해와 미래구상(Ⅲ) : 교육 내용과 수업방법편. 한국교육개발원연구보고. RR 92-42-2.

이은영(2016). 교육사회학의 이해. 서울: 학이당.

이종각(1996). 교육사회학총론. 서울: 동문사.

이혜영 · 한만길(1996). 교육개혁 저해 요인 분석 연구. 한국교육개발원연구보고. RR 96-13.

정태범(1998). 학교교육의 구조적 개혁. 경기: 양서원.

정태수(1991). 7 · 30 교육개혁. 서울: 예지각.

한국교원단체총연합회(1997). 교육개혁의 종합평가와 새 정부의 과제.

____________________(2002. 12). 국민의 정부 교육개혁평가와 한국교육의 변화전망.

한국교육개발원(1996). '새학교' 구상 : 좋은 학교의 조건과 그 구현 방안 탐색. 한국교육개발원.

______________(1997). 한국교육의 신세기적 구상. 한국교육개발원.

______________(1998). 교육개혁지역연구.

______________(2000). 2000 한국교육평론. 한국교육개발원.

______________편(1999). 교육개혁정책의 심층해부. 서울: 문음사.

한유경(1997). "2010년 교육환경의 변화". 한국전산원. 정보화저널, 제4권 제2호, 97/6.

한준상(1994). 한국교육개혁론. 서울: 학지사.

21세기의 한국적 교육개혁의 방향연구위원(1996). 21세기 한국적 교육개혁의 방향. 서울: 하우.

Ballantine, J. H.(1997). The Sociology of Education. Prentice-Hall, Inc.

Council of Europe(1991). Education and the Information Society. UK: CASSELL.

Ginsberg, M. B. et al.(1990). "National and world-system Explanations od Educational Reform". Comparative Education Review, November.

Hussen, T., & Postlethwaite, T. N.(1985). The International Encyclopedia of Education. Oxford: Pergamon Press.

Knapp, L. R. & Glenn, A. D.(1996). Restructuring Schools with Technology. Boston : Allyn and Bacon.

Murgatroyd, S., & C. Mogan(1993). Total Quality Management and the School. Open University Press.

Paulston(1997). "Social and Educational Change: Conceptual Frameworks". Comparative Education Review, 21(June/October), 370-395.

Poper, Karl(1971). The Open Society and Its Enemies, Vol. 1. Princeton University Press.

Toffler, A. E.(1980). The Third Wave. New York: Morrow.

제9장

대안학교와 대안교육

1. 대안교육의 의미와 배경
2. 대안학교의 유형
3. 대안교육의 특징과 관심사
4. 한국 대안교육의 발전 과정
5. 대안학교의 운영 현황
6. 대안교육의 과제와 전망

대안교육이란 학교교육의 한계를 인정하고 이를 극복하기 위하여 새로운 교육 패러다임을 제시해서 교육을 실천하는 "오래된 새로운 꿈"(The old & new dream)이다. 대안교육의 의미와 배경, 대안학교의 특징과 유형 그리고 발전과정을 살펴보면 다음과 같다(성용구, 2008, 276-288).

1. 대안교육의 의미와 배경

1) 대안교육의 의미

대안교육이란 잠정적으로 현행 학교교육의 문제를 비판하고 그 대안을 찾는 움직임이라고 할 수 있다. Cooper는 교육백과사전에서 대안학교를 "표준적인 공립학교들이 제공하는 '전통적인' 것과는 다른 경험을 추구하는 아이들과 학부모들을 위해 특별한 교수법과 프로그램, 활동, 여건을 제공할 수 있도록 고안된 학교"라고 정의하고 있다(B. S. Cooper, 1994, 260).

대안교육의 영어식 표현을 보면 'alternative education' 외에도 'alternatives in education' 아니면 'alternative educational……' 등이 쓰이고 있다. alternative education이란 "또 하나의 교육"으로서 다양한 목표와 수단, 다양한 가치를 추구하는 프로그램을 말한다. 대안이란 양자택일의 상황에서 기존의 것 대신에 선택할 수 있는 것을 말하는데, 과연 기존의 교육과는 완전하게 대비되는 새로운 교육이 가능한지는 의심스럽다. '대안교육'은 개념적인 표현이라기보다는 교육 현장에서 일고 있는 변화의 실제를 가리키는 표현이기 때문이다.

결국, 기존의 학교교육에 비해 형식과 내용을 달리하는 대안교육은 대인적인 사회를 지향한다고 할 수 있다. 곧, 기존의 학교가 현재의 사회에 적합한 인간을 양성하기 위한 것이라면 대안학교는 변화된 사회, 지금처럼 경쟁적이고 자연 파괴적인 사회가 아니라 인간과 인간, 인간과 자연이 함께 어우러져 사는 사회에 적합한 인간을 기르기 위한 것이다(이종태, 2001, 20-21).

2) 한국에서 대안교육의 등장배경

교육개혁의 요란한 분위기 속에서 비교적 조용하게 시작된 대안교육 운동은 90년대 중반을 넘으면서 다양한 매체의 집중 조명을 받기 시작했고, 이제는 일반 학생과 학부모는 물론 정책적으로도 빼놓을 수 없는 관심의 대상이 되기에 이르렀다. 더욱이 최근에 제기된 이른바 '학교붕괴' 논의는 그 현상에 대한 이견이 다양함에도 기존의 학교체제의 근본적인 전환, 곧 대안적인 교육 체제에 대한 모색이 절실함을 나타내는 것으로 이해되고 있다.

지난 70년대 초부터 세계적으로 일기 시작한 대안교육 운동의 흐름이 우리 사회에서는 90년대 중반을 넘어 일기 시작했지만 그 속도는 매우 빠르다. 그것은 우리 교육 현실의 심각성과 변화에 대한 열망을 반영한다.

대안교육은 관점에 따라서 여러 가지로 이해될 수 있겠지만, 가장 일반적으로 말하자면 현존하는 교육의 근본적인 한계를 직시하고 그것을 극복하고자 시도하는 교육을 일컫는다고 할 수 있다.

사실, 입시를 향한 극심한 교육열로 팽창일로에 있던 국내의 교육은 80년대에 이르기까지 이러한 대안교육 논의와는 무관했다. 학교교육을 구조적으로 개혁하려던 교사집단의 노력이 좌절되면서 기존의 공교육 체제에 대한 회의가 확산되었고, 다른 한편으로는 풍요로운 문화적 환경에서 자란 아이들이 획일적이고 억압적인 학교 분위기에 적응하지 못하여 중도탈락이나 자살을 택하는 경우가 빈발하게 되었다. 이러한 상황은 90년대 초에 이른바 '교육위기론'을 낳았고, 때마침 전개되던 사회주의권의 붕괴와 신자유주의적 세계 질서 재편 속에서 강력한 교육개혁의 요구로 표출되었다.

국내에서 대안교육은 이러한 와중에서 자연발생적으로 그리고 고립분산적으로 추구되기 시작했다. 90년대 중반을 넘으면서 다양한 언론 매체에서 여전히 획일적이고 억압적이던 기존의 학교교육에 대한 '대안'으로 주목받게 되었다. 국내적으로 보자면 완강한 학교중심의 보수적 분위기 속에서 교육에 대한 새로운 상상력을 불러일으켰다는 데에 직접적인 의미를 찾을 수 있다(이종태, 2001, 11-15).

3) 외국에서 대안교육의 등장배경

우선 6·70년대에 대안학교 설립이 붐을 이루었던 미국의 경우를 보자. 그 배경은 두 가지로 설명된다(Butts & Provenzo, 1989, 303-304). 하나는 당시 미국 사회에 대한 비판적 분위기이며, 다른 하나는 과거 미국의 진보주의 교육의 유산이 반향된 60년대 영국의 초등교육 개혁의 영향이다. 영국에서는 '플라우덴 보고서'를 정점으로 학교교육을 시도하고 있었는데, 이것이 대안을 모색하던 미국의 교육자들에게 많은 시사를 주었다. 1960년대에 미국에서 처음으로 출간된 니일의 『섬머힐』 영향 또한 지대했다.

초기에는 주로 사립학교 부문에서 대안학교가 시도되었으나 나중에는 공립학교 가운데서도 대안학교들이 등장했으며, 1975년 무렵에는 공립 대안학교들만 해도 미국 전역에서 수천 개를 헤아렸다고 한다. 미국의 대안학교들이 공통으로 가지고 있었던 핵심적인 생각은 아이들을 기존의 학교에서 '자유롭게 한다'는 것일 뿐, 근대교육의 시대적 한계에 대한 자각은 아직 보이지 않고 있었다.

니일의 섬머힐 학교에서 그 전형을 볼 수 있는 '자유로운 학교'는 모든 대안학교들의 보편적인 특징이다. 그러나 80년대에 들어서는 여기에 더하여 뚜렷한 새 경향이 나타난다. 그것은 근대 문명에 대한 비판을 바탕으로 하는 자연 또는 생태적 환경에 대한 관심과 실천이다(이종태, 2001, 122-124).

2. 대안학교의 유형

대안교육의 형태에 대하여 통일된 유형은 아직 없다. 다만 여러 가지 방법으로 구분하고 있다. 지난 1996년 초의 대안교육 관련자들의 모임에서는 당시 여러 형태의 대안학교들을 '제도 안' '제도 밖' '제도 곁'의 대안교육으로 유형화한 적이 있다. '제도 안'이란 기존의 학교 제도 속에 있으면서도 내용적으로 대안교육을 추구하는 경우를 말하며 거창고등학교나 풀무농업고등기술학교, 성지고등학교 등이 이에 속한다고 보았다.

반대로 '제도 밖'이란 기존의 학교 제도에 편입되기를 거부하고 새로운 형식과 내용을 통해 대안교육을 실천하려는 경우를 말하며, 초기에 비인가 학교로 출발한 간디학교나 안산의 들꽃 피는 학교 등이 여기에 속한다고 보았다. '제도 곁'이란 기존의 학교교육을 그대로 둔 채 방과 후나 주말, 또는 방학을 이용해 학교교육이 빠뜨리는 부분을 내용적으로 보완하는 것이라고 할 수 있는데, 프로그램 형태로 이루어지는 대안학교들이 여기에 속한다고 보았다.

좀 거칠기는 하지만 이종태(2001, 119-122)는 저마다 지향하는 바의 핵심적인 특징에 비추어 다음과 같이 네 가지 유형으로 분류하고 있다.

1) 자유학교형 대안학교

영국의 섬머힐 학교가 이러한 유형의 원조라고 할 수 있다. 종래의 학교교육이 지나치게 아이들을 통제, 억압하며 교사(어른) 중심으로 교육이 이루어지고 있음을 비판하고, 아이들의 선함과 무한한 가능성에 기초한 교육을 하고자 하는 것이었다. 이러한 유형의 대안학교는 1970년대에 미국에서 붐을 이루었으며, 독일에서도 '자유대안학교'라는 이름으로 70년대에 처음 등장한 이후 꾸준히 늘고 있다. 1992년에 설립된 일본의 '키노쿠니 어린이 마을'도 아이들의 자유를 중시한다. 우리나라에서는 섬머힐의 요소를 일부 도입한 학교들은 있으나, 아주 닮았다고 할 만한 학교는 없다고 본다. 그러나 한국교육의 특성상 대부분의 대안학교에서 자유학교형 대안학교를 추구하고 있다.

2) 생태학교형 대안학교

이 유형의 전형은 1982년에 설립된 영국 하트랜드 지방의 '작은학교'라고 할 수 있다. 생태주의자인 사티쉬 쿠마르에 의해 설립된 이 학교는 그 마을 아이들을 대상으로 지식교육 뿐만 아니라 의식주에 관련된 기본적인 활동들을 교육내용으로 삼고, 마을의 다양한 주민들이 교사로 봉사하는 것으로 유명하다. 이 학교는 생태와 노작, 그리고 지역사회와 학교의 결합을 중시한다고 할 수 있다. 우리나라의 경우 1997년에 개교한 간디청소년학교를 비롯해 푸른꿈 고등학교, 실상사 작은학교, 변산 공동체학교들이 교육 이념이나 방식에서는 비교적 유사하다고 하겠다.

3) 재적응 학교형 대안학교

일반학교에 잘 적응하지 못하는 학생을 주대상으로 하는 학교로서, 영광의 성지고등학교가 대표적인 사례라고 할 수 있다. 70년대 미국의 자유학교들 가운데 많은 학교들도 비슷한 학생들을 대상으로 하고 있다. 일본의 '생활학교'도 이러한 유형의 하나이다. 성지고등학교, 화랑고등학교, 원경고등학교, 영업고등학교, 동명고등학교, 두레자연고등학교들이 이 유형에 가깝다고 볼 수 있다.

4) 고유이념 추구형 대안학교

매우 독특한 교육 이념과 방식을 바탕으로 대안교육을 실천하는 이들이 있다. 그 대표적인 사례는 독일의 발도르프 학교(또는 슈타이너 학교)이다. 이 학교는 인지학이라는 독특한 철학을 체계화한 루돌프 슈타이너의 사상을 기반으로 1919년에 처음 설립되었으며, 이후 꾸준히 증가하여 현재 세계적으로 600여 개가 넘는 것으로 알려져 있다. 우리나라의 경우 기독교 신앙을 바탕으로 지역사회와 일체화된 교육을 지향하는 풀무농업고등기술학교 역시 이 유형에 속한다고 할 수 있다.

대안학교의 유형을 정규학교형, 계절제 프로그램형, 방과후 프로그램형, 그리고 아동 · 유아 프로그램형으로 구분(평화교육센터, 1996)하는 방법도 있다. 이 방법은 프로그램이 전개되는 시간대를 중심으로 구분한 것이다.

또 다른 대안학교의 새로운 구분 방법(강대중, 2002, 45-48)이 있다. 이 방법에서는 대안학교들이 한국 교육을 유지하고 있는 법 · 제도와 어떤 관계를 맺고 있는가?라는 외부 잣대와 대안학교가 얼마나 학습권을 중심으로 운영되는가?라는 내부 잣대 등 두 가지 잣대로 대안학교를 유형화하고자 한다.

이런 관점에서 한국 대안학교들을 교육 당국과 맺고 있는 법 · 제도적 관계에 따라 '제도화형'과 '제도 이탈형'으로 나눌 수 있다. '제도화형'은 학교의 설립과 운영이 법 · 제도에 따라 이루어진 경우이고, '제도 이탈형'은 법 · 제도 외부에서 학교를 설립 운영하는 경우다. 좀더 세부적으로 '제도화형'은 '수용형'과 '타협형'으로, '제도 이탈형'은 '갈등 유예형', '무관심형' 등으로 구분할 수 있다. 또 제도 외부에 있다가 제도화하려 했으나 교육 당국으로부터 거부당해 마찰을 빚는 '갈등형'까지 모두 다섯 가지 유형으로 나눌 수 있다. 이들은 '수용형-타협형-갈등형-갈등 유예형-무관심형'이라는 일련의 연속체로 구분할 수 있다.

3. 대안교육의 특징과 관심사

대안교육은 그 구체적인 실천 상태가 다양함에도 지향하는 이념에서 놀라울 정도의 공통성을 보여주고 있다. 이종태(2001, 35-37)는 공통 관심사에 대하여 다음과 같이 정리하고 있다.

첫째, 대안교육의 두드러진 특징은 아동관에서 나타난다. 아이들을 주체적이며 자율적인 존재, 스스로 사물을 판단하고 결정을 할 수 있는 존재, 교사나 부모에게 종속된 것이 아니라 독립된 인격을 지닌 개체로 본다. 따라서 아이들은 자기가 무엇을 배워야 할지, 무엇을 선택해야 할지 결정할 수 있으며, 학교 운영에도 참여할 수 있다고 믿는다. 그리고 어려서부터 이러한 민주적인 삶의 방식을 체험하는 것은 이 사회를 좀 더 민주적인 방향으로 변화시키는 원동력이 된다고 믿는다.

둘째, 대안교육은 매우 상반된 것처럼 보이는 가치를 동시에 지향한다. 아이들 개개인의 인격과 개성을 존중하는 동시에 다른 한편으로는 공동체 가치를 중시한다. 경쟁을 본질로 하는 개인주의는 현대사회를 삭막하게 하고 미래를 어둡게 하는 주요인이다. 따라서 대안교육은 사람들 사이의 협력과 존중 그리고 평등을 강조한다. 대안학교들은 공동체 생활을 통하여 서로 다른 생각을 가진 사람들을 이해하고 분쟁을 해결하는 체험을 하도록 한다.

셋째, 아이들의 관점의 변화는 학습 내용과 방법의 변화를 낳는다. 대안교육은 주어진 교육 내용이나 그에 따른 효과적인 교육 방법이 있다고 보지 않으며, 아동의 능동적인 참여나 주도로 이루어지지 않으면 무의미하다고 본다.

넷째, 생명존중 사상 또는 생태주의를 기반으로 한다. 이는 인간과 자연의 적대적 관계 또는 공존적 관계 또는 '나-너'의 관계로 회복하여 돌이킬 수 없는 파괴가 아니라 지속가능한 사회로 나아갈 것을 가르친다. 단지 환경오염이나 생태계의 위기 극복만을 강조하는 것은 아니다. 궁극적으로 생명에 대한 가치 존중을 바탕으로 하기 때문에 자연과 인간의 공존은 물론 사람들 사이의 평화적인 관계도 같은 가치의 범주로 본다. 생태주의는 반문명적인 가치를 지향하는 것은 아니지만, 되도록 자연 파괴적인 기계나 편리함보다는 인간의 노동과 불편함을 행복으로 느낄 수 있는 태도를 중시한다.

다섯째, 대안교육은 노동(또는 노작)을 중시한다. 일과 놀이와 공부가 엄격하게 구분되지 않으며, 일상생활에 필요한 많은 물건들을 자체 노동으로 조달하기도 한다.

여섯째, 대안교육은 공통적으로 작은학교를 지향한다. 이것은 영국의 '인간규모(human scale)' 교육 운동이라는 말에서 보듯이 교사와 학생, 학생과 학생간의 친밀한 인간관계를 위한 것이다. 이는 일차적으로 개개인의 인격이 충분히 존중되기 위해서 필수적이라 할 수 있다.

마지막으로, 대안학교들은 지역사회와 긴밀한 관계를 유지한다. 이는 교육이 삶의 과정과 유리되지 않고 학생들이 폭넓은 경험을 할 수 있으려면, 학교가 학부모의 참여 속에 운영될 수 있으려면 당연하게 요청되는 것이라고 할 수 있다. 학교가 지역사회의 구심체이며, 지역사회는 학습의 풍부한 자원이 되는 것이다.

대안교육의 특징과 더불어 대안교육이 가지고 있는 주요 관심사를 "대안교육을 생각하는 모임"(1995)에서 발간한 「새로운 학교 큰 교육 이야기」의 목차에서 발견할 수 있는데, 여기서는 다음과 같은 내용들을 관심으로 대안학교 이야기를 소개하고 있다.

① 공동체가 살아야 교육이 큰다.
② 환경교육을 다시 생각해 본다.
③ 왜 지금 미래교육인가.
④ 평화교육, 평화를 위한 교육
⑤ 인권교육, 인권의 눈으로 읽고 쓰기
⑥ 미디어교육, 우리의 삶 보기

4. 한국 대안교육의 발전 과정

지난 10년간 대안교육이 발전되어 온 과정을 몇 가지 중요한 사건들을 중심으로 양희규(2005, 9-19)는 다음과 같이 정리하였다.

1) 대안적 교육실험과 '새로운 학교를 만드는 모임'

90년대 초 많은 학생들이 자살하는 사건들은 기존학교에 대한 강한 불신과 함께 새로운 학교에 대한 강한 요구라는 상상력을 불러일으켰다. 이미 1986년부터 1993년까지 20회 정도 '또 하나의 문화'에서 열었던 초등학생들을 위한 캠프는 아이들의 자치성을 강조하였고 90년대 '새로운 학교운동'의 영감의 원천의 하나가 되었다.

1995년 초 2월 대전에서 새로운 교육실험을 하고 있거나 준비 중인 17단체에서 47명이 참가한 이날 모임에서 '새로운 학교를 만드는 모임'이라는 명칭을 정하였고 새로운 학교를 만들기 위해 함께 노력하기로 하였다. 이 모임의 중요성은 한국 최초의 대안교육 실천가들의 전체모임이었다는 점, 개별단체들이 힘을 얻었고 서로 배움의 기회를 가질 수 있었다는 점, 그리고 대안교육과 대안학교가 언론과 일반인에게 널리 알려지게 되었다는 점이다.

2) 공동육아 어린이집

1994년 공동육아 어린이집을 시작으로 대안 유아교육의 장이 시작되었다. 부모들이 나서서 교육협동조합을 만들고 함께 출자하고 공동운영하는 획기적인 교육실험이었다. 2004년 8월 현재 56곳으로 확산되었는데, 그 확산의 배경에는 "「사단법인」 공동육아와 공동체교육"이라는 연구원이 있다. 공동육아 어린이집은 어린이집이라는 한계를 넘어 초등 · 중등교육에 있어 대안교육의 가능성을 여는 토대임을 예고하는 것이었다.

3) 중 · 고등 통합과정과 비인가 중 · 고등학교 개교

1997년 3월 9일 우리나라 최초의 상설 자유학교라 할 수 있는 간디청소년학교가 중 · 고생 27명으로 개교하였다. 간디청소년학교의 개교는 몇 가지 중요한 의미를 갖는다.

첫째, 최초의 전일제 대안학교로서 프로그램 중심의 대안교육이 기존 제도교육의 보완이 아니라 대체였던 것이다. 둘째, 초법적인 학교설립이었다는 것이다. 정부의 승인없이 학교를 설립하고 운영하는 것은 3년 이하의 징역과 2000만 원 이하의 벌금에 해당되는 범죄행위였기 때문이다. 마지막으로, 비인가 대안학교 설립의 봇물이 터지게 하는 계기가 되었다. 그래서 지금까지 설립된 비인가 중 · 고등과정의 대안학교는 간디청소년학교(중학교)를 비롯하여 모두 16개 정도이다.

4) 특성화(중 · 고등)학교 등장

1998년 최초로 정부가 인정하는 특성화교육법에 따라 6개의 특성화 대안학교가 등장한다. 90년대에 들어 여러 가지 이유로 학교 부적응으로 인해 중도탈락생이 급증하고 있었는데, 이 문제를 해결하기 위한 방안으로 정부는 처음에는 공립 대안학교의 설립을 계획하였으나, 1997년에 들어서서는 민간이 설립하는 대안학교를 정부가 지원하는 방향으로 가닥을 잡고 대안학교의 개념도 부적응 학생 뿐만 아니라 자연친화적인 인성교육까지 포함하는 것으로 넓혔다. 특성화 대안학교의 등장은 정부가 최초로 대안학교를 법제화하고 수용한 한국교육사에 있어서 참으로 획기적인 사건이라는 점에 그 중요성이 있다. 현재까지 24개교가 운영되고 있다.

5) 대안교육 전문지「민들레」창간

대안교육 실천가, 학생, 학부모, 학자, 일반시민들의 의사소통의 장이 되었다는 점이다. 대안교육 및 홈스쿨링에 관한 국내의 상황을 보고해 주고, 일어나는 많은 문제와 과제를 놓고 실천가들이 지혜를 모을 수 있는 자리를 마련해 준 것이다. 또한 1999년 1월 창간한 「민들레」는 대안교육 전문잡지로서 뿐 아니라 대안교육 관련 출판사로 자리 잡아 가고 있다.

6) 서울시 대안교육센터와 도시형 대안학교들

1999년 12월 서울시와 연세대 청년문화센터가 손잡고 '하자센터'라는 한국 대안교육의 새로운 장을 열었다. 탈학교 학생들의 길찾기를 도와주는 새로운 학교 밖 학습공간으로 많은 주목을 받아왔다.

2001년 4월에는 서울시와 연세대 청년문화센터가 함께 '서울시 대안교육센터'라는 이름의 단체를 만들어 내었다. 그리고 지난 4년 동안 서울 지역의 비인가 도시형 대안학교를 세우는 것을 돕고 또 행정적으로 그리고 재정적으로 지원해 왔다. 하자센터가 갖는 중요성은 전통적인 학교 개념을 깬 최초의 학교라는 것이다. "벽 없는 학교"로서의 수업중심의 학습 패러다임을 깨고 "수업 없는 학습 패러다임"에로의 전환을 한 한국 최초의 대안학교라는 것이다.

도시형 대안학교 서울시 대안교육센터는 지방정부가 대안교육을 공식적으로 인정하고 지원하게 되었다는 최초의 사건으로서 중요한 의미를 가지게 된다. 현행법상 불법인데, 서울시가 그러한 대안학교를 지원한다? 대안교육센터를 만들어 지원한다? 시민이 시민의 힘으로 다양한 학습의 장을 마련할 수 있고 이것을 더욱이 지방정부의 지원을 받아 할 수 있다는 새로운 교육의 가능성을 열어 놓았다는데 큰 의미가 있다고 본다.

7) 대안초등학교의 등장

1997년 이후 2000년에 이르기까지 비인가 중등학교가 그동안 의무교육으로 묶여 있던 초등학교 진영에서도 2001년 드디어 대안학교가 등장한다. 2001년 3월 산어린이 학교와 광명의 볍씨학교 2곳이 전일제 대안초등학교로 문을 연 뒤 곳곳에서 대안초등학교가 설립되기 시작하여 2005년 6월 대안초등학교가 18곳이나 된다. 대안초등학교의 등장(2001년)은 의무교육과 대안학교의 관계에 대한 이슈와, 더 넓게는 의무교육과 의무취학에 대한 중요한 이슈를 불러일으킨 것이다. 대안초등학교를 운영하는 것은 불법적인 학교운영으로서 처벌대상이 되는 것이고, 그러한 불법 대안초등학교에 자녀를 보내는 것은 법적으로만 보자면 학교에 보내지 않는 것이고 따라서 우리나라에서는 법의 위반이 되는 것이다.

현재 대안초등학교나 비인가 중등학교를 보내는 부모들은 대체로 의무취학 유예신청을 한다. 유예신청은 두 번 이상 할 수 없는데, 현재로는 그 후 학교를 보내지 않아도 제재를 가한 사례는 없었다고 한다. 또 다른 방법은 아예 초등학교를 가지 않아서 장기 결석할 경우 정원 외 관리가 되어 검정고시를 볼 수 있는 자격이 주어진다. 지금까지 의무취학을 어긴 경우라도 독려와 협박 등 많은 불편을 겪고 있음에도 불구하고 실제로 과태료를 낸 부모는 이제까지 한 번도 없었다. '의무교육은 곧 의무취학이 아니다'는 메시지를 담고도 있어 이것은 앞으로 홈스쿨링의 법제화 또는 의무교육을 의무취학으로 규정하고 있는 초 · 중등교육법 조항의 개정하는 운동 등 새로운 법적 국면과 과제를 예고하는 것이라 보아야 할 것이다.

8) 대안학교법 통과

대안학교법이란, 초 · 중등교육법 제60조, 즉 각종학교에 관한 규정인데, 이 각종학교 규정에 대안학교 조항을 추가하였다는 것을 뜻한다. 즉 초 · 중등교육법 제60조 3항을 신설한 것이다. 1998년의 특성화학교의 한 형태로서 대안학교들이 인가받게 되는 경우보다 더 파격적인 것은 교사자격, 초·중등통합과정, 교육과정에 있어 더 융통성을 발휘할 것이 분명하기 때문이다. 그래서 대안학교법의 통과(2005년 3월 2일)는 긍정적이든 부정적이든 엄청난 변화를 예고하고 있다. 대안학교법의 통과가 갖는 가장 큰 의미는 그동안 불법학교로 규정되고 있었던 많은 비인가 대안학교들이 더 이상 불법학교로 인식되지 않을 것이라는 점이다. 이 법이 발표되면서 교육청에서 비인가 대안학교가 방식이 한결 부드러워졌다는 것을 실감할 수 있었다.

5. 대안학교의 운영 현황

대안학교의 유형을 분류하는 방법은 학자들에 따라 그 견해가 다양하다. 여기서는 대안교육 특성화학교, 각종학교로서 대안학교, 위탁형 대안학교, 미인가 대안학교, 홈스쿨링으로 구분하여 살펴보기로 한다(이병환, 2013, 299-308).

1) 대안교육 특성화학교

대안교육 특성화학교는 1998년 2월 24일 공포된 「초·중등교육법 시행령」에 의거하여 특성화학교 및 자율학교로 당시 비(미)인가 대안학교들 중 영산성지고·양업고·한빛고·경주화랑고·원경고·간디학교 등 6개교를 대안형 특성화고등학교로 전환한 것을 시작으로 하여 2014년 현재 중학교 12개교, 고등학교 24개교가 운영되고 있다.

2000년 이후 교육당국의 대안교육에 대한 관심은 더욱 높아져서 대안학교에 대한 각종 정책연구가 빈번해졌으며 대안교육 법제화가 논의되기 시작했다. 급기야 2006년도에는 대안교육 특성화학교로 지정되지 못한 미인가 대안교육기관도 정식 학력으로 인정해 주는 안을 통과시켰으며 그 후속 조치로 2007년도에는 「대안학교의 설립 · 운영에 관한 규정」(대통령령 제20116호: 2007. 6. 28. 공포)이 제정되어 대안학교의 학력 인정과 대안학교 설립에 대한 가이드라인을 구체적으로 제시하였다.

최근 학교폭력이나 학업중단 학생의 증가 문제에 능동적으로 대처하기 위한 공립 대안학교의 설립도 교육 관계 당국에 의해 적극 추진되고 있다. 공립 대안학교는 2002년도에 설립된 경기 대명고등학교를 시초로, 2010년도에는 경남의 태봉고등학교가, 2012년도에는 인천의 해밀학교, 전남의 한울고등학교가 개교하였다.

공립 대안학교는 교육행정기관의 안정적인 재정적 지원을 받을 수 있다는 장점에도 불구하고 학교운영체제가 기존의 학교와 별반 다를 것이 없다는 점과 특히 교직원들이 현직 교육공무원이란 신분으로 대안교육의 철학에 대한 이해가 낮아서 대안적 교육을 구현하는 데에는 한계가 있다는 우려의 목소리도 나오고 있는 실정이다.

표 9-1 대안교육 특성화고등학교 현황(2014년 8월 기준)

시 · 도	학교명	지정연도	설립별	법인	학생정원	소재지
부산	지구촌고	2002년	사립	복음	90	연제구
대구	달구벌고	2003년	사립	덕성	120	동구
인천	산마을고	2000년	사립	산마을학원	60	강화군
광주	동명고	1999년	사립	동명	180	광산구
경기	두레자연고	1999년	사립	수곡두레	120	화성시
	경기대명고	2002년	공립	·	120	수원시
	이우고	2003년	사립	이우	240	성남시
	한겨레고	2006년	사립	전인	120	안성시
강원	전인고	2005년	사립	전인	100	춘천시
	팔렬고	2006년	사립	이화	60	홍천군
충북	양업고	1998년	사립	청주가톨릭	120	천안시

충남	한마음고	2003년	사립	한마음교육 문화재단	120	천안시
	공동체비전고	2003년	사립	선천	120	서천군
전북	세인고	1999년	사립	DIA세인	180	완주군
	푸른꿈고	1999년	사립	푸른꿈	120	무주군
	지평선고	2009년	사립	원진	120	김제시
전남	영산성지고	1998년	사립	영산성지	120	영광군
	한빛고	1998년	사립	거이	225	담양군
	한울고	2012년	공립	·	180	곡성군
경북	경주화랑고	1998년	사립	삼동	120	경주시
경남	간디학교	1998년	사립	녹색	120	산청군
	원경고	1998년	사립	원명	120	합천군
	지리산고	2004년	사립	학림	60	산청군
	태봉고	2010년	공립	·	135	마산시
계	24개교				2,780명	

특성화중학교는 2002년에 송학중학교가 개교한 이래 2014년에는 광주평동중학교가 설립되었으며, 2014년 현재 전국에 12개교가 운영되고 있다(표 9-2 참조).

표 9-2

대안교육 특성화중학교 현황(2014년 8월 기준)

시도	학교명	지정연도	설립별	법인	학생정원	소재지
경기	헌산중학교	2003년	사립	전인	120	용인시
	두레자연중학교	2003년	사립	수곡두레	60	화성시
	이우중학교	2003년	사립	이우	180	성남시
	한겨레중학교	2006년	사립	전인	60	안성시
	중앙기독중학교	2006년	사립	중앙학원	252	수원시
강원	팔렬중학교	2010년	사립	이화	60	홍천군
전북	지평선중학교	2003년	사립	원진	120	김제시
	전북동화중학교	2009년	공립	·	120	정읍시

전남	성지송학중학교	2002년	사립	영산성지	80	영광군
	용정중학교	2003년	사립	보성	112	보성군
	청람중학교	2013년	공립	·	80	강진군
광주	평동중학교	2014년	공립	·	52	광주광역시
계	12개교				1,296명	

2) 각종학교로서 대안학교

2005년 3월 「초 · 중등교육법」에 대안학교(代案學校) 관련 규정(제60조의 3)을 신설함에 따라 미인가 대안학교가 최초로 관련법에 명시되어 초 · 중등과정의 미인가 대안학교들은 학교라는 명칭으로 제도권 안에 진입할 수 있는 기회가 마련되었다.

초 · 중등교육법」 제60조의 3에서는 학업을 중단하거나 개인적 특성에 맞는 교육을 받으려는 학생을 대상으로 현장 실습 등 체험위주의 교육, 인성위주의 교육 또는 개인의 소질 · 적성 개발위주의 교육 등 다양한 교육을 하는 대안학교를 같은 법 제2조 제5호에 따른 각종학교에 포함시켜 같은 법 제4조에 따라 설립인가를 받도록 규정하고, 대안학교에 대해서는 별도의 설립 · 운영에 관한 규정을 두어 교육과정, 학기운영, 교과용 도서의 사용, 교원의 자격 · 배치 등을 정규 초 · 중 · 고등학교와 다르게 운영할 수 있도록 하는 한편, 초 · 중 · 고등학교의 학력을 인정하고 있다.

각종학교로서 대안학교는 초등학교 · 중학교 · 고등학교의 과정을 통합하여 운영할 수 있고, 대안학교의 설립기준, 교육과정, 수업연한, 학력인정, 기타 설립 · 운영에 필요한 사항은 「대안학교의 설립 · 운영에 관한 규정」(2007년 6월 28일 제정)에 의한다.

〈표 9-3〉에서 볼 수 있듯이 2008년 TLBU글로벌학교(초 · 중 · 고 통합)와 서울실용음악학교(고)가 개교한 이래 2014년에 광주 월광기독학교(초), 경기 광성드림학교(초 · 중통합), 산자연학교(중), 나무와학교(중), 꿈키움학교(중), 어울림학교(중) 등이 설립되었으며 2014년 현재 전국에 총 24개교가 운영 중이다.

표 9-3 각종학교로서 대안학교(총 24교) 현황(2014년 8월 기준)

시 · 도	학교명(과정)	설립 구분	설립 연도	소재지
서울	서울실용음악학교(고)	사립	'09	신당동
서울	여명학교(고)	사립	'10	남산동
서울	지구촌학교(초)	사립	'12	오류동
서울	서울다솜학교(고)	공립	'12	흥인동
인천	인천청담학교(고)	사립	'11	동춘동
인천	인천해밀학교(중 · 고 통합)	공립	'12	구월동
인천	인천한누리학교(초 · 중 · 고 통합)	공립	'13	논현동
광주	월광기독학교(초)	사립	'14	화정동
대전	그라시아스음악학교(고)	사립	'12	도마동
경기	새나래학교(중 · 고 통합)	사립	'11	용인시
경기	화요일아침예술학교(고)	사립	'11	연천군
경기	쉐마기독학교(초 · 중 · 고 통합)	사립	'11	양주시

시 · 도	학교명(과정)	설립 구분	설립 연도	소재지
경기	TLBU글로벌학교(초 · 중 통합)	사립	'08	고양시
경기	경기새울학교(중)	공립	'13	이천시
경기	광성드림학교(초 · 중 통합)	사립	'14	고양시
충북	글로벌선진학교(중 · 고 통합)	사립	'11	음성군
충북	한국폴리텍다솜학교(고)	사립	'12	제천시
충남	여해학교(중)	공립	'13	아산시
경북	한동글로벌학교(초 · 중 · 고 통합)	사립	'11	포항시
경북	글로벌선진학교 문경캠퍼스(중 · 고 통합)	사립	'13	문경시
경북	산자연학교(중)	사립	'14	영천시
경북	나무와학교(중)	사립	'14	영천시
경남	꿈키움학교(중)	공립	'14	진주시
경남	어울림학교(중)	사립	'14	하동군

3) 위탁형 대안학교

위탁교육은 일반 중 · 고등학교를 다니는 학생들 가운데 학교가 맞지 않는 학생들이 원하는 교육기관에 가서 학습해도 출석으로 인정하는 제도다. 전학과 달리 원래 다니던 소속 학교에 학적을 두고 위탁학교를 다녀서 교육과정을 마치면 졸업 때는 소속 학교에서 졸업장을 받게 된다. 위탁생의 성격을 보면 여러 가지 이유로 학업중단 위기에 놓인 학생들이 많은데, 대체로 사회 경제적으로 소외 계층에 속하는 편이다. 해마다 수만 명에 이르는 중도 탈락생들의 문제를 해결하려는 교육당국의 요구와 대안교육의 흐름이 만난 것이라고 할 수 있다. 위탁교육기관은 전국적으로는 100여 군데에 이르는데, 기관에 따라 교육방식은 상당히 다른 모습을 띠는 만큼 위탁교육기관이 곧 대안학교라고 볼 수는 없다.

위탁형 대안학교는 「초 · 중등교육법」 제28조와 「초 · 중등교육법시행령」 제54조에 근거하여 학습부진이나 성격장애 등의 사유로 정상적인 학교생활을 하기 어려운 학생과 학업중단 위기에 처한 학생들을 정규학교로부터 위탁받아 교육하는 곳이다. 위탁형 대안학교는 시 · 도교육감이 위탁교육을 실시하기에 적합하다고 인정하여 지정되는데, 지정 대상에는 기존의 정규학교와 대안교육기관 및 민간기관까지도 포함된다(김광수, 2011). 위탁형 대안학교는 시 · 도교육청의 심사를 거쳐 지정 또는 해체되는데, 지정되는 경우 교육청으로부터 장학활동 및 운영비 보조 등 행 · 재정적 지원을 받는다.

위탁형 대안학교는 서울의 경우 서울시교육청이 2001년 3월 당시 급증하던 정규학교 중도 탈락자들의 대안적 교육수요 충족을 위하여 기존 학력인정 평생교육시설 3곳(청량정보고, 한림실업고, 성지고)을 지정하면서 시작되었다. 또 2003년 6월에는 서울산업정보학교 부설 대안교육종합센터에서 최초의 공립 위탁형 대안학교(꿈타래학교)의 운영을 시작하였다. 당시 교육인적자원부의 '대안교육 확대 및 내실화 추진방안' 발표(2003. 7) 이후에는 위탁형 대안학교의 수가 증가하였고 위탁교육 대상자도 중학생으로까지 확대되었다. 2004년 1월 서울시교육청이 공포한 '대안교육기관의 지정 및 학생위탁 등에 관한 규칙'(서울특별시 교육규칙 제628호)은 위탁형 대안학교의 법적 근거가 되었으며, 같은 해에 강북 청소년수련관 외 3곳의 민간기관으로도 지정이 확대되었다.

지방에서도 위탁형 대안학교에 대한 필요성이 부각되면서 부산, 인천, 경남, 전북에서 위탁형 대안학교들이 지정되었다. 위탁형 대안학교의 총괄 및 지원을 위하여 서울과 부산시교육청은 각각 대안교육종합센터와 대안교육지원센터를 두고 있고, 다른 시 · 도교육청은 교육청의 담당장학사가 행정적인 총괄을 하고 있다(김미숙 외, 2009).

최근에는 학교폭력 문제의 해결방안의 하나로 각 시 · 도교육청에서 공 · 사립 위탁형 대안학교의 설립을 적극 지원하고 있어서 급속히 확산되는 추세이다.

4) 미(비)인가 대안학교

미(비)인가 대안학교는 특정한 교육신념 등을 이유로 국가로부터 공식적인 학교로의 인가를 받지 않은 상태에서 학생을 교육하는 곳으로 졸업시 학력인증이 되지 않은 대안적 교육기관이다. 미(비)인가 대안학교는 설립이념 · 주체, 교육철학과 방법, 규모, 의사결정 구조, 재정 상태 등에서 매우 다양하다. 또 학교의 형태를 갖춘 곳도 있는 반면 그룹홈이나 홈스쿨링을 하는 청소년들의 교류와 학습을 돕는 사랑방 형태의 시설도 있다.

미(비)인가 대안학교는 다문화 · 탈북, 학업부적응 학생 등에게 교육 기회를 제공하는 긍정적 역할을 수행해 왔으나, 영세한 규모 및 시설의 문제, 학생들의 건강 및 안전에 대한 보장 시스템 미비 등으로 학습권 침해가 우려되고, 일부 미(비)인가 대안학교에서는 외국대학 진학을 목적으로 사실상의 고가(高價)의 사교육기관 형태로 운영하여 위화감을 조성하는 사례도 나타나고 있다.

2000년대 초반부터 본격적으로 등장하기 시작한 미(비)인가 대안학교는 고등학교 과정 뿐만 아니라 의무교육 단계인 초등학교와 중학교 과정까지 운영되고 있어 취학의무 이행 측면에서는 비합법성 문제가 제기되어 있기도 하다. 정부는 2005년 「초 · 중등교육법」 제60조의 3(대안학교)을 신설하여 미인가 대안학교(대안교육계는 '비인가'로 표현)를 제도권 안으로 끌어들이고자 하였고, 2010년에는

'대안학교의 설립 · 운영에 관한 규정'의 개정으로 대안학교의 요건을 완화하여 인가를 유도하였으나 실효를 거두지 못하였다.

또 2006년부터 2009년까지는 '미인가 대안교육 시설 재정지원 사업'을 시행하여 첫해에 79개교의 신청을 받아 최종 55개교를 선정한 이래 2010년부터는 '학업중단 학생 교육지원사업'으로 명칭을 변경하여 2014년 현재까지 실행해 오고 있다(이종각, 2013).

그런데 미(비)인가 대안학교의 급속한 제도화는 반길 일 만은 아니다. 인가받은 학교는 물론이고 미(비)인가 대안학교에까지 정부가 재정 지원을 하겠다는 것은 그만큼 국가의 규제도 커진다는 말이기 때문이다. 재정 지원이나 학력 인정을 공공적 영역에 속하는 사안이기 때문에 국가가 규정하고 있는 틀 속에서 운영되기를 기대할 것이고, 그렇게 되면 그동안 척박한 환경 가운데서 누려왔던 대안성이 훼손될 것이기 때문이다.

전국에서 운영되고 있는 미(비)인가 대안학교의 수는 정확히 파악되어 있지 않으나 대략 230여 개가 운영되고 있는 것으로 추정된다.

5) 홈스쿨링(home schooling, 가정학교)

홈스쿨링은 자녀들을 학교에 보내지 않고 부모가 가정에서 직접 교육자가 되어 가르치는 교육 유형이다. 이러한 방식은 초기에는 종교적 이유에서 시작되었으나 이후 공교육에 대한 비판이 거세지면서 학교교육을 불신하거나 반대하는 학부모들이 점차 참여하게 되었다. 1980년대에 이르러서는 홈스쿨링이 하나의 새로운 교육운동이자 사회운동으로 급속히 확산되어 미국에서만 거의 백만 명에 가까운 초 · 중등 학령의 아동 및 청소년들이 교육받을 정도로 새로운 형태의 교육으로 자리매김하였다.

홈스쿨링은 최근 많은 관심의 대상이 되고 있다. 단순하게 말하여 부모가 취학연령의 자녀를 학교에 보내지 않고 가정에서 가르치는 교육형태를 가리키며 이런 의미에서 가정학교라고 말하기도 한다. 우리 사회에 홈스쿨링이 본격적으로 알려진 것은 얼마 되지 않았으나, 종교적인 이유 등으로 오래 전부터 실천해 온 사람도 적지 않다고 한다.

최근 학교교육에 대한 불신이 커지면서 홈스쿨링을 시도하는 사람들이 급격하게 늘고 있는데, 일부 언론에서는 국내의 홈스쿨링 인구를 천명 이상으로 추산한 적도 있지만, 정확한 실태는 알 수 없다. 홈스쿨링 방식으로 자녀를 기르고 있음을 공개적으로 밝히는 경우도 많지 않지만, 본질적으로 검정고시 등을 통하여 조기에 대학진학을 실현하고자 하는 경우와 대안적인 교육 방식으로 가정에서 학습을 하려는 경우가 구분되기 어려운데서 기인하기도 한다.

홈스쿨링이라고 해서 꼭 부모가 가르치는 것은 아니며, 때로는 몇 가정이 분담하거나 특정 교사에게 맡기기도 한다. 최근 학교교육에 대한 불만이 높아지면서 홈스쿨링을 선택하는 학부모가 늘어가는 추세이다.

최근에는 홈스쿨링 법제화 논의가 정치권에서 활발하게 논의되고 있다. 국회 농림수산식품위원회 새정치민주연합(당시 민중통합당) 김춘진 의원은 2012년 9월 18일 현행법 테두리 밖에 있는 미(비)인가 대안학교와 홈스쿨링에 대해 각각 등록제와 신고제의 법적 근거를 마련하는 「학교 밖 학습자 교육지원에 관한 법률안」과 유명무실해진 대안학교의 법적 근거인 「초 · 중등교육법」 제60조의 3을 삭제하는 초 · 중등교육법 개정안 등 법률안 3건을 대표 발의한 바 있다.

김 의원은 "우리나라 헌법과 교육기본법은 교육을 권리이자 의무로 규정하고 있으나, 초 · 중등교육법은 교육이 반드시 교육당국의 인가를 받은 학교를 통해서 이루어지도록 제안하고 있어, 미인가 대안학교 학생과 홈스쿨러 등 학교 밖 학습자들은 법적인 보호를 받지 못하고 사각지대에 방치돼 왔다"고 지적한 뒤 "교육주체 중 가장 중요한 것은 바로 학습자와 그 학부모인 만큼 교육주체가 원하는 방법으로 학습이 이루어질 수 있도록 제도를 개선하고 돕는 것이 국가의 책무"라며 법안 발의 취지를 밝혔다.

미(비)인가 대안학교를 등록제로, 홈스쿨링을 신고제로 하고, 대안교육지원센터를 통하여 대안교육과 학교 밖 학습자에 대한 지원 근거를 마련하는 이

법안은 18대 국회에 이어 19대 국회에서도 재추진되는 입법으로 여당의 일부 지지를 받고 있어 법안 통과의 가능성이 대단히 높은 편이다. 이 법안이 국회를 통과하게 되면 미(비)인가 대안학교와 홈스쿨링이 하나의 교육체제로 인정을 받으면서 공교육체제 보완재의 기능을 충실히 하게 된다.

미국에서 홈스쿨링을 하려는 부모는 대부분 적절한 커리큘럼을 구성하여 지역학교로부터 허가를 받아야 한다. 학교에는 홈스쿨링 담당교사가 배치되어 있어 부모들이 어떤 과목을 어떤 수준으로 가르칠 것인가에 대해 논의하고 교육프로그램에 대한 전문적 조언을 얻을 수 있다. 기본적 과목 외의 교육에 대해서는 부모에게 재량권을 준다. 최근에는 인터넷의 활용으로 각 가정에서도 다양한 정보에 접근할 수 있게 되어 홈스쿨링의 가능성은 더욱 확대되고 있다고 볼 수 있다(이종각, 2013).

6. 대안교육의 과제와 전망

1) 대안교육의 과제

우리나라에서 대안교육이 해결해야 할 과제로 이병환(2013, 308-314)은 다음과 같이 제시한다.

(1) 대안적 가치의 지향

대안적 가치란 대안학교가 궁극적으로 추구하는 정신적 일면을 말한다. 즉 대안학교가 추구하는 자연친화적, 인간중심적 가치가 교육적 실천을 통해 어떻게 지속적으로 파급되는가의 문제이다.

대안학교의 독특한 대안적 가치가 대안학교에만 그치지 말고 일반 학교에도 보급되어야 한다. 대안학교의 교육을 학교 밖에서 일어나는 급진적 움직임으로 무시해 버리지 말고 탈학교의 힘을 정책화하여 학교교육의 새로운 가능성을 실천할 수 있도록 해야 한다.

그러나 몇몇 대안학교는 지식교육을 악의 화신처럼 보고 있으나 지식교육을 하는 주입식교육 자체의 내재적 모순으로 이해하는 것은 바람직하지 않다. 교과중심의 지식교육과 아동중심교육의 허구적 이원론, 인문주의 교육관과 자연주의 교육관의 이원적 분리는 전인적 교육을 가로막는다. 지식교육과 인간교육을 대립적인 것으로 보지 않아야 한다. 교육의 지적 영역과 정의적 영역은 대립적인 것이 아니라 하나로 통합되고, 교육내용론과 교육방법론이 올바로 결합하여야 한다.

또 하나 중요한 사실은 대안적 교육을 받고 자란 학생들이 나중에 다른 사회에서 적응할 수 있을지에 대해 치밀한 교육전략을 세워야 한다는 것이다. 대안학교가 정치 사회적 현실과 연계성을 고려하지 않은 대안교육을 한다면 이런 교육을 받은 학생이 다음 단계의 교육과정이나 사회생활에 적응하지 못하는 사태가 생길 수 있다. 후기 산업사회로 진입한 이래 그것이 갖고 있는 부정성이 노정되고 있지만, 생태중심적, 지역공동체적 대안교육운동은 항상 현실의 삶 속에서 추구되어야 한다.

대안교육을 실천하는 설립자나 교사는 개교 당시 가졌던 교육철학과 교육구상을 끝까지 견지하면, 교육이 정치나 경제 논리에 의해 취급되지 않도록 할 수 있을 것이다. 대안교육의 이념과 목표에 대한 철학을 가진 교사를 양성하기 위해서는, 전문적인 교육기관의 설립과 교사 연수프로그램의 개발이 시급하다. 그리고 교사의 한국 교육의 현실에 대한 인식과 미래에 대해 전망이 필요하다. 한국 대안학교의 실천이 종국에는 철학과 의식을 가진 교육자의 어깨에 달려 있으므로 교사의 변함없는 자기 혁신과 개발이 지속적으로 이루어져야 할 것이다.

(2) 사회적 인식

한국에서는 아직 대안교육에 대한 명확한 개념규정이 없는 탓에 대안교육이 마치 학교교육의 문제를 모두 해결할 수 있을 것이라는 성급한 기대감을 가진 사람이 많다. 이런 기대감은 대안교육을 확산시키는 기능도 하지만 정체성 형성이 덜된 상황에서 부담감을 안겨 주기도 한다. 그러나 대안교육이 지향하는 핵심적인 요소, 예컨대 인간존중, 학습자중심, 생태주의적 가치, 공동체 정신 등은 어떤 방식으로든지 미래의 학교에도 중요하게 고려되리라고 예상할 수 있다. 이는 1990년대 이후 대안교육이 단지 전통적인 학교교육에 대한 반발에 그치지 않고 미래 교육의 중요한 지향을 예시하고 있다고 판단되기 때문이다.

도시생활과 농촌생활, 도시학교와 농촌학교를 이분화하여 사고하기보다 자연성과 문명성이 손상되지 않는 공존을 추구하면서 중첩성 속의 독특성을 추구하는 대안교육 철학을 갖는 것이 바람직하다. 또한 사회개혁적 의미를 갖는 대안교육운동이 되려면 지역 당사자가 주체가 되어 주민자치의 정신에 터전을 두고 작은 공동체가 여기저기서 스스로를 되살림으로써 새로운 지역사회 연계망을 형성하여야 한다.

앞으로 대안교육은 기존 공교육제도의 성격이 근본적으로 변화되지 않는한 지속적으로 존속·확대될 것으로 예상된다. 그러나 대안교육의 존재 의의는 절대적 소수만을 위한 교육실천 그 자체에 있다기보다는 거대한 공교육 제도에 문제를 제기하고 그 변화의 방향을 예시하는 데 있다고 보아야 할 것이다. 이 점은 장차 교육연구자나 교육당국이 학교개혁의 선행지수로서 대안교육에 대한 관심을 좀 더 적극적으로 기울일 필요가 있음을 시사한다.

(3) 교육환경적 측면

풀무학교, 간디학교, 영산성지고등학교 등 거의 모든 대안학교들은 자연친화적 삶과 지속 가능한 가치를 추구하고 있다. 또 대부분 대안교육 실천은 '작은학교'를 지향한다. 지역사회에 뿌리박은 '작은학교'를 지향하는 것은 경험 부족이나 법적 제약 따위 때문이 아니라 소박함과 다양성, 공동체 정신을 중시하는 개성적 교육을 위해서다. 또한 그것은 주민자치운동과 맞닿아 있기도 하다. 지역의 생활협동조합운동과 유기적 관련을 맺고 있는 풀무학교나 영산성지고등학교 등이 그 대표적 사례이다.

대안학교 교육환경의 공통적 특성은 자연친화적 환경, 작은학교, 지역사회학교, 전원기숙학교를 지향한다. 그러나 지금의 탈산업사회가 가지고 있는 부정적인 측면을 인정한다고 하더라도, 전체 사회가 농업사회로 회귀할 수 없다는 엄연한 현실을 고려할 때 생태중심적 대안학교운동의 현실을 인정하는 유연성을 가져야 한다. 그런데 대부분의 대안학교들이 생태주의에 기초한 공동체적 품성을 소중히 여겨 도시에서 멀리 떨어진 시골에 자리를 잡고 기숙학교 형태로 운영되고 있다는 점이 주목된다.

그러나 이런 대악학교에 학생들을 보내기에는 경제력이 뒷받침되지 않는 사람들이 아직도 많음을 상기해야 한다. 그런 이들에게 좋은 기숙사가 있고 풍부한 자연이 있는 대안학교는 또 하나의 벽일 수 있다. 그리고 가족과 떨어져서 독립심을 기르고 또래와 함께 공동체 생활을 해 보는 것도 청소년기에 필요할지 모르나, 가족과 함께 지내는 것도 소중한 경험이라 생각하는 이들도 많다. 자연 속에서 자란다고 훌륭한 교육이 저절로 되는 것은 아님을 감안할 때 자연성과 문명성이 손상되지 않는 공존을 추구하면서 도시 · 농촌이 연계된 학교 연결망을 구축하는 것이 필요하다.

(4) 대안학교 제도화 문제

대안학교는 두 차례의 입법 과정을 통하여 제도교육 내로 편입되는 과정을 거쳤다. 첫 번째는 1997년 12월 13일 제정된 「초 · 중등교육법」에 따라 1998년 2월 24일 공포된 「초 · 중등교육법시행령」에 특성화학교 및 자율학교라는 이름 아래 대안학교가 공교육기관의 하나로 설립 · 운영될 수 있는 법적 기반이 갖추어진 것이다. 두 번째는 2005년 3월 「초 · 중등교육법」에 제60조 3항의 신설에 의해 '대안학교'라는 이름으로 학교를 설립할 수 있게 된 것인데, 이로써 대안학교가 법적 용어가 되었다.

이와 같은 두 차례에 걸친 대안교육 제도화는 이후 2007년 「대안학교 설립 · 운영에 관한 규정」이 제정 · 공포되면서 제도교육에 편입된 대안학교들에게 안정적 운영 기반을 마련해 주었으나, 공교육 재정 지원에 따르는 각종 행정 규제로 인해 인가받은 대안학교는 많지 않다. 또한 대안교육이 두 차례의 입법 과정에 의해 각기 다른 법 조항에 의해 제도화됨으로써 대안교육 특성화 학교와 각종학교로서의 대안학교, 그리고 제도권 바깥에 있는 미(비)인가 대안학교 사이에는 공통점보다는 차이가 두드러져 상호 소통이 되지 않는 가운데 각자의 길을 가고 있어 대안교육의 미래에 어두운 그림자를 드리우고 있다.

대안교육이 제도화되어 법의 테두리 안으로 들어간다는 것은 필연적으로 대안교육이 국가와 행정관료에 의해 일정부분 통제된다는 것을 의미한다고도 할 수 있다. 그러나 대안교육계가 바라는 제도화는 정부의 통제 아래 정체성의 약화 또는 상실을 감수하면서까지 제도권으로 들어가고자 하는 것이 아니다. 우리 사회가 다양한 교육을 수용할 수 있고, 부모들과 학생들이 스스로 원하는 교육을 선택할 수 있는 학습권을 제도적으로 보장하도록 하는 것이다. 김춘진 의원실에서 제출한 법률안이 교육의 다양성과 학생들의 학습권 보장을 위한 법률에는 미치지 못하고 있다. 하지만 대안교육을 새로운 교육 영역으로 자리매김할 수 있는 시발점이 된다는 것에 의미를 가질 수 있을 것이다.

이와 같이 대안교육 제도화에 대한 논의는 계속되고 있으며 지금까지의 논의 경과는 〈표 9-4〉와 같다.

표 9-4 대안교육 제도화 진행과정

2006년	1월	대안교육 법제화 프로젝트팀 연구보고서 교육부 제출
	3월	법제화 포럼(대안교육연대 – 성미산학교)
2007년	5월	대안교육법제화 토론회(대안교육연대 – 성미산학교)
	6월	대안학교의 설립운영에 관한 규정(시행령) 공포
	7월	법제화 대응팀 구성(대안교육연대)
2008년	3월	인가된 대안학교 개교(TLBU 글로벌스쿨)
2009년	3월	인가된 대안학교 개교(서울실용음악학교)
	9월	김춘진의원실 대안교육제도화 토론회(국회의원회관 대회의실)
	10월	김춘진의원실 '대안교육기관 등에 관한 지원법률' 민주당 토론 확정
	10월	대안학교의 설립운영에 관한 규정 개정 공포
	11월	대안교육연대 임시총회(하자센터)
2010년	3월	인가된 대안학교 개교(여명학교)
	3월	대안교육제도화 정책팀 구성(대안교육연대)
	6월	대안교육제도화 토론회 개최(대안교육연대 – 연세대)
2012	5월	동아일보 동아닷컴 전남강진 미인가대안학교 늦봄학교의 좌편향 교육기사 보도
2012	12월	교육부 대안교육 지원사업 대상학교에서 늦봄문익환학교 탈락
2013	6월	김황식국무총리 주제 제11차 교육개혁협의회에서 대안교육 발전방안 논의
2014	5월	법원 동아일보의 늦봄학교 좌편향 기사 정정 보도 및 관련 기사 삭제 판결
2014	6월	교육부 미인가 대안교육시설 현황 조사 결과 발표 – 대안교육시설 등록제 도입 추진
2014	7월	대안교육연대 소속 교원 교육부의 대안학교 법제화 반대 릴레이 1인 시위 진행

지금까지 대안교육 제도화 관련 논의는 주로 대안학교를 어떻게 제도화시킬 것인가를 중심으로 되어 왔다. 정부는 물론이고 대안교육 진영도 크게 다르지 않았다. 교육부가 중심이 되어 진행시킨 대안교육 제도화는 명백히 학

교에 대한 인정 여부였다. 특성화학교 관련법, 초·중등교육법 제60조 3항이 그렇다.

하지만 새로운 제도화 논의는 이 전제를 넘어서는 것에서 시작해야 한다. 대안학교가 아닌 대안교육으로 제도화 논의를 전진시켜야 하는 현실적인 이유가 여기에 있다. 학교 설립에 관한 법률 범주가 아닌 범주를 새롭게 만들어내고 이에 대한 구체적 인증시스템을 제안할 때 대안교육의 실천을 제대로 인정하는 실질적인 제도화가 가능할 것이다.

아울러 대안교육의 바른 실천과 우리들의 지향을 분명히 하기 위해서도 대안학교가 아닌 대안교육의 제도화가 필요하다. 학습자의 특성과 조건을 고려해 가장 적절한 배움의 형태를 찾아가는 것이 대안교육운동의 실천이었고, 이 방향 속에서 여러 다양한 모형들이 나왔다. 홈스쿨링을 포함해 학교형태가 아닌 실천들도 다수 있었고, 학교형태라 하더라도 기존의 학교와는 규모나 발상에서 완전히 다른 모습의 실천들이 이어졌다.

이런 다양한 대안교육운동의 모형이나 실천들이 제도화 과정에서 소외되어선 안 된다. 당사자들의 교육적 권리를 보장하는 방향으로 제도화가 진행되어야 하며, 국제적 합의 사항에 대한 실천과 국내 헌법 및 교육기본법에 명시된 권리와 학습권을 실현하는 방향으로 제도화가 이루어져야 한다는 것을 대안교육 진영 안에서도 공유할 필요가 있다.

2) 한국 대안교육의 전망

양희규(2005, 20-32)는 대안학교의 시대적 역할과 중요하다고 보이는 여섯 가지 과제를 중심으로 대안교육의 발전 방안을 다음과 같이 조망하고 있다.

(1) 대안학교의 시대적 역할

이 시대의 대안교육은 "수용소에서 아이들을 해방시키는 것"이었다. 오늘날 대안교육의 시대적 역할은 아이들을 깊은 잠에서 깨우는 것이며, 그렇게 해서 그 아이들로 하여금 자신의 행복 찾기를 하게 하는 것이다.

(2) 준비된 교사

교육은 결국 교사에게 달려 있다. 준비된 교사만이 진정 대안적인 교육을 할 수 있다. 준비된 교사란 어떤 사람인가?

첫째, 준비된 교사는 늘 배우려는 사람이다. 기본적으로 배우려는 자세가 없는 교사는 아무리 훌륭한 자질을 타고났다 하더라도 무용지물이다. 늘 배우려는 교사는 언제든지 크고 성장하고 또 성숙해진다.

둘째, 준비된 교사는 혁신과 변화를 늘 추구하는 사람이다. 교육을 헌신성만 가지고 하던 시대는 끝났다. 대안교육에 있어 낭만주의적 사고는 더 이상 용인되지는 안는다. 진정한 대안이 되고자 한다면, 아이들을 계속 잠이나 재울 수밖에 없는 교육시스템을 전면적으로 고치고 혁신해 가야 한다. 그런데 교사들은 대체로 보수적이고 변화를 두려워한다. 말로는 늘 변화를 이야기하지만, '참 좋은 안이지만 시기상조이다'라고 늘 말했다.

셋째, 최소한 1년 동안 대안학교에서 생활하면서 아이들 눈높이에서 대안학교를 경험하고 관찰해 볼 것이라는 것이다. 대안학교의 교사가 되려는 분들은 자신이 일하게 될 학교의 철학을 터득해야 하고, 자신이 주로 맡을 역할에 대해 깊은 이해를 가져야 하며, 더 나아가 아이들의 교과나 다양한 활동을 지도하기 위해 여러 방면의 배움을 시작해야 하며, 경영자의 입장에 서서 대안학교 운영 전반을 두루두루 체험해 보아야 한다.

(3) 교육 프로그램

과연 교사 주도의 수업이 의미가 있을까? 아무리 명 강의라도 요즈음 아이들에게는 별 효과가 없다. 최근 나는 "강의가 중심이 되는 수업"은 거의 포기하고 대신 아이들이 과제를 해 오고 발표를 하는 방식의 수업을 하고 있다. 대략적으로 초등학생의 10-20%, 중학생의 30%, 고등학생의 50%에 해당되는 학생들에게 학교와 수업은 아무 의미가 없다. 이런 상황에서 수업파괴는 자연스런 결과이고 학교마다 학교와 수업은 아무 의미가 없다. 이런 상황에서 수업파괴는 자연스런 결과이고 학교마다 마법에 걸려 잠자는 미남 · 미녀들이 가득한 것은 당연한 것이다. 이런 아이들을 종래의 수업방식이나 교육방식으로는 잠을 깨우기는커녕 수면제를 먹이는 효과만 줄 뿐이다. 교사중심 수업중심에서 벗어나 학생 각자가 자신에게 맞는 학습을 스스로 하는 '자기주도적 학습'을 할 때라고 본다.

(4) 학교 밖 학교에서 학교 다음 학교로

학교는 학교로서 고립되어 존재할 수 없다. 성미산 학교의 경우, 기존지역에 공동육아에서 초 · 중등과정의 대안학교와 생협 등의 공동체 문화를 생산하여 새로운 지역문화를 창조해 가고 있다. 아이들에게 생태마을 자체가 교육의 장이 될 것이다. 대안학교가 어떤 대안적 문화와 연결될 것인가 하는 것은 매우 중요한 과제이다. 아이들은 현실과 분리된 학교 내에서만 통용되는 진리를 배워서는 안 되기 때문이다.

(5) 재정적 안정의 과제

대안학교들이 재정적 문제를 소홀하게 생각해서는 안 된다. 비인가학교의 경우, 자체 수익구조를 가지고 있어야 할 것이다. 한국의 대안학교들도, 자체 수익구조와 더불어 지자체의 지원 및 후원 등을 통해 안정적 재정운영의 기반을 하루 속히 이루어야 할 것이다.

(6) 준비된 학부모의 과제

한국의 학부모는 무시무시한 힘을 가지고 있다. 자녀를 위해서라면 맹목적이기 때문이다. 일단 학교에 아이를 맡기면 절대 학교교육에 관심을 보이지 말아 달라고 당부한다. 대신에 자신의 행복이나 열심히 추구하라고 한다. 먼저 부모가 자신의 삶에 당당해지고 행복해지지 않으면, 자꾸 아이들을 괴롭히게 된다. 대안학교의 경우에는, 문제의 학생 뒤에 문제의 학부모가 있는 경우가 많다.

(7) '대안학교법'을 앞에 두고

대안학교법이 지난 3월 통과되어 내년부터 현재의 비인가 대안학교들이 각종학교 수준에서 인가될 수 있는 길이 열릴 것이다. 그래서 많은 비인가 대안학교들이 과연 대안학교법에 따라 인가를 받는 것이 좋은지 아니면 인가받지 않는 것이 더 나은 것인지 고민할 것이다. 인가받고 난 이후 간디학교는 그 변화를 서서히 느끼게 되었다.

가. 첫 번째 변화는 "공식적인 학교"로서 인정받게 되었다.

그 이전까지는 정부와 시민이 인정하지 않거나 묵인하는 정도의 학교를 불법적으로 운영해 왔고 인가받은 이후로는 지역인사들이나 이웃주민들이 참여하고 인정하는 학교로서의 출발을 하게 된 것이다. 한 마디로, 비인가학교에 대해서 진짜 학교로는 여기지 않는 마음을 가지고 있다는 것이다. 인가를 받고 나면 이러한 학부모들의 태도는 상당히 달라진다.

나. 다음의 두드러진 변화는 "교사들의 발령"이다.

인가받은 이후 교과별 자격증이 있는 교사들이 필요했고 따라서 공채를 했다. 그 이전에는 교사들을 구하기 정말 어려웠는데, 인가받자 많은 지원자들이 있었다는 것도 또 다른 커다란 변화였다. 교사들의 발령으로 인한 보다 심각한 변화는, 교사들의 내면에서 일어난 변화였다. 발령받은 교사와 발령받지 못한 교사의 분리가 그것이다. 발령받지 못한 중학교 소속 교사들과 교사자격증이 없는 교사들은 소외감을 느꼈고 교사자격증이 없는 교사들은 하나 둘 떠나기 시작했다.

다. 인가받은 이후의 가장 긍정적인 변화는 재정적 안정이었다.

인건비 수준이 올라갔다. 현 2005년에는 일반학교 교사와 차이가 없다. 안정적인 재정구조와 지속적인 교육투자 없이는 교육의 질을 확보할 수 없다. 만일 간디학교가 인가를 받지 않고 개정지원을 받지 않았다면 현재의 간디학교가 될 수 있었나? 만성적인 재정부족 문제, 그에 따른 교사의 부족 및 교육비의 부족으로 인한 고통에 시달리면서 교사들은 하나 둘 지쳐서 떠나가고 학교의 이상은 높지만 학교는 성장하기 어려웠을 가능성이 높다.

라. 인가를 받고 나서 두 가지 어려운 문제에 봉착했다.

첫째, 교육과정의 편성과 운영에 관한 자율성을 침해받는다는 것이다. 학생들의 성적을 석차로 내고 내신성적을 내야 한다는 점이었다. 특성화고등학교의 경우는 약 70%의 자율성을 가지고 있어 교과 편성상의 제약은 거의 받지 않는 편이다. 다만 고등학교 1학년 때 이수해야 하는 국민공통 기본교과 때문에 학생들이 다소 힘들어하는 점이 있다. 운영상의 묘를 발휘하면 그다지 심각한 제약이 되지는 않는다. 하지만 특성화중학교의 경우는 특성화고등학교와는 달리 70%에 있어 국가교육과정을 따라야 하고 자율권이 30% 정도 밖에 되지 않아 사실상 교육과정 편성에 있어 거의 자율권이 없는 편이다. 그래서 중학교나 초등학교에 있어서는 교육과정상의 자율권 없이는 인가를 받는 것이 별 의미가 없게 될 것이다.

둘째, 모든 학생들의 내신 성적을 매겨야 한다는 것이다. 1997년에는 석차를 매기지 않고 오로지 서술식 평가만 했었는데, 인가 이후에는 이러한 서술식 평가를 계속하면서 교육청에 보고하는 내신성적은 학생들과 학부모에게 공개하지 않고 따로 작성한 적도 있었다. 결국 일원화된 내신 성적 처리를 할 수밖에 없었다.

마. 가장 심각한 변화는 교사문화가 점점 공동체성을 잃고 직장으로 변해 간다.

발령받는 교사는 이제는 국가의 공무원이다. 그동안은 교사들이 자발적으로, 출퇴근 시간 상관없이, 교육상 필요하면 언제나 학생들을 위해 일했다. 지금은 교사들은 9시에 출근하고 5시경이면 퇴근한다. 주말이나 5시 이후에 일하게 되면 초과수당을 신청한다. 비인가 학교였을 때는 이러한 것을 상상도 하지 못했다. 인가학교의 교사들이 기득권을 벌고 미인가 시절의 마음을 되찾을 때에만 대안학교로서의 공동체성을 지킬 수 있다고 본다.

참고 문헌

강대중(2002), 대안학교는 학교가 아니다. 서울: 박영률출판사.

강상철(1995). 신교육 사회학의 이해. 서울: 원미사.

______(1997). 교육사회. 서울: 동문사.

강순원(2003). "인권교육적 견지에서 본 우리나라 양성평등교육의 성과와 한계". 한국교육사회학회 연차학술대회(교육 부문에서의 양성평등 실태 및 과제), 27-43. 12월 20일. 대전: 유성호텔 3층 코스모스홀.

강창동(2009). 교육사회학의 이해. 서울: 학지사.

고형일(1996). 근대화, 정보화 그리고 학교교육. 경기: 교육과학사.

곽삼근 · 조혜선 · 윤혜경(2005). 생애주기별 성역할 발달 및 갈등. 한국여성학, 21(2), 147-179.

구분옥(1996). 초등학교 도덕 교과서에 나타난 성차의 특성과 문제점. 경북대학교 교육대학원 석사학위 논문.

구정화 · 박윤경 · 설규주(2009). 다문화교육 이해. 서울: 동문사.

금인숙 외(2001). 현대사회와 여성. 서울: 정림사.

김규태(2012). 교육책무성: 이론 · 정책 · 제도. 서울: 원미사.

대안교육을 생각하는 모임(1995). 새로운 학교 큰 교육이야기. 서울: 내일을 여는 책.

대안교육연대(2005). "대안교육 10년의 성과와 과제." 2005 대안교육 심포지엄.

서울평화교육센터(1996). 대안학교의 모델과 실천. 서울: 내일을 여는 책.

성용구(2008). 새로운 교육사회학. 서울: 태영출판사.

안병환(2013). 교육사회학의 이해, 경기: 공동체.

양희규(2005). "대안교육 10년의 성과와 과제." 2005 대안교육 심포지엄 기조발제.

이종태(2001). 대안교육과 대안학교. 서울: 민들레.

정유성(1997). 대안교육이란 무엇인가. 서울: 내일을 여는 책.

제10장

미래사회와 교육

1. 미래사회의 특징과 교육

교육은 삶의 질 향상을 위한 사회변화를 주도해야 하기도 하고 때로는 급격한 사회변화에 대응하기도 해야 하는 중요한 역할을 수행해야 한다. 따라서 여기서는 최근 사회변화와 교육과 관련하여 논의되고 있는 이슈 중 정보화와 지식기반사회의 특징을 간략하게 설명해 보기로 한다(안병환, 2012, 329-337).

1) 정보화 사회와 교육

정보와 정보통신의 발달로 사회의 정보화가 촉진되고 있다. 정보화란 정보통신의 범사회적 보편화를 말한다. 즉, 정보화란 정보의 생산, 유통 및 이용이 확대되고 고밀도화되면서 산업구조와 나아가 가치체계를 변경시키는 사회적 현상을 말한다. 따라서 정보화 사회에 있어서는 모든 사회활동이나 인간의 생활모습은 정보 집약적으로 전개된다. 이에 따라 정보처리 영역에 자기의 생애를 보내는 인구도 급증하게 되고 국민의 총생산도 이 분야에 집중되는 경향을 띠게 된다(이동한, 1997).

토플러(Toffler)는 정보사회를 다품종 소량생산의 사회로 규정한다. 이것은 대량생산 체제인 산업사회를 지배하고 있는 원칙들인 규격화, 전문화, 동시화, 집중화, 극대화, 중앙집권화와는 다른 원칙이 지배하는 사회이다. 정보사회는 생산체제의 탈대량화, 다양화, 탈전문화, 탈동시화, 탈집중화, 탈극대화, 분권화를 특징으로 하는 사회인 것이다. 따라서 정보사회는 종래 제조업중심으로부터 서비스 및 정보처리 중심의 산업구조로 변화하는 사회를 의미하며, 이로 인하여 권력의 원천이 힘과 자본으로부터 지식으로 옮겨지는 사회를 일컫는다(정영애, 1997). 정보화사회로의 진전이 더욱 가속화되면 교육에 있어서도 큰 변화가 야기될 것으로 기대된다. 그것은 마치 19세기 말 산업혁명이 교육제도를 바꾸어 놓았듯이 정보화사회가 새로운 교육제도의 탄생을 요구하고 있다. 산업사회에서와는 달리 정보화사회에서는 지식의 생명주기가 짧아지고, 지식의 증가가 매 4년을 주기로 100%씩 늘어나고 있으며 평생 동안 직장을 여러 번 옮겨가게 될 것이다. 이와 같이 급변하는 사회변화에 적응하기 위해 사람들은 지식의 내용보다 어떻게 지식의 많은 홍수 속에서 자기에게 필요한 정보를 검색해 내고 가공 처리하여 사용할 수 있는지를 배워야 한다(이옥화, 1996). 특히 지식과 정보량이 폭발적으로 증가될 뿐만 아니라, 2050년에는 현재 지식의 1%만 사용하게 될 것으로 전망된다(한국교육개발원, 1999).

그러면 산업사회와 정보화사회는 교육 특성에서 어떤 차이가 있는지 알아보기로 한다(Hargreaves 등, 1998).

(1) 작업장

산업사회에서는 공장모형과 수직적 관료제에 중점을 두는 반면에, 정보화사회에서는 협동적 학습조직을 강조한다.

(2) 다양성의 성격

산업사회에서는 범주적, 엘리트 선발을 강조한 반면에, 정보화사회에서는 교류적, 평생학습 발달모형을 강조한다.

(3) 교육

산업사회에서는 지식전달을 강조한 반면에, 정보화사회에서는 지식구축을 강조한다.

(4) 학습의 주요 모형

산업사회는 개인적(individual) 측면을, 정보화사회에서는 협동적(collaborative)

측면을 강조한다.

다음으로 정보화사회에 따른 교육체제는 어떤 변화가 있을까? 이를 보면 다음 〈표 10-1〉과 같다.

표 10-1 정보화에 따른 교육체제 변화

<table>
<tr><th colspan="2">교육체제 변화 촉진요인</th><th colspan="2">교육체제 변화</th></tr>
<tr><th>정보화 추세</th><th>교육체제 변화 촉진요인</th><th>영역</th><th>예상되는 변화</th></tr>
<tr><td rowspan="6">정보통신기술 발달
네트워크 확장
정보서비스 확산
정보산업성장
정보화 역기능 증대</td><td rowspan="6">교육체제의 기능 조정 촉진
–지식정보네트워크 성장
–미디어체제의 역할 증대
–정보통신 인력수요 증대
정보화 대처 능력필요 증대
–유용한 정보선택 능력
–정보과잉 대처 능력
–정보화 기본 소양
–정보화 역기능 대처 능력
정보통신기기와 소프트웨어의 대량 보급
–하드웨어, 소프트웨어 발달
–다양한 미디어 대량보급
가정, 직장, 교육기관의 교육기능 역할 재조정
교육행정 서비스의 요구 다양화 교육연구 · 개발 서비스 증대</td><td>교육기능과 교육제도</td><td>학교 외 교육기관의 확산
정보인력 양성역할 제고
미디어체제와의 협력체제 구축
교육제도의 유연화</td></tr>
<tr><td>교육기관과 프로그램</td><td>네트워크형 교육기관 증가
교육 프로그램의 다양화
교육기관 다양화</td></tr>
<tr><td>교육내용과 방법</td><td>정보화 대처 능력 함양
정보학의 비중 증대
개별화 수업의 강화</td></tr>
<tr><td>교사역할</td><td>정보의 효율적 관리자
정보활용 지도자</td></tr>
<tr><td>교육시설</td><td>네트워크형 학교시설 확산</td></tr>
<tr><td>행정, 연구개발</td><td>교육행정 서비스의 고도화
교육연구 · 개발의 발전</td></tr>
</table>

출처: 한국교육개발원(1998). 한국교육 비전 2020.

2) 지식기반사회와 교육

(1) 지식기반사회의 개념

지식사회(knowledge society)란 말은 1969년 Drucker에 의해 처음 사용되었으나, 그것의 오늘날의 의미는 1990년대에 나타났다. 지식사회의 주요 가정을 보면 다음과 같다(Slaus, 2007).

지식사회는 인간발달을 위하여 정보와 지식을 확인 · 생산 · 처리 · 변형 · 보급 · 사용한다.

지식사회의 근본 특징은 지식과 발전을 연계하는 것이다(Knowledge-development link).

지식은 일상생활, 문화 및 공공정책을 영속화시키는 주요 자원이다.

지식기반사회(knowledge-based society)는 끊임없이 변화하며 장기간 그리고 글로벌 관점을 유지하는 것이다.

지식은 과학, 인간성, 테크놀로지, 연구와 개발(R & D), 혁신, 교육, 언어, 문학 및 예술을 포함하고 또한 전통적이고 숨겨진 지식을 포함한다.

지식은 그 양이 방대하고 무한할 뿐만 아니라 공유함으로써 증가한다는 점에서 모든 다른 자원들과는 차이가 있다.

지식기반사회란 기존의 경제창출 요소인 자본, 토지, 노동, 기술보다 더 상위의 요소로서 한 나라의 국가경쟁력뿐만 아니라 개인의 경쟁력을 결정짓는 지식이 기존 사회의 구조적, 기능적, 교육적, 문화적 각 분야에 영향을 미치면 새로운 삶과 가치의 양식이 전개되는 사회이다(박성열, 2005). 유현숙(1999)은 지식기반사회는 산업 및 경제부문과 교육을 포함한 사회의제 영역이 지식에 토대를 두고 있는 사회라고 할 수 있다. 사회가 지식에 기반을 두고 있다는 것은 사회제도 운영과 그 속에서 구성되는 개인의 행위에 있어 지식이 다른 요소에 비해 상대적으로 큰 영향력을 행사하는 중요한 변인이 되며, 지식이 사회적 삶의 질을 결정하는 기본 지표가 됨을 시사한다.

이처럼 지식기반사회는 기존에 절대적인 생산요소로 보았던 자본, 토지, 노동보다도 보다 나은 삶을 살아가는데 있어서 지식이 점차 중요하게 되어 가는 사회 그리고 지식을 중요하게 여기는 사회라 볼 수 있다.

지식기반사회와 정보화사회는 어떤 관계가 있을까? 지식기반사회와 정보화사회의 관계를 다음과 같이 설명하기도 한다. 즉, 우리의 사회는 1차산업인 농경, 2찬산업인 공업, 3차산업인 서비스업 중심의 순서로 진화되어 오다가 최근에는 4차산업이라고 불리는 정보화산업 중심으로 변화의 축이 바뀌었다. 정보화산업은 다시 21세기로 들어서면서 지식기반산업사회라는 용어를 창출해 냈다. 단순히 정보화기술에 의존하기보다는 정보화기술의 급속한 발전으로 인하여 엄청난 지식과 정보의 홍수 속에서 새로운 패러다임이 등장하고, 문화와 가치관을 포함한 모든 분야에서 변화를 요구하는 시대에 우리가 살고 있음을 의미한다. 혹자들은 후기 산업사회라고도 지칭되는 정보화산업사회가 지식기반산업사회와 차별화된다고 한다. 지식기반산업사회와 정보화산업사회는 흔히 인터넷 기술을 중심으로 분리될 수 있다. 정보화산업사회는 개인용 컴퓨터가 모든 산업분야에서 활용됨과 동시에 인터넷이 등장하고 보급된 시대로 대략 1990년대 중 · 후반까지를 의미한다. 반면 인터넷의 폭발적인 확산과 활용으로 인해 지식의 중요성과 지식에 기반한 경제가 강조되고 있는 시대인 21세기 초는 지식기반사회로서 정보화산업사회와 차별되고 있다.

(2) 지식기반사회와 교육

지식기반사회는 과거와는 다른 교육의 변화를 가져올 것이다. Im(2001)은 지식기반사화에서는 교육에 대한 공공투자 확대, 기업과 대학 간의 협조체제 구축, 취업현장에서의 훈련 프로그램 강화 그리고 평생교육 기회의 확대가 강조되어야 한다는 것이다. 특히 현재 고등학교, 그리고 그 이후의 교육기관에서 받는 교육내용과 실제 교육현장에서 부딪히는 상황 사이에서 커다란 괴리가 있다는 것이 문제라는 것이다. 따라서 현장상황을 반영할 수 있는 수업내용, 또는 학습전략은 학생들로 하여금 추상적인 수학이나 과학의 개념을 더 쉽게 이해할 수 있도록 하고 경험에 의해서 배우는 학습분위기를 고취시킬 수 있을 것이다. 앞으로 중등교육이나 고등교육 그리고 취업인력에 대한 재훈련과정에서는 교육 프로그램을 상호 연계시키고, 교육기관 간의 또는 프로그램 간의 협력 프로그램 등을 적극 모색할 필요가 있다.

그러면 지식기반사회의 교육 패러다임은 어떤 변화를 가져올 것인가?(강창동, 2003).

열린 교육적 시 · 공간으로 인해 누구나, 언제, 어디서든 원하는 교육을 받을 수 있다. 과거의 교육은 표준적인 시 · 공간의 장벽으로 인해 일정한 계층이나 제한된 장소에서 교육이 이루어짐에 따라 경직된 제도적 틀을 뛰어넘지 못하였다. 그러나 디지털 공간에서는 시 · 공간의 한계가 존재하지 않으며, 누구나 자유롭게 이동하여 원하는 교육을 받을 수 있다.

지식기반사회의 교육은 엄청난 지식과 정보의 생성을 수용하기 위해 창조적인 지적 수월성을 추구해야 한다. 즉, 지식의 생성률을 높이기 위해서는 지식의 경계선을 자유롭게 넘나들 수 있는 인식과 성찰적 분석을 통해 사물의 본질을 파악하는 통찰력을 고양하여 지식을 창출하는 창조적 인간을 양성해야 한다.

지식기반사회의 교육내용은 과거와 같이 표준화된 틀 속에서 이루어지는 것이 아니라 지식의 의미해석을 확대할 수 있는 체계로 구성되어야 한다. 따라서 교과내용도 획일적이고 표준적인 지식만 강요하는 것이 아니라, 다양한 의미를 해석하고 다른 지식과의 만남을 통해 통합적인 지적 노력을 지향해야 한다.

지식기반사회의 교육방법은 자유롭고 유연한 사고의 촉진과 잠재적 능력을 배양하고 궁극적으로 창의력을 신장시킬 수 있도록 배려해야 한다. 즉, 학생이 스스로 문제를 해결하고 능동적인 지식구성력을 갖추도록 해야 한다.

지식기반사회의 교육평가는 학생의 성장 잠재력을 진단하고 개발하는 지표로 이용되어야 한다. 따라서 교육평가는 학습자의 적성을 살리고 유연한 사고를 심화시킬 수 있는 새로운 관점에서 정비될 필요가 있다.

Paulsen(2001)은 지식기반사회에서는 누구에게나 동등한 교육기회 제공, 교육에서 평등한 접근과 함께 차별화된 교육내용 실현, 국가경쟁력과 관련된 교육의 품질보장, 평생교육 그리고 새로운 학습문화 창조가 중요하다고 하였다(한국직업능력개발원, 2001).

유현숙(1999)은 지식기반사회의 교육 패러다임의 변화를 다음 〈표 10-2〉와 같이 제시하였다.

표 10-2
지식기반사회의 교육 패러다임의 변화

부문별 변화 영역	종전의 패러다임 (old paradigm)	지식기반사회 교육 패러다임 (new paradigm)
정부의 역할	교육 독재자 : 교육독점과 통제	전략적 조정자, 보조성의 원리
학교의 본질적 특성 공교육체제의 핵심적 기능	· 교육기관 · 지식의 전달	· 교육, 지식정보, 문화적 거점공간 · 지식정보의 생성, 확산, 부가가치 창출
교육과 노동시장 학교 간 · 교육단위 간 경계	· 대응적, 분절된 노동시장 진입 · 경직성	· 교차적, 개방된 노동시장 진입 · 유연성
지식의 형태 지식정보 전달체제	· 사실적, 방법적 지식 · 일원적, 일방형 의사소통 구조 (linear organization)	· 변형적 지식 · 다원적, 복합적 소통구조 (network delivery system)
조직구조 교육조직의 주된 형태	· 국가수준에서 동질적, 획일화 · 관리적, 경쟁적 (managerial/hierarchical)	· 지방수준에서 다원적, 역할과 기능 분화 · 보다 협동적, 덜 위계적 (alliance/heterarchical)
통치모형과 운영체제	· 관료적 통제 · 집권적, 국가단위운영체제	· 시장통제 · 분권적, 학교단위운영체제
외적 관계 : · 국가와 학교 · 국가와 국민	· 지시와 복종관계 (leader and follower) · 교육시혜와 수혜관계	· 역할과 기능분담
내적 관계: · 학교 간 관계 · 학생 간 관계 · 교사와 학생 간 관계	· 분리적 관계 · 경쟁적 속성(zero-sum game) · 일방적, 수직적	· 교류협력관계 · 관계망(network relationships), 협동적 속성(coworker) · 쌍방적, 인격적

3) 세계화와 교육개방

미래사회의 특징으로 세계화와 교육개방의 교육적 특징과 시사점에 대하여 다음과 같이 서술한다(이종각, 2012, 310-321).

(1) 세계체제화

최근의 세계는 시공간적으로 더욱 급격히 가까워지고 있으며 각 구성 요소들 간의 상호관련성 혹은 상호의존성이 점점 높아져 가고 있다. 이와 같이 상호의존성이 높아지는 변화를 세계화(globalization) 또는 세계체제화로의 진행이라고 부른다. 세계의 변화 추세에서는 단일 시장화, 단일 기술체계, 단일 언어화 등으로의 변화가 대세를 이룬다. 세계화로의 변화가 대세인 만큼 그에 대한 비판과 반대에 귀 기울이는 한편 그 흐름에는 적극적으로 임할 필요가 있다.

한국의 사회나 교육이 서구세계를 중심으로 하는 세계체제의 일부로 편입되기 시작한 것은 100여 년 정도 될 것이다. 역사적으로 볼 때 세계화는 오래전부터 점진적으로 진행되어 왔으나, 1980년대 중반부터 새로운 차원의 세계화가 논의되기 시작하였다. 1994년에 UR협상이 타결되고 1995년에는 WTO가 출범하면서 세계화로의 진행이 급진전되었다.

WTO가 추구하는 것은 경제의 세계화이며, 그것은 곧 세계경제의 자유화이다. 교육 측면에서 보면 세계화는 교육의 상품화와 시장화를 의미하며, 교육의 세계시장화를 내포한다. WTO와 FTA의 국제적 틀 속에서 교육과 대학의 개방은 피할 수 없게 되었고, 어떻게 하면 우리에게 유리하고 적합한 개방을 할 것인가 하는 과제에 직면해 있다.

교육 분야의 세계화는 세계 각국의 교육과 그 구성 요소들이 상호 개방되고 영향을 주고받아 상호이용 가능성과 상호의존성을 높여 가는 일이다. 그런데 각국의 여러 구성 요소들 간의 상호관련성에 있어 어느 한쪽이 일방적으로 강할 경우 그 체제 내의 다른 쪽들은 그의 종속체제로 전락하게 된다. 예컨대 1945년 이후 한국의 교육체제와 지식체제는 이미 미국 의존적인 체제로 성장해 왔다. 1990년대 이후부터는 세계화가 새로운 차원에서 급속히 진행되었다. WTO 출범(1995), OECD 가입(1996), NEW ROUND 타결(2001), 한 · 칠레 FTA 타결(2004)에 이어 한 · 미 FTA가 양국의 국회에서 비준(2011)되는 등 점점 가속화되는 세계체제화 과정에서 우리의 교육계와 지식계는 과거에 겪지 못한 새로운 환경에 처해 있다.

이런 변화는 교육을 보던 종전 시각에 대한 변화를 요구하는데 그 변화는 두 가지 요소를 포함한다. 하나는 교육을 상품으로 보고 교육이 교환되는 공간을 시장으로 보는 교육 시장적 인식이다. 다른 하나는 개별 국가적 교육 체제관(혹은 국내적 교육관)을 탈피하여 세계교육 체제적 관점을 수립하는 일이다.

(2) 세계화 교육에 대한 시사점

세계화 시대에는 교육개방도 동시에 이루어지게 되는데, 교육개방은 교육이 한 국가 내에서 폐쇄적 특성을 갖기보다는 전세계적으로 열린 체제적 성격을 띠도록 한다. 전세계적으로 열린 교육체제에서 각국의 교육체제는 그 전반에 걸쳐 큰 변화와 개편을 도모하지 않을 수 없게 된다. 교육내용 · 제도 · 운영방식에 있어 일대 혁신이 일어날 것이며, 교육의 역할에 있어서도 세계화의 변화에 능동적으로 대응할 수 있는 인적 자원의 양성이 강조될 것이다.

가. 교육의 시장화

세계화의 동향은 교육에 대한 시장적 의미를 적극적으로 부여하였다. 교육의 시장화는 교육 경쟁에 대한 각성을 촉구하면서 경쟁의 범위와 경계선을 무너뜨리고 범세계적인 교육경쟁에 돌입하게 하였다. 따라서 세계 각국은 교육개혁사업을 대대적으로 진행시키고 있다.

나. 교육체제의 대내 · 외적 개방 확대

WTO의 출범으로 교육이 세계경제체제에서 자유교육 품목의 하나로 규정됨으로써 개별 국가가 관리하는 국민교육시대는 종말을 고하게 되었다. 교육기관은 국제적으로 경쟁하면서 국제경쟁력을 갖춘 교육을 공급해야 할 필요성을 갖게 되었다. 소비자도 국제적으로 우수한 교육을 선택하여 받을 수 있는 권리와 기회를 얻은 한편 국제적으로 통용되는 능력을 갖춘 교육을 받아야 하는 부담을 안게 되었다.

교육개방은 국내 · 외 교육공급자 간 경쟁의 전개를 의미하기도 하므로 교육의 국가 간 호환성이 중요해진다. 즉 각국은 교육의 단계와 수업연한, 무상의무교육의 수준, 교육의 내용과 방법, 교육의 질, 학력의 상호인정 등 교육체제 전반에 걸쳐 국제무대에서 통용되는 교육체제를 마련할 필요가 커진다. 졸업 · 학위 등의 상호인정, 유학 자유화, 원격교육 등을 통해 전세계 교육기관이 지구촌 내에 존재하는 하나의 교육시장으로 통합되어 갈 것이다. 또 교육의 국가 간 호환성은 노동시장의 국제화와 개방화와도 밀접히 관련된다.

세계화와 교육개방 추세에 비추어 한국교육의 수요와 공급에 대해 살펴보면, 우리 교육의 공급체계는 매우 더디게 개편되어 온 반면 교육의 수요자, 즉 학부모와 학생들의 교육욕구 수준과 범위는 빠르게 변하고 있다. 소비자의 교육욕구 수준이 매우 높고, 범위 또한 매우 넓으며, 그것을 충족시키는 방법도 국내의 경계선을 넘어 세계교육시장에서 추구하고자 한다. 즉 교육공급자보다 교육소비자가 더 빨리 세계교육체제에 적응하는 행동을 하고 있다. 따라서 한국의 교육공급체계는 더 세계화, 개방화, 다양화되어야 한다.

다. 교육의 국제경쟁력 제고

교육에서도 국가 간 경쟁이 심화되고 있다. 그 배경으로는 첫째, 지식기반사회의 도래에 따라 국가 경쟁력 확보를 위한 교육의 역할이 새롭게 인식되어 각국들은 교육발전을 위한 경쟁을 강화하고 교육개혁에 박차를 가하고 있다. 둘째, WTO체제의 출범과 함께 전세계의 교육기관이 하나의 시장에 존재하게 됨으로써 교육에서 국가 간 경쟁이 심화되고 있다.

세계화와 교육개방은 한국교육의 인적 자원 개발에 대한 요구수준을 높이고 있다. 세계화 시대에 국내용 인적 자원 개발은 중요한 의미를 갖지 못한다. 국제감각을 갖추고 국제수준에 이르는 경쟁력 있는 인재를 양성해야 한다. 개인도 국제수준의 능력을 갖추도록 노력해야 하고, 국내의 교육기관도 이러한 기능을 수행할 수 있도록 준비해야 한다. 국제적 호환성을 갖춘 교육과정 운영, 자격증 제도의 확립, 인적 자원 양성이 요구된다.

라. 세계교육(global education)의 강화

세계화는 교육의 목적과 내용에 있어서 국가주의적 · 인위적 요소를 없애거나 약화시키는 반면 인류 사회에 대해 더 보편적이고 자연의 법칙에 가까운 접근을 강화시킬 것이다.

우선 세계화는 인류의 보편적 가치, 인류 역사와 문화의 발달, 문화적 다양성, 세계적 차원에서의 정치 · 경제체제, 지구 차원의 문제들에 대한 인식 등을 강조하는 세계교육(global education)이 획기적으로 강화될 필요를 제기한다. 세계교육은 UNESCO에서 종래 추진해 온 국제이해교육의 범위를 넘어 인류적 또는 지구적 차원에서 접근하는 교육이다. 즉 정치체제, 경제체제, 생태환경체제, 기술체제 등을 세계적 · 범지구적 관점에서 인류 전체가 성취하여 온 역사의 산물로서 가르치고 그들이 상호 관련되어 있음을 인식시킨다(한국교원개발원, 1996, 226). 또 세계화 시대에는 인류 공동의 문제에 대처하는 능력의 함양이 매우 중요시될 것이다. 인류사회의 구성원들이 공해, 질병, 빈곤, 성차별, 인종차별 등 공동 문제에 대하여 경각심을 가지고 함께 대처하는 노력이 매우 필요하기 때문이다.

마. 민족 정체성 및 고유문화와 가치교육

세계화는 민족 정체성 및 우리 고유의 문화와 가치에 대한 교육의 강화를 시사하기도 한다. 세계화 시대에는 인류의 보편적 가치와 함께 국가와 민족의 고유성도 동시에 추구될 것이므로 국가와 민족의 정체성에 대한 교육도 상대적으로 강조될 것이다. 따라서 국사와 국어 그리고 전통문화 교육에 대한 새로운 접근이 필요할 것이다. '가장 한국적인 것이 가장 세계적인 것'이라는 주장을 실현하려는 노력도 필요하다. 행동은 지역적(한국적)으로 하고, 생각은 세계적으로 하라는 말도 있다. 세계화(globalization)와 지방화(localization)를 동시에 실현하라는 뜻의 세방화(glocalization)가 강조된다.

21세기는 '문화의 세기'로도 불린다. 한국의 전통문화적 요소를 보편화 또는 세계화시켜 Korea 한국의 브랜드 가치를 높이고 국가 정체성도 공고히 해야 할 것이다. 그러나 이러한 문제를 다루는 데 있어 보편적 가치와 고유의 가치를 균형 있게 추구하도록 가르치는 것과 정체성 함양 교육이 국수주의적 교육으로 흐르지 않도록 하는 것이 중요한 과제가 될 것이다.

(3) 교육시장화와 교육개방

세계화 혹은 세계체제화는 '상품화'와 그 상품들에 대한 '시장화'를 공통분모로 하여 급속히 진행되고 있다. 그래서 교육도 상품이고 교육이 교환되는 조직과 공간은 교육시장으로 인식된다. 지식 분야도 마찬가지로 지식은 상품으로, 지식이 교환되는 조직과 공간은 지식산업과 지식시장으로 인식된다. 이 상품들은 그 조건과 수준을 갖추어 세계적으로 아무 제약 없이 유통되어야 하고 자국 상품에 대한 특별한 보호 장치나 외국 상품에 대한 제한조치가 이루어져서는 안 된다는 것이 WTO의 목표이자 세계화의 방향이다.

우리나라에서 교육시장이란 말은 WTO 출범 이후부터 사용되었으므로 역사가 일천하다. 교육시장적 관점은 교육도 다른 종류의 서비스와 마찬가지로 상품이므로 같은 교역조건을 적용해야 한다는 것이다.

(4) 교육시장의 규모와 개방 확대

우리나라의 교육시장 규모는 매우 크다. 한국교육개발원의 통계에 의하면, 2011년 현재 우리나라 전체 교육기관은 20,480개이고 교원은 551, 358명이며, 학생은 11,337,372명에 이른다. 또 2011년의 교육 예산은 중앙정부 예산의 17.1%(45조 1164억 4400만 원)이고, 전체 교육단계에서 GDP 대비 공교육비가 차지하는 비율은 2007년 현재 7%를 차지한다. 통계청 조사 결과 2010년 우리나라 초 · 중 · 고생의 사교육비 총액은 약 20조 9천 억원으로 전년도 대비 3.5% 감소하였으나, 당해 연도 전체 교육예산(41조 6275억 1900만 원)의 50% 수준에 이르는 것으로 나타났다. 또 2010년 현재 전세계의 고등교육기관에 재학하고 있는 우리나라 학생은 251,887명으로 조사되었고, 초 · 중등학교 유학생도 18,741명에 달한다. 이에 더하여 우리 국민들의 교육열을 생각하면 우리나라 교육시장의 규모는 전체 학생 수의 산술적 규모보다 훨씬 크다고 볼 수 있다.

(5) 교육시장 개방의 원칙과 대책

교육시장은 다음과 같은 7 가지 원칙에 따라 개방될 것으로 전망된다(손경애, 1994, 20-21).

① 내국민의 대우 억제 원칙 : 외국인과 내국인 간의 차별대우 금지

② 최혜국 대우 원칙 : 가장 유리한 대우를 받는 특정 외국에 대한 대우수준을 다른 모든 외국에 대해서도 똑같이 적용

③ 공개주의 : 국내 서비스 시장에 적용되는 모든 규율과 법적 조치 내용을 상대교역 국가가 분명히 알 수 있도록 공개

④ 서비스 산업(국가독점)의 독점 제한 : 독점을 부여할 필요성에 대한 국가 주권은 존중되지만 그 제한은 최소화

⑤ 정부의 보조금 제한 원칙 : 서비스 사업에 대한 정부보조금을 제한하여 외국의 참여를 촉진하고 자유로운 경쟁 보장

⑥ 인허가 차별금지 원칙 : 서비스 인허가에 있어 외국인에 대한 차별과 규제 철폐

⑦ 점진적 자유화 원칙 : 이상의 모든 원칙들은 점진적으로 실현되어야 하며 상품교역 자유화의 속도는 과거보다 훨씬 더 신속하고 집중적으로 이루어지도록 불필요한 규제나 간섭 배제

가. 교육시장 개방의 파급효과에 대한 예상

교육시장 개방이 미칠 파급효과는 매우 클 것으로 예상되는데, 그에 대한 여러 논의와 분석 중 한국교육개발원의 관련 연구에 제시된 전망을 살펴보면 다음과 같다(최운실 · 최돈민, 1991, 79-96). 교육시장 개방의 긍정적 파급효과는 외국의 우수교육기관 유입을 통한 국내교육의 국제경쟁력 강화 촉진, 국민의 학습권 보장과 교육기회의 다양화 촉진, 국내 학문 · 기술의 국제화 및 다원적 국제 관계망 형성, 그리고 국내 교육의 해외진출 촉진을 통한 한국 문화의 국제적 보급 · 확산 등 네 가지 측면이다.

반면 교육시장 개방의 부정적 측면의 파급효과로는 교육을 통한 외국문화의 침투와 문화적 종속주의의 심화, 국내 교육기관의 자생력 약화와 위축, 국내교육의 대외의존도 심화, 교육적 경비의 과다 해외유출을 통한 경제적 손실, 상업주의적 교육 풍조의 만연, 그리고 계층 간 교육 위화감의 조성이 지적될 수 있다.

나. 교육개방에 대한 대책

국내교육에 대한 보호주의적 시각에서 벗어나, 교육개방을 도전의 계기로 삼아 교육의 질적 발전과 국제화를 촉진시켜야 할 것이다. 그러기 위해서는 국가 차원에서 다음과 같은 정책과제에 대해 치밀하게 대처해 나가야 할 것이다.

첫째, 교육기관들의 국제경쟁력 강화를 위한 각종 법제도의 정비와 지원 정책을 강구해야 할 것이다.

둘째, 국내에 진출하는 외국 교육기관들의 교육의 질 관리를 위한 제도적 장치를 강구해야 할 것이다. 교육부에서는 앞으로 들어올 외국 교육기관의 난립은 막고, 교육시장 개방의 효과는 높일 수 있는 대책을 마련해야 한다.

셋째, 국내교육에 대한 국민들의 신뢰와 지지 기반이 구축 · 확대되도록 국내교육의 국제화와 고품질화를 이루어야 한다.

넷째, 국내 초 · 중 · 고 학생들의 외국어 교육 강화, 세계사와 세계지리 과목 개편, 외국어문 계통 학과의 개편 등 국제화 교육 강화를 위한 법적 · 제도적 조치를 강구하여 그들이 세계시민으로 성숙할 수 있도록 교육해야 한다.

다섯 째, 국내교육의 해외진출 및 국제적 수출을 위한 준비도 겸해야 한다.

(6) 대학의 세계화 동향

경제의 세계화로부터 시작된 세계화는 이제 모든 영역의 세계화를 촉진시키고 있다. 대학과 대학교육 시장 역시 세계화의 바람을 거세게 타고 있다.

1998년 유네스코 파리총회에서 제시한 '21세기의 고등교육 전략 6가지'를 보면 대학의 세계화 동향을 읽을 수 있다. 그 첫째는 세계의 모든 대학을 하나의 틀로 만들어 질적인 관리를 하자는 것이고, 둘째는 세계의 모든 대학이 상호 학점을 교환하고 학력을 인정하자는 것이다. 셋째는 대학 교육의 이동을 자율화하자는 것이다. 넷째는 경영의 전략적 효율화를 추구하자는 것이다. 예컨대, 아시아를 제외한 세계 모든 나라에서 대학생이 부족한 현실에서 아시아를 타겟 시장으로 하여 학생 유치에 힘써야 한다는 것이다. 다섯째는 대학을 자율화시키자는 전략이고, 마지막으로는 교육붕괴 현상을 막아야 한다는 것이다.

세계는 이미 교육경쟁 시대에 돌입했다. 세계의 유수 대학들과 경쟁하지 않고서는 그들을 결코 앞지를 수 없다. 우리나라 대학의 국제경쟁력은 세계 최하위 수준이다. 영세한 재정형편, 열악한 교육 및 연구여건, 대학 구성원들의 후진적 의식 등 모든 측면에서 21세기 지식정보화 시대에 대응하기에 역부족이다.

이제는 대학경영도 국제 경쟁적 경영체제로 돌입해야 한다. 우수 외국대학들의 다양한 교수방법과 커리큘럼의 대결이 불가피하다. 현재의 경쟁력 없는 커리큘럼은 과감히 버려야 한다. 특히 교육개방이 될 경우 사이버대학이 확대될 것이 분명하므로 세계 통합 사이버대학의 출현에 대한 대비책도 강구해야 한다.

(7) 세계화에 대한 문제제기 : 반세계화론

국가 간의 교류와 상호의존 관계는 특히 2차 세계대전 이후 급격히 확대되었다. 그 결과 한편으로는 국가 간의 상호의존성이 더욱 높아졌고, 다른 한편으로는 일국의 타국에 대한 의존성 또는 종속성이 증대되었다.

그런데 이와 같은 교육의 국제교류 과정과 결과에 대해서는 긍정적인 관점과 부정적인 관점이 있다. 긍정적 관점으로는 '근대화' 논리가 대표적이다. 이 논리의 핵심은, 비서구 사회가 발전하기 위하여서는 서구사회의 문물(文物)을 빨리 받아들여야 하며, 그를 위해서는 서구식 교육을 강화하여야 한다는 것이다. 그러나 부정적 관점을 가진 관측자들은 형태상으로는 과거 식민지 시대의 관계가 신식민지적 관계로 변하였지만, 내용적으로는 식민지적 또는 종속적 관계가 지속되고 있다고 분석한다. 최근의 교육체제의 세계시장화와 대학교육의 세계시장화 경향은 기존의 상반된 논쟁을 더욱 가열시킬 것으로 예측된다.

'세계화는 곧 미국화'라고 보는 학자들은 세계화의 요구가 불공평하며 정치적 억압이라고 간주한다. 그 이유는 근본적으로 동일한 조건에 있지 않은 상대에게 동일한 경쟁을 요구하는 것 자체가 정치적 억압인 동시에 신자유주의적 세계화의 불공평성이자 비민주성이라는 것이다. 세계자본주의(global capitalism)는 경제적, 환경적, 노동조건의 부정의와 불평등(injustice and inequality)을 강화시키고 있다는 비판을 받고 있다.

2. 미래형 학교

미래형 학교의 방향과 요건에 대해서 김천기(2003, 426-435)는 다음과 같이 제시하고 있다(성용구, 2008, 305-310).

1) 학교교육의 정상화 지향

미래의 학교교육의 방향은 우리들의 아주 가까운 곳에 있게 마련이다. 그것은 일제 학습이라는 전통적 학교교육의 그늘에서 늘 일제수업과 함께 있었던 개별지도 또는 개별학습이라 할 수 있다.

미국 버몬트 주의 교육국은 미래학교의 방향에 대하여 다음과 같이 제시하고 있다.

① 교수보다는 학습에 중점을 두지 않으면 안 된다.

② 학습자는 한 사람의 인간으로서 대우받지 않으면 안 된다.

③ 교육은 학습자의 배우고자 하는 강한 욕구와 자신을 의미 있는 존재로 만들고 싶다는 욕구에 기초하지 않으면 안 된다.

④ 모든 인간은 성공을 필요로 하고 있다.

⑤ 교육은 학습자의 개성과 독자성을 유지하도록 노력하지 않으면 안 된다.

⑥ 추상적이 아닌 실제적인 경험을 통해서 학습자 자신의 학습(발견이나 탐구를 통한)이 존중되지 않으면 안 된다.

⑦ 학습자의 사고력 발달을 도모하는 것이 기본적이다.

⑧ 현실과의 관련 하에 학습자의 학습이 고려되지 않으면 안 된다.

⑨ 학습자는 자기 능력에 따라 학습하도록 허용되지 않으면 안 된다.

⑩ 교사의 역할은 학습에 있어서 동반자이며 안내자가 되지 않으면 안 된다.

⑪ 개성적 사고방식(기본적 가치관)을 신장시키는 것이 매우 중요한 일의 하나이다.

⑫ 학습자 개인의 학습활동을 개별화함과 동시에 학습성과에 관해서도 개별적으로 평가되지 않으면 안 된다.

⑬ 학습 환경은 크게 확대되지 않으면 안 된다.

⑭ 학교는 학습자가 서로 배울 수 있는 구조를 갖추지 않으면 안 된다.

⑮ 모든 학습자에게 충분한 학습활동을 제공하기 위해서는 지역사회로부터 전면적 지원이 이루어지지 않으면 안 된다.

⑯ 학교는 현실에 대응하여야 한다. 따라서 교사나 관리자가 학습을 인위적인 교과의 틀 속에 한정시키는 것은 바람직하지 않다.

⑰ 학습자의 책임감을 기를 수 있도록 배려하지 않으면 안 된다.

개방학교운동을 존 듀이의 아동중심주의의 부활이라고 지적한 사람도 있다. 개방학교운동은 인간주의적이고 성공적인 교육관이며 또 배우는 쪽에 역점을 두는 통합적 학습관이다. 탈산업사회를 지향하며 살아갈 유연한 인간은 이와 같은 목적을 가진 학교에서 형성된다고 믿고 있다. 다시 말하면, 미래형의 학교는 어떤 형태로서 그러한 목적을 추구하고 있는 학교인 것이다.

오늘날의 학교교육은 교사중심주의이며 교수의 원리에 의해 이루어지고 있다. 미래의 학교교육은 학습자중심주의이며 학습의 원리에 의해 이루어질 것이라는 것이다. 그리고 학습을 학교라고 하는 한정된 공간에 한정하지 않으며, 지식을 학습자에게 의미 있는 것에만 한정하고 있다는 점도 주목된다. 만약 앞으로 탈산업사회가 되고 민주주의 사회를 유지하지 않으면 안 된다고 믿거나 또는 평화와 자유와 평등의 기본적 가치를 견지하면서 미지의 사회를 건설하는 유연한 인간을 배양하는 것이 미래형 학교의 목적이라고 생각한다면 우리들은 앞의 가설에 찬성할 수밖에 없을 것이다.

2) 미래형 학교의 요건

(1) 개별지도, 개별학습을 가능하게 하는 민주적인 시설과 설비

미래형의 학교는 학습자중심주의의 교육을 실시하며 또 학습의 원리에 의하여 교육이 이루어지는 곳이라 한다면 그러한 학교가 마련해야 할 기본적 요건은 무엇인가? 한 마디로 말해서 민주주의적이지 않으면 안 되며 또 자유롭고 평등한 분위기를 가져야 한다는 것이다. 환경이 우리들의 정신에 미치는 커다란 의미를 생각할 때에 미래형의 학교는 민주주의적인 의미를 갖지 않으면 안 된다.

한편 학교의 시설, 설비의 기능은 지금까지 학교의 일제수업을 위하여 존재해 왔다고 해도 과언이 아닐 것이다. 이에 대하여 학습자중심의 학습의 원리를 중요시하는 학교의 기능은 개별지도 또는 개별학습의 성립을 도모하는 것이 되지 않으면 안 된다. 지금까지 알려진 미디어 센터 혹은 학습센터 등이 학교의 중심이 되는데 거기에는 다양한 학습을 위한 다양한 미디어가 누구나 언제라도 이용할 수 있도록 구비되어 있어야 한다.

(2) 사회문제를 중핵으로 한 학습내용

미래사회가 탈산업사회이고 거기에 이르는 과정이 매우 힘든다는 점은 앞에서 살펴본 바와 같다. 미래형 학교에 있어서 학습내용은 당연히 이를 반영하지 않으면 안 된다. 특히 고도성장을 지향하는 산업사회에 있어서는 생산력의 유지라는 목적을 위하여 최소한의 지식이 강하게 요구된다. 그러나 탈산업사회를 지향하는 사회에서는 그것이 매우 한정적으로 받아들여질 수밖에 없다. 누구든지 습득하지 않으면 안 될 필수적 학습내용을 극히 한정적으로 잡고 선택할 수 있는 학습내용을 최대한으로 확대하여 배우게 한다. 미래형 학교의 학습내용은 사회와 유리되어 존재하지 않는다. 그것은 지금까지와 같이 교과별 이른바 순수과학이 반영된 내용이 아니라 원래 학습자의 생활에 알맞은 학습내용이어야 한다는 것을 의미하는 것이다.

오늘날의 학교가 갖고 있는 교사에 의한 종적인 학습내용은 별로 중요하지 않다는 점이다. 교사와 학생이 이러한 지독한 사회문제를 다루지 않는다면 그들은 다시 재교육을 받아야 마땅하다. 사회문제의 중요성을 인식하고 인간이 가진 우수함과 즐거움을 배울 수 있는 여유를 잃어서는 안 된다.

(3) 다양한 학습형태와 학습자를 위한 교수-학습조직

이미 학교의 시설, 설비에 관해서는 언급한 바 있지만 대그룹학습으로부터 1대1학습 및 1인 학습 등의 형태가 고려될 수 있을 것이다. 1대1학습에는 연장자나 또는 같은 나이 또래의 학생들이 교수를 담당하는 자원으로 활용될 수도 있을 것이다. 이것이 이른바 동료교수(peer teaching)이다. 교수-학습활동에 있어서 자원봉사자에 관해 언급하고자 한다. 지역사회에는 자원봉사 자원이 많은 편이다. 직장을 갖지 않은 노인, 주부, 대학생 중에서 교직경험이 있는 사람 또는 가르치는 일에 흥미를 갖고 있는 사람들이 꽤 많이 있다. 지금까지 사실상 교사집단이란 매우 폐쇄적이고 다른 사회를 잘 모른다고 알려져 있다. 그런 의미에서 자원봉사제도의 도입은 학교에 신선한 바람을 불러일으킬 것임에 틀림없다.

이른바 실천학습(action learning)이란 이와 같은 학교 밖에서의 학습에 붙여진

명칭으로서 여기에서도 학교가 가진 폐쇄성이 타파될 것으로 기대된다. 학습자도 한 사람의 인간으로서 취급되어야 한다든가 또는 교육의 학습자의 개성과 독자성을 유지하도록 노력해야 한다는 것은 너무나 당연한 일이다.

(4) 지역 커리큘럼의 자주적 편성

미래형 학교에 있어서의 학습내용은 극히 한정된 최소한의 지식과 사회문제이다. 그리고 이것들은 국가적 차원에서 고려되어야 할 사항이라고 생각되어 왔다. 그러나 이 학습내용을 아이들의 흥미와 관심에 맞게 구성하려고 할 때 그것은 지역적 차원에서 고려되지 않으면 안 된다. 지역적 차원의 커리큘럼의 필요성이 있다. 교과서라는 유일한 교재에 의하여 교수활동이 이루어지는 경우에는 지역 커리큘럼의 필요성이 없다. 어쨌든 학교 내에 미디어센터 혹은 교재작성센터 같은 것이 필요하며 또 학습활동에 가능한 한 큰 폭의 융통성을 주기 위하여 기존 교재의 정리 및 새로운 교재의 작성과 보존이 필요하게 되었다.

(5) 학습 조직자, 촉진자, 그리고 개인 지도교사로서의 교사

수업이라는 전통적 학교교육에 대한 반성과 교사의 역할에 대한 반성으로 발전할 필요성이 있다. 그러면 일정한 지식을 가르친다는 역할이 아닌 교사의 새로운 역할이란 무엇인가? 학습자중심주의와 학습의 원리에 따른 미래 학교의 교사상은 어떤 것일까? R. Barnes는 다음과 같은 일곱 가지를 제시하고 있다.

① 학습자가 학습목적 또는 학습목표를 설정하는 것을 돕는다.

② 학습자가 학습에 대한 흥미, 관심, 욕구, 가능성, 문제점을 발견하도록 돕는다.

③ 컴퓨터 네트워크나 학습시스템을 유도하는 역할을 돕는다.

④ 기능을 나타내는 모델로서 모범자의 역할을 한다.

⑤ 학습자를 친구로서 돕는 한편 적절한 교재를 탐색하거나 작성하기도 한다.

⑥ 학습의 촉진자로서 집단학습을 보다 효과적으로 진행시킨다.

⑦ 적절한 교재가 없는 경우에 개인지도교사(tutor)로서 가르친다.

참고 문헌

김승현 외(1994). 현대의 사회과학. 서울: 한길사.

김천기(2013). 교육의 사회적 이해. 서울: 학지사.

성용구(2008). 교육사회학. 서울: 태영출판사.

안병환(2012). 교육사회학의 이해. 경기: 공동체.

윤봉준(1997). "교육위기 타개는 공교육의 민영화로". 제2차 자유주의 워크숍.

이종각(2012). 교육사회학. 서울: 태영출판사.

제11장

한국교육의 과제와 전망

1. 한국사회와 교육

그동안 대한민국은 여러 가지 분야에서 눈부신 발전을 해오고 있으나 교육의 분야에도 동등하게 진전이 되었다고 보기는 어렵다. 특히 대한민국 교육에 영향을 미치는 한국사회의 독특한 특징을 이종각(2012, 15-17)은 다음 세 가지로 규정하고 있다.

1) 눈부신 경제발전

한국은 한때 가장 가난한 국가의 위치에서 세계 10위권의 경제대국으로 급진적 성장을 하였다. 경제선진국들의 모임인 OECD에도 가입(1996년 12월)하였으며, 1인당 GNI도 1970년 254 달러에서 2010년 현재 20,759 달러로 높아졌다. 교육재정 측면에서 GDP 대비 공교육비 비율은 2010년 현재 7%(정부부담 4.2%, 민간부담 2.8%)로 OECD 31개국 중 아이슬란드, 미국, 덴마크에 이어 4위를 차지하고 있다.

그동안 교육여건도 많이 개선되었다. 1970년대까지도 콩나물 교실로 회자되었던 한국 교실의 풍경은 1학급당 학생 수가 26.6명(2010년 현재 초등학교 기준)으로 개선되었다. 진학률도 급격히 상승하였다. 최근 중학교 진학률은 99.9%, 고등학교는 99.7%, 대학교도 82%에 달한다.

최근의 OECD 보고서에서도 한국교육 발전의 놀라운 모습을 찾아볼 수 있다. 우리나라 초·중등 교육의 학업성취도는 세계 상위 수준이고 학생의 학습성취율도 OECD 국가 중 최고를 기록하고 있다. 유엔아동기금(UNICEF)보고서는 '한국이 세계 최부국들 가운데 가장 효율적인 교육제도를 가지고 있다'고 발표하기도 했다.

그러나 대학교육의 질과 경쟁력 그리고 지식생산 능력은 매우 낮은 수준에 머물러 있다. 뿐만 아니라 국민의 국내교육에 대한 만족도는 매우 낮고 불만과 불신은 아주 높다. 교육이민이나 기러기 가족은 점점 늘어나고 있고, 2009년 현재 해외유학생 수는 40만 명을 상회하며 연간 3,999백만 달러에 달하는 막대한 돈이 해외 교육비로 지불되고 있다.

2) 낮은 국가경쟁력

스위스 국제경영개발원(IMD)이 59개 국가 및 지역 경제를 대상으로 평가하여 발표한 2011년 국가경쟁력 보고서(World Competitiveness Yearbook)에 의하면 전체 국가경쟁력 순위에서 미국과 홍콩이 공동 1위를 차지하였다. 전년도 1위였던 싱가포르는 3위로 하락하였고, 스웨덴과 스위스, 대만, 캐나다, 카타르, 호주, 독일 등이 상위 10위에 들었으며, 우리나라는 22위를 차지하였다. 우리나라의 전체 경쟁력 순위는 2003년 32위, 2004년 31위, 2005년 27위, 2006년 32위, 2007년 29위, 2008년 31위로 등락을 반복하다가 2009년 27위, 2010년 23위 등 최근 3년간 연속 상승하였다.

IMD 보고서의 국가별 교육부문 경쟁력 순위에서는 1위에서 10위까지는 덴마크, 아이슬란드, 핀란드, 스웨덴, 벨기에, 스위스, 캐나다, 호주, 노르웨이, 싱가포르가 차지하였고, 독일, 영국, 미국이 각각 16-18위에 올랐다. 아시아 국가들의 순위는 싱가포르 다음으로 타이완 25위, 한국 29위, 일본 34위, 말레이시아 35위, 중국 43위 순이었다. 우리나라는 2008년 35위, 2009년 36위, 2010년 35위에 머물다가 30위권 이내로 진입하였으나, 여전히 교육에 대한 기업 등 사회의 만족도 제고와 교육 여건 개선 등이 필요함을 시사한다.

3) 한국교육의 얼룩진 초상화

21세기의 두 가지 중요한 세계적 경향은 과학기술을 중심으로 한 '지식기반사회'의 심화와 '신자유주의적 경제 질서'의 심화이다. 이 두 가지 경향은 21세기를 3C의 세기, 즉 Competition(경쟁), Change(변화), Customer(고객)의 세기라고 말하는 것과 깊이 관련되어 있다. 교육 분야에서도 '경쟁(competition)체제 도입'과 '생존을 위한 변화(change)'와 '고객감동을 향한 새 교육문화의 창조(customer)'가 21세기에 대한 유효한 과제가 될 것이다.

그러나 산업사회에 적합하게 만들어진 교육제도와 헝그리(hungry) 세대로 자란 기성세대는 신세대들을 적절하게 수용할 수 있는 교육체제와 교육문화를 제공하지 못하고 있다. 따라서 교육 현실에 대한 우리 교육의 초상화는 얼룩진 부분이 많다. 교육열은 넘쳐나지만 학교는 붕괴되는 역설적 현상, 자녀교육을 위해서 많은 수의 국민이 이민 가는 나라, 어린 자녀를 해외로 유학 보내는 나라, 외국 학교를 국내 대학 입학수단으로 이용하는 나라, 학원에서 배우고 학교 가서 확인받는 나라, 학교교육에 대한 불만이 팽배해 있으면서도 학교에서 주는 성적에 목매달고 있는 사회, 일터(직장)에 가면 학교에서 배운 것이 별로 쓸모없는 데도 학력에 따라 선발하는 나라, 직장에 가서 일하기도 바쁘지만(학교에서 배운 것의 쓸모가 적어서) 새로 배우기에 바쁜 나라의 모습이 우리 교육의 초상화이다. 우리 교육의 초상화에는 어두운 그림자가 얼룩져 있다.

4) 한국교육의 위기

한국교육에 관한 문제제기가 한두 번 있었던 것은 아니지만 20세기 말에는 '교육위기론'이 여러 곳에서 제기되었다. 한국교육의 위기, 교실붕괴, 공교육의 위기 등 듣기에도 민망할 정도의 교육현실 진단이 여기저기에서 쏟아져 나왔다. 1970년대까지만 해도 '아파도 가야' 하고 '굶어도 가야' 하던 그런 학교가, 2000년대에는 어찌하다 상당수 학생들에게 '가기 싫은 학교'가 되고, '할 수 없이 가는 학교'가 되고, '가더라도 잠이나 자든지 아니면 그저 앉아 있다가 오는' 그런 장소가 되었단 말인가? 급기야 2001년에는 대통령까지도 공교육의 위기상황을 인정하였다.

학교위기의 원인과 진단에 대해 많은 논의가 있어 왔지만 대부분 직접적이고 근시안적인 곳에 집중되어 있었다. 학교위기의 원인에 대해서는 교원정년 단축, 촌지나 체벌 등을 빌미로 언론을 앞세워 교원의 체면과 권위를 손상시킨 것 등이 2000년 전후 교육현장에서나 언론에서 자주 지적되었다.

그러나 한국 학교위기의 근본적 원인은 우리 교육체제가 급격한 사회변화에 전혀 부응하지 못하고 있다는 점을 지적하지 않을 수 없다. 위기는 사실 학교에만 찾아온 것이 아니었다. 국가에 IMF 외환위기가 왔고, 은행이나 대기업에는 구조조정과 통폐합이 있었다. 이것은 우리 사회의 미래예측 능력과 대응능력이 부족하여 10년이나 5년 전에 오늘의 학교에 이런 사태가 발생할 것을 예측하고 미리 한두 가지라도 준비하는 그런 능력이 부족했다는 뜻이다. 학계, 교육행정계, 언론계, 교육관련 여러 단체들 모두 이러한 대처능력을 갖추지 못했다. 게다가 교직사회의 보수성과 변화에 대한 둔감성 등이 이러한 위기를 증폭시켰다고 지적해도 과언은 아니다. 교육사회학은 현재를 통해 미래에 대처할 수 있는 '미래 진단적 기능'을 수행해야 한다.

2. 한국교육의 현실

우리나라의 교육제도가 빠르게 발전하고 양적으로 많은 성장을 이루었음에도 불구하고 여전히 국민들은 우리의 교육에 대해 불만이 높다. 기업에서는 학교교육이 쓸모없고 질적 수준도 낮다고 신랄하게 비판한다. 무엇보다도 교육소비자(학생과 학부모)들이 우리 교육을 점점 외면하고 있다.

공교육의 위기 증상은 다양하다. 학생들의 학교 수업 소홀, 높은 사교육 의존도, 만연하는 과외수업, 객관식 상대평가 위주의 선발, 개별학교 특성화 미약, 국제 경쟁력을 갖춘 학교 부재, 초·중등 학생의 조기 해외유학 증가 등 여러 가지를 꼽을 수 있다(이종각, 2012, 17-23).

1) 학교와 교실을 떠나는 학생

통계청의 2011년 조사에 의하면, 우리나라 15-19세 청소년의 68.2%가 학교생활에서 스트레스를 받고 있다고 응답하였고, 55.3%는 공부(성적 · 적성)가 가장 큰 고민이라고 답한 것으로 나타났다.

또 한국교육개발원의 통계자료에 의하면, 2010년 현재 우리나라 전체 고등학생 중 2%에 이르는 38,887명이 학업을 중단하고 학교를 떠나는 상황이며, 그들의 학업중단 사유는 질병(5.8%), 가사(45.1%), 품행(1.2%), 부적응(11.6%), 기타(36.2%) 등이었다.

의무교육이 시행되는 초 · 중학교에서도 학업 유예 및 면제자가 각각 18,836명(0.6%)과 18,866명(1%)에 이르는 것으로 나타났다.

2) 한국교육을 떠나는 학생

'국내교육도피증후군'이라고 할 수 있는 현상이 발생하고 있다. 교육이민, 기러기 가족 현상, 조기유학 및 각종 유학(어학연수 포함) 규모의 대량화 등이 그것이다. 한국교육개발원의 자료에 의하면 2009년 현재 조기유학생을 포함한 해외유학생 수는 40만 명을 상회하며 유학비용은 연간 3,999백만 달러에 이른다.

외국이민과 해외유학을 통하여 한국을 떠나 해외 학교로 나가는 사람들의 상당수가 한국을 떠나는 주된 이유는 '자녀 교육 때문에', 또 '죽을 고생해서 겨우 들어갈 수 있는 최고의 대학이라는 서울대의 국제평가 순위가 50위권 수준에 머무는 정도이므로' 등을 지적하고 있다.

3) 학교와 교실 속 학생

학교와 교실에서도 '갈 데까지 간' 교육현실이라는 우려의 목소리가 높다. 2000년을 전후하여 우리 교육계와 언론계를 강타한 용어는 '교실붕괴'이다. 학교와 교실이 학생들에게 학습동기체제를 유지시켜 주지 못하는 현실을 드러낸 말이다. 교실붕괴 사태를 뒤집어 보면, 학교가 변화해 가는 환경에 적응하지 못하여 사회요구와 학생요구를 만족시켜 주지 못하는 장소로 전락해 가는 모습이 보인다. 학교가 학생들이 학습동기를 이 이상 더 유인하지 못하는 상황이 되었다. 이는 학교가 새로운 모습으로 다시 태어나야 한다는 요구라고 보아야 할 것이다.

2010년을 전후한 우리나라의 초·중등학교에서는 학교 내 체벌 금지나 심야 학원 교습 제한 또는 학생인권조례 제정 등에 대한 논의에 힘입어 학생들의 기본 권리에 대한 관심이 고조된 측면이 있다. 그러나 다른 한편으로는 폭력적이고 선정적인 졸업식 뒤풀이나 학교 내외에서 학생 간에 발생하는 여러 가지 형태의 폭력 행위들이 여과 없이 표출되면서 관계 기관들이 관련 법률에 의한 처벌을 강화하는 방향으로 대응하는 모습을 보이고 있다.

4) 한국교육의 실제와 그 특징

(1) 6-3-(3+X)-4제

우리나라의 학제는 교육법상으로는 6-3-3-4제이다. 그러나 수많은 학생들이 재수를 하고 있는 상황에서 실제 학제는 6-3-(3+X)-4제라고 할 수 있다. 요즈음 고등학교 4학년이라는 말이 종종 나오고 있는 정도이다(중국의 대도시 지역에서는 실제로 고등학교 4학년생이 있다. 학교에서 대입에 실패한 학생들을 위해 4학년 학급을 만들어 주고 있다).

(2) 3원적 교육제도 : 사교육과 초국가적 노마디즘

한국의 학교교육은 공교육제도로 운영되고 있다. 그러나 국민들이 받고 있는 교육의 실제는 3원적 교육제도라고 할 수 있다. 즉, 학교교육제도, 사교육제도, 국외교육제도가 있다고 말해야 할 것이다. 왜냐하면 거의 모든 학생들이 학교교육 외에도 사교육을 받고 있으며 상당수의 학생들이 어학연수에서 유학에 이르기까지 국외교육을 받고 있기 때문이다.

2007년 이후 매년 사교육비 규모 및 사교육 참여 현황을 조사해 온 교육과학기술부의 통계자료에 의하면 2009년 현재 사교육비 총액은 약 21조 6천억원을 상회하며, 사교육 참여율은 73.6%로 나타났다. 한편 국외에 체류 중인 한국 유학생의 수는 무려 405,922명에 이르고 이들이 국외에서 사용하는 교육비만 해도 3,999백만 달러에 달한다.

(3) 과도한 교육경쟁과 그 부작용

우리나라는 입시지옥, 빗나간 교육풍토, 서울과 지방의 양극화와 격차 심화 등의 문제를 심각하게 앓고 있다. 한국의 학부모와 학생들은 '시험지옥'에 시달리고 있고, 이는 한국인에게 있어서 '필요악'으로 인식되기에 이르렀다. 특히 1963-1979년까지 권위적 중앙집권적 정부 시절에는 단일 체제의 중앙집권적 국가주도 입학시험이 시행되었는데, 이는 국가의 교육내용 통제, 도농 간 학력 격차 무시 등 부정적 측면을 안고 있었다. 한편 1960-1961년과 1987년 이후의 민주화 시기에는 대학별 고사와 학군제 및 인문 · 실업계 교육 등이 시행되기도 하였다.

우리나라의 학교제도는 경직성과 폐쇄성이 매우 높다. 이 점은 공교육제도에 대한 기대와 우려의 갈림길이기도 하다. 한편에서는 무너져 가는 공교육제도를 살려야 한다고 주장하고, 다른 편에서는 대안교육을 강조하며, 국가가 교육으로부터 점차 손을 떼야 한다고 주장한다.

(4) 교육격차

교육에 있어서 빈부 간, 도 · 농간의 격차 문제도 대체로 전세계적으로 발생하고 있는 현상이자 우리나라의 주요 교육 문제 중 하나이다. 도시와 농촌 간의 학력격차에 대한 기존의 연구결과를 종합 · 요약하면 다음과 같다.

첫째, 농촌지역 학생들은 도시지역 학생들에 비해 상대적으로 낮은 학업성취를 보인다.

둘째, 그 격차는 초등학교에서 중 · 고등학교로 올라갈수록 더욱 심화된다. 초등학교의 경우 농촌지역 학생들은 전국 평균치에 근접하고 있지만, 중 · 고등학교의 경우 전국 평균뿐만 아니라 최소 성취수준에 훨씬 못 미치고 있다.

셋째, 도 · 농 간 학력격차는 특히 주요과목으로 일컬어지는 국어 · 영어 · 수학에서 더욱 심각하다(강승호 · 임성택, 2003, 58).

(5) 중앙집권적 국가관리 공교육체제

학교의 설립과 운영, 교사의 자격, 교육내용 등을 국가가 통제하는 교육체제의 유형이 공교육체제이다. 오늘날 모든 나라에서 공교육체제를 채택하고 있다. 그 중 우리나라는 중앙집권적 국가관리 공교육체제를 운영하는 특징을 갖고 있다. 영국은 교사들이 상당한 권한을 행사하는 교사중심 교육자치제를 발전시켰고, 미국은 각 지역사회의 주민들이 학교의 설립과 운영에 관여하는 지역주민중심 교육자치제를 발전시켰으며, 프랑스는 일반 행정관료가 큰 권한을 행사하는 관료중심제도로 발전되었다(김신일, 1993, 132-133).

1991년부터 교육자치제를 실시하면서 중앙정부가 장악하고 있던 권한의 일부를 시 · 도 교육청에 이양하였지만 여전히 중앙정부가 막강한 권한을 행사하고 있으며, 권력의 분립과 균형화를 통한 상호 견제체제의 확립이 과제로 남아 있다.

(6) 실업계 교육의 부실

다소간의 변화는 있었지만 최근까지 우리나라에서는 실업고교(특정 분야의 직업교육을 실시하는 현행법상의 특성화고교로 이전에는 전문계 고교로도 불림)보다 일반고교를 선호하는 경향이 더 강하게 나타났다. 정부는 1960년대와 1970년대 동안 산업화를 위하여 당시 실업고교 출신 학생 중 70% 정도를 공장의 근로자로 활용하는 한편 이를 통하여 '졸업장 병'을 없애고자 하였다. 그러나 학부모와 학생들은 실업고교 졸업을 통하여 상대적으로 더 쉽게 취업을 할 수 있음에도 불구하고 실업고 교육을 일반고 교육의 차선책으로 여기고 있다.

(7) 해외 의존적 학문풍토

교육의 국제관계에서 우리나라는 주변적 위치에 있으며, 특히 학문 상황이 선진국에 종속적 위치에 처해 있어 고등교육의 해외 의존성을 심화시키고 있다. 예컨대 대학교수의 공급과 그들이 가르치는 교육내용이 모두 해외 이론과 지식에 지나치게 의존되어 있다(이종각, 1989).

(8) 진보와 보수 간 이견과 갈등

우리나라의 교육현상에는 우리 사회에 깊이 뿌리내린 이념적 대립과 갈등이 지속적으로 표출되어 왔다. 교육 관련 문제들에 대하여 정치권, 교직단체, 학부모, 시민사회, 교원, 언론 등이 그 이념적 지향에 따라 진보와 보수로 나뉘어 치열한 이념 논쟁을 벌여 왔다. 그것은 우리 사회에서 교육이 자원분배의 핵심 변수로 기능해 왔기 때문이다. 우리 사회의 구성원을 포함한 교육 관련 집단들이 서민과 기득권층, 개혁세력과 수구세력, 진보교육감과 교총, 교과부와 전교조, 경제주의자와 평등주의자, 신자유주의자와 반신자유주의자 등으로 갈라져 교육문제에 대하여 찬반으로 대립해 왔다. 학교 내 체벌 금지, 교원평가 실시, 무상급식, 사립학교법 개정, 교장공모제, 고교평준화, 국가수준 학업성취도

평가, 대학입시제도 등 최근의 교육정책을 포함한 교육문제들에도 진보와 보수 간의 이견과 갈등이 내재되어 있음을 볼 수 있다.

(9) 교육의 갈등구조와 공동체적 협력구조의 지향

우리 교육계에서는 교육정책의 집행 및 교육활동 수행 과정에서 교사, 학생, 학부모, 교원단체, 시민단체, 교육행정 당국 등 교육주체 및 관련 집단 간에 이견과 대립, 분쟁, 긴장관계와 충돌이 끊임없이 빚어졌다. 교육갈등은 개인 간, 개인과 조직, 조직과 조직 등 교육조직과 그를 둘러싼 교육 내 · 외적인 상황에서 발생한다. 최근 교육갈등을 야기하는 요인에 대해 교육 외적인 것으로는 신자유주의적 경쟁, 참여민주주의에 대한 욕구 분출, 열악한 교육환경이 지적된다(김홍원 · 김갑성, 2005). 반면 교육 내적 변수로는 교육공동체 구성원 간 교육관 차이, 교육공동체 구성원의 권익 확보를 위한 이익 갈등, 비합리적인 교육정책의 결정과 집행 등이 거론된다. 교육주체들이 야기하는 갈등은 학교 갈등, 교직사회 갈등, 교육정책 관련 갈등으로 구분될 수 있는데, 그러한 갈등 유형들이 서로 연계되어 중층구조를 이루며 발생된다. 교육공동체에서 교육주체와 관련 집단들이 극심한 갈등구조에 놓여 있을 경우 정상적인 교육활동의 수행과 교육문제의 합리적인 해결에 도움이 되지 않는다. 교육공동체가 갈등구조 대신 협력구조를 이루고 교육활동을 수행하는 일이 필요하다. 그를 위해서는 교육갈등 예방을 위한 프로그램과 갈등조정 및 해결을 위한 방안들이 다양하게 강구되어야 하는 동시에 교육주체 및 관련 집단 모두의 변화가 선행되어야 한다. 모든 개인과 집단이 공동 운명체 의식을 공유하는 가운데 깊이 대화하고 고민하면서 상호 수용 가능한 대안을 제시할 수 있어야 한다.

(10) 공정교육 혹은 정의교육의 추구

'공정교육' 담론은 최근에 새롭게 부상된 것이지만 역사적 연속성을 가지고 있다. 1980년대 이후 공정교육과 관련된 거대담론은 불평등 논의, 차별시정 논의, 양극화 논의를 거쳐 최근 공정성 논의로의 변화를 보이고 있다. 1980년대 교육민주화 운동의 전개 이후 교육에 대한 갈등의 표출과 함께 억압적 교육과 교육 불평등에 관한 논의가 증가되었다. 논의의 방향은 억압적 교육으로부터 자율적 교육으로, 불평등한 교육으로부터 평등한 교육이었다. 불평등 담론이나 양극화 담론, 사회·경제적 약자와 강자 간 격차의 크기에 대한 관심, 약자에 대한 지원과 복지문제 등에 초점을 맞춘다.

3. 4차 산업혁명 시대의 교육

1) 4차 산업혁명이란?

인간의 생활에 유익한 산업문명은 꾸준히 발달되어 왔다. 산업 문명의 획기적인 발전은 우리의 생활에 커다란 변화와 편리함을 가져다 준다. 1차 혁명이 증기기관차의 등장으로 우리의 생활에 현격한 변화를 주었다면, 2차 혁명으로 전기의 발명으로 인한 인간 생활의 변화이다. 3차 혁명은 컴퓨터의 실용화로 인한 생활의 변화를 말하고, 2016년을 원년으로 4차 산업혁명의 시대가 도래하였다고 한다.

4차 혁명이란 인터넷과 제조업의 만남으로 인공지능화, 기존 산업과 삶의 방식을 근본적으로 바꾸어지는 산업혁명의 시대이다. 즉, 정보통신기술(ICT)이 제조업이나 서비스업 등 다양한 산업과 결합하여 새로운 형태의 제품과 서비스, 비즈니스를 만들어 내는 것이다.

4차 혁명과 관련한 용어로 사물인터넷, 빅 테이터, 무인 자율 자동차, 왓슨, 인공지능, 로봇, 3D 프린터, 가상현실, 증강현실 등이 있다.

2) 4차 혁명과 생활의 변화

4차 혁명으로 인한 우리 생활의 변화를 알아보자. 우리는 현재 폰뱅킹, 인터넷 뱅킹 등 금융 인터넷을 활용하고 있고 개인 스마트폰과 결합하여 계좌 인출 시 정보의 제공, 긴급재해 알림 등 인터넷과 개인 스마트폰이 결합되어 생활에 도움을 주고 있다. 최근에는 인터넷 은행이 생겨서 은행이나 종이 통장 없이 획기적인 서비스를 제공해 주고 있다.

음성물리학의 교차표상은 터치를 음성으로 음성을 감지하여 숫자나 문자로 교차 소통해 준다. 현관의 전등 센서, 연구실 전등 센서, 세콤 등은 움직임을 자동으로 감지하여 적절한 조치를 해 주는 장치이다.

사이버 강의, 원격진료(도서지방), 항공지도 스카이 뷰, 내비게이션, 자동차 블박은 시공간을 초월하여 우리에게 편리함을 더해 준다.

최근에 우리에게 놀라움을 더해 주는 스스로 학습하여 진화하는 컴퓨터와 인공지능을 살펴보자. 알파고와 이세돌 바둑 천재의 바둑 대결에서 알파고의 승리, 인터넷 바둑, 인터넷 고스돕 등은 컴퓨터가 인간의 지능을 능가하고 있음을 실감하게 해 준다.

자율주행, 무인주행 자동자, 드론의 농업활용은 우리의 실생활에 가까이와 있다. 카메라와 센서, 인터넷을 연결하여 냉장고, 에어컨과 온풍기, 가스를 작동하는 사물 인터넷이 있다.

구글이 인수한 35억 달러 짜리 기업 네스트는 보일러에 인터넷을 내장하여 스마트폰으로 온도를 조절해 준다. 나중에는 스스로 온도를 조절하는데, 학습 기능이 있어서 집 주인의 라이프 스타일을 학습하여 알아서 조절해 준다. 나아가서 TV, 냉장고, 전등, 시계, 전자레인지 등 집안의 모든 물건을 인터넷으로 연결하여 스마트폰으로 조절이 가능하며 주인의 생활 스타일을 학습하여 스스로 작동과 조절이 가능하다.

아마존이 개발한 블루투스 스피커는 마이크로 말을 하면 그 말의 내용을 알아듣고 행동으로 옮길 정도니까 개인 비서와 같다. 말로 명령을 내리면 가전

제품을 키고 끈다. 스마트폰 안에 있는 날씨, 편지, 뉴스 등을 읽어 달라하면 읽어 준다. 사용자의 발음이 불분명하거나 주위에 소음이 있어도 정확하게 인식을 한다.

실제로 미국에서 있었던 일이라고 한다. 미국에서 어느 가정에 여고생 딸에게 갑자기 아기옷, 유아용품 할인 쿠폰이 한 대형마트로부터 도착했는데, 아버지가 이를 받아보고 대형마트에 전화를 걸어 불같이 화를 내면서 "어린 고등학생에게 지금 임신을 부추깁니까?"하며 항의를 했다. 며칠 뒤 아버지는 딸이 실제로 임신했다는 소식을 접하게 되어 깜짝 놀랐다. 사정은 이러하다. 여고생 딸이 평소 이용하던 대형마트에 가서 냄새가 안 나는 화장품으로 바꾸고 평소 안먹던 철분 영양제를 구입했다. 마트의 컴퓨터에서 여고생의 상품 구매패턴을 분석하여 임신 가능성이 있다고 예측을 하고 그에 알맞은 유아용품 할인 쿠폰을 보낸 것이다. 마트에서는 지능적이고 자동화된 컴퓨터 시스템을 구비하여 소비자의 구매패턴을 분석하여 구매자의 상태를 예측하고 쿠폰을 발송하여 소비자를 확보한다. 이렇게 4차 혁명의 시대에는 부모도 모르는 임신을 대형마트가 먼저 알고 있다.

빅 데이터의 활용으로 일기 예보의 확률이 올라간다. 스스로 학습하는 인공지능으로 의료계의 왓슨은 전세계적으로 쏟아지는 매일 300여 편의 논문과 200여 권의 의료서적을 스스로 학습하여 업데이트, 분석, 해석하여 진료를 한다. 전문의 혼자 혹은 몇 명이 내리는 진단보다 정확할 수 있다. 물론 처방, 제약, 복용지도까지 가능하다.

그런데 한국의 4차혁명 적응 준비정도는 어느 수준인가? 2017년 현재를 기준으로, 1위 스위스, 2위 싱가폴, 3위 네덜란드, 4위 미국, 5위 영국, 6위 노르웨이, 7위 덴마크 순이며, 한국은 25위, 일본 12위, 대만 16위, 중국 29위 러시아 31위이다.

3) 4차 혁명에 대비한 교육부의 전략

2016년 12월 교육부는 '지능정보사회에 대응한 중장기 교육정책의 방향과 전략' 시안을 발표하였다. 다음은 시안 전문을 정리한 것이다.

제4차 산업혁명은 로봇이나 인공지능(AI)을 통해 실재와 가상이 통합되어 사물을 자동적, 지능적으로 제어할 수 있는 가상 물리 시스템의 구축이 기대되는 산업상의 변화를 일컫는다. 최근 들어 제4차 산업혁명에 대한 관심은 높아지고 있어서, 인공지능(AI), 빅 데이터, 사물인터넷 등의 단어가 자주 들리는 것을 보면 그리 먼 미래는 아니다.

인공지능, 로봇기술, 생명과학이 주도하는 이러한 제4차 산업혁명에 대응하기 위해서 교육부에서도 발 빠른 대응을 하고 있다. 교육환경과 정책이 변화할 수밖에 없는 시점이 온 것이다. 교육부는 '지능정보사회에 대응한 중장기 교육정책의 방향과 전략' 시안을 발표하였다. 이는 대한민국의 미래교육을 이끌어 갈 교육정책에 대한 고민에서 나온 것이다. 4차 산업혁명에 대응해 초등학교부터 대학교까지 공교육체계를 혁신하겠다는 게 핵심내용이다. 미래사회형 '창의융합 인재' 양성을 위한 여러 방안이 포함되어 있다. 이 방안들은 크게 유연화, 자율화, 개별화, 전문화, 인간화라는 5가지 키워드에 맞춰져 있다.

첫째, 5가지 키워드 중 유연화에서는 초·중등 단계에서 학생들의 수업 선택권을 확대하는 것이 목표이다. 수업 선택권 확대를 위해서 교육과정을 대학처럼 학점제로 운영하는 방안을 검토할 예정이다. 학점제 시행과 학사제도 유연화를 통하여 개설해 학생들이 흥미와 적성에 맞는 수업을 선택할 수 있도록 지원하는 것이 핵심이다.

둘째, 자율화 측면에서는 교육과정 운영 및 평가에 대한 교사의 자율성을 충분히 보장할 것이다. 현재 주된 수업방식인 강의식, 암기식 수업을 토론, 실습, 협력학습, 프로젝트 수업 등 학생 참여형 수업으로 전환해 나갈 계획이다. 또한, 국가가 정하는 교육과정은 간소화하고, 학교와 선생님들에게 교육과정 운영 및 수업의 자율권을 부여함으로써 다양한 수업이 실시될 수 있는 여건을 조성할 예정이다.

셋째, 개별화 측면에서는 학생의 흥미와 특성에 따라 반을 편성하고 기술을 활용한 맞춤형 수업을 제공하는 알트스쿨(Alt School)이나 시험이나 평가가 없이 협력 · 프로젝트 학습으로 운영되는 칸랩스쿨(Kahn Lab School) 모델을 국내에도 도입할 것이다. 빅 데이터를 활용하여 학생 개개인을 파악하고 적절히 지도할 수 있도록 '지능형 학습 플랫폼'을 개발하고, 그 기반이 되는 빅 데이터 확보를 위해서 학생의 모든 학습결과를 쌓아 수집하는 '온라인 학습 포트폴리오'를 구축하여 개별화된 학습설계를 효과적으로 지원할 계획이다. 또한 교사가 학습자 수준에 맞는 학습 자료를 선별하고, 학생의 맞춤형 학습에 활용할 수 있도록 '교육 콘텐츠 마켓' 마련 방안도 만든다.

넷째, 전문화 측면에서 교육부는 2018년부터 초 · 중학교 소프트웨어(SW) 교육을 단계적으로 필수화하고, 2020년에는 모든 초 · 중 · 고에 학생 SW 동아리가 운영될 수 있도록 지원할 것이다. 또한, 지능정보 핵심 우수인재 양성을 위해서 초 · 중등 영재교육을 강화하여 재능을 발굴하고, 대학 차원에서는 인공지능(AI)기술을 포함한 5대 지능정보기술 영역의 최고 수준 학과와 대학원을 선정하여 10년간 집중 지원하는 방안을 검토할 예정이다.

다섯째, 인간화 측면에서 인성 · 예술체육교육 활성화를 통해서 기계가 대체할 수 없는 인간 본연의 가치를 키우는 교육을 강화할 계획이다. 인간의 따뜻한 감성은 기계가 대체할 수 없고, 인간다운 삶을 누리는 데 필수라는 점에서 선진국들은 오래 전부터 시행하고 있다.

대한민국 교육의 미래는 어떤 모습일까? 미래에는 아마 대부분의 사람들이 Phython이나 C++ 등의 프로그래밍 언어를 자유롭게 사용할 것 같다. 실제로 2018년부터 초 · 중 · 고등교육과정에 소프트웨어교육을 의무화함에 따라 생소했던 코딩에 대한 관심이 폭발적으로 증가하는 걸 보면 먼 미래는 아닐 것이다. 또한, 인공지능이 교육에 도입되어 개인별 맞춤형 학습이 진행되는 등 인공지능과 함께 더 효율적으로 배울 수 있을 것이다. 공부하다가 모르는 부분이 생기면 언제든지 질문하고 반복적으로 학습할 수 있으며, 온라인 지식 커뮤니티를 통해서 원하는 정보도 쉽게 찾아서 활용할 수 있을 거라 예상된다. 이러한 점에서 기존의 공교육 시스템이 갖고 있던 한계점을 보완하고 극복하는 기회가 될 것이다. '학교'라는 공간도 단순히 지식을 전수받는 공간보다는 창의적 · 분석적 사고, 의사소통 능력, 문제해결 능력, 리더십 등을 배우는 공간으로 변모할 것이다.

출처: 제4차 산업혁명, 대한민국 교육의 미래는? 작성자 교육부

참고 문헌

김신일(1993). 교육사회학. 경기: 교육과학사.

강승호 외(2003). 도 · 농간 학력격차 통계변인 탐색. 교육학연구, 41(3), 399-422.

이종각(1989). 한국교육학의 논리와 운동. 서울: 문음사.

______(2012), 교육사회학. 서울: 태영출판사.

저자 소개

✍ 성용구

〈약력〉
공주사범대학 교육학과(교육학사)
충남대학교 대학원 교육학과 교육사회학 전공(교육학 박사)
미국 Webster University 교환교수
현, 대구교육대학교 교수

〈저서〉
교육사회, 교육과정사회학, 유아 다문화교육, 프로젝트접근법 등

〈논문〉
한국대학생문화의 저항적 성격, 교육의 재생산 이론과 저항이론에 대한 비판적 접근, 학교풍토와 학생들의 학업성적과의 관계 등

교육사회학

초판인쇄 2019년 3월 5일
초판발행 2019년 3월 10일

저 자 성 용 구
발행인 김 현 태
발행처 태영출판사

2019. 3.

주 소 (08301) 서울 구로구 구로동 104-10 동남오피스텔 201호
전 화 02 · 839-3757, 839-3752
팩 스 02 · 837-3754
등 록 2005년 5월 30일 제12-421호
http://www.taeyeongbook.co.kr
E-mail tys2005@hanmail.net
ISBN 978-89-6302-227-7 93370
정 가 19,000원

* 잘못 만들어진 책은 교환해 드립니다.